2023年度安徽省社会科学创新发展研究课题（2023KD011）成果
安徽省高等学校省级质量工程教材建设项目（2022jcjs087）成果
阜阳师范大学汉语言文学专业国家级一流专业建设点资助出版

皖北文化概论

主编　房正宏

编委　闫成俭　马琳丽
　　　张薇薇　朱明山

中国科学技术大学出版社

内 容 简 介

本书以习近平文化思想为指导,论述了皖北文化的内涵、特征、价值功能及其相互关系,阐述了皖北文化的各类形态,反映了推动中华优秀传统文化创造性转化、创新性发展的理论探索和实践成果。

本书可作为高等院校人文素质教育的公共教材或校本教材,也可作为社科普及读物,供从事区域文化研究的相关人员和其他社会读者学习参考。

图书在版编目(CIP)数据

皖北文化概论 / 房正宏主编. -- 合肥:中国科学技术大学出版社,2024.9. -- ISBN 978-7-312-06066-3

Ⅰ. K295.4

中国国家版本馆 CIP 数据核字第 2024GH8980 号

皖北文化概论

WANBEI WENHUA GAILUN

出版	中国科学技术大学出版社 安徽省合肥市金寨路96号,230026 http://press.ustc.edu.cn https://zgkxjsdxcbs.tmall.com
印刷	合肥华苑印刷包装有限公司
发行	中国科学技术大学出版社
开本	710 mm×1000 mm 1/16
印张	13.75
字数	284 千
版次	2024 年 9 月第 1 版
印次	2024 年 9 月第 1 次印刷
定价	58.00 元

前　言

皖北作为一个特定的地理区域，既是地理存在也是文化存在。形成于皖北历史发展及皖北先民生产劳作之中的皖北文化，是中华传统文化系统中的区域亚文化，包含本区域广大民众的生活习惯、民俗民风、行为方式、思想情感及价值观念等，其中积极而先进的部分早已汇入中华优秀传统文化的历史长河。关注皖北文化并开展相关研究，是为了传承、保护区域文化，努力推动区域文化在当代的创造性转化和创新性发展。

对约定俗成的"皖北文化"进行学理分析并界定其概念与内涵，是一种有价值且大胆的学术探索。从这个意义上说，本书就不能仅仅看成一部高校教材，更应该是一部社科普及性的科研专著。鉴于此，本书围绕皖北文化的历史发展及概念生成，初步界定了皖北文化的概念与内涵，分析了其主要特征，系统介绍了各类文化的表现形态，并对地方红色文化及其资源价值、非物质文化遗产的传承和保护进行了论述。

全书共六章：第一章分析皖北文化的基本内涵和主要特征，以及皖北文化资源的功能与价值；第二章介绍皖北六市行政区划的历史变迁与历史名人；第三章介绍皖北的景观文化和民俗文化，主要包括皖北地区的山水园林、历史遗存、古迹名胜、传统的衣食住行习惯，以及节日时令、婚丧喜庆等民俗；第四章介绍中国武术历史与皖北的武术文化、军事文化，分析武术文化和体育强国之间相互交融的逻辑关系；第五章介绍皖北地区红色文化及各类文化资源，分析地方红色文化保护与传承发展之间的关系，并提出保护与传承地方红色文化的具体途径和措施；第六章介绍皖北的非物质文化遗产项目概况，提出保护与传承皖北非物质文化遗产的可行思路与现实途径。

需要说明的是，本书在编写过程中对所援引、引用的文献尽可能一一注明;对出生地或籍贯有争议的历史名人在注释中作以说明,本书不参与争论;另有一些资料,特别是网络资料的引用,因无法查找准确的文献出处而未能一一标注,在深表感谢之际还望见谅!

由于编者水平有限,书中难免存在疏漏和不足之处,敬请各位专家和读者批评指正。

编 者

2024 年 4 月

目 录

前言 ·· (i)

第一章 总论 ·· (1)
  第一节 皖北文化的内涵及主要特征 ···························· (2)
    一、皖北文化的基本内涵 ··· (2)
    二、皖北文化的主要特征 ··· (10)
  第二节 皖北文化资源的功能与价值 ····························· (14)
    一、皖北文化资源的功能 ··· (15)
    二、皖北文化资源的价值 ··· (21)

第二章 皖北的历史变迁与代表性名人 ···························· (25)
  第一节 阜阳的历史变迁与代表性名人 ························· (25)
    一、阜阳行政区划的历史变迁 ·································· (26)
    二、阜阳的历史文化名人简介 ·································· (28)
  第二节 亳州的历史变迁与代表性名人 ························· (31)
    一、亳州行政区划的历史变迁 ·································· (31)
    二、亳州的历史文化名人简介 ·································· (33)
  第三节 淮北的历史变迁与代表性名人 ························· (39)
    一、淮北行政区划的历史变迁 ·································· (39)
    二、淮北的历史文化名人简介 ·································· (41)
  第四节 淮南的历史变迁与代表性名人 ························· (42)
    一、淮南行政区划的历史变迁 ·································· (43)
    二、淮南的历史文化名人简介 ·································· (44)
  第五节 宿州的历史变迁与代表性名人 ························· (46)
    一、宿州行政区划的历史变迁 ·································· (47)
    二、宿州的历史文化名人简介 ·································· (49)
  第六节 蚌埠的历史变迁与代表性名人 ························· (51)
    一、蚌埠行政区划的历史变迁 ·································· (51)
    二、蚌埠的历史文化名人简介 ·································· (52)

第三章 皖北的景观文化和民俗文化 ······························· (56)

第一节　皖北的景观文化 …………………………………（56）
　　　　一、皖北的山水园林 ………………………………………（57）
　　　　二、皖北的历史遗存 ………………………………………（63）
　　　　三、皖北的古迹名胜 ………………………………………（70）
　　第二节　皖北的民俗文化 …………………………………（78）
　　　　一、衣食住行 ………………………………………………（79）
　　　　二、节日时令 ………………………………………………（87）
　　　　三、婚丧喜庆 ………………………………………………（95）

第四章　皖北的武术与军事文化 …………………………………（101）
　　第一节　中国武术的历史发展与流变 ……………………（101）
　　　　一、中国武术的历史起源与发展 …………………………（102）
　　　　二、体育强国背景下的中国武术 …………………………（106）
　　第二节　皖北的武术发展与传统体育 ……………………（115）
　　　　一、皖北代表性拳械及人物简介 …………………………（115）
　　　　二、皖北地区的社会性武术活动 …………………………（126）

第五章　皖北地区红色文化及其传承 ……………………………（135）
　　第一节　皖北地区红色文化及文化资源 …………………（135）
　　　　一、新民主主义革命时期皖北红色文化及资源 …………（136）
　　　　二、新中国成立后的皖北红色文化及资源 ………………（150）
　　第二节　皖北地区红色文化保护与传承 …………………（158）
　　　　一、激发皖北地区红色文化的价值功能 …………………（159）
　　　　二、皖北地区红色文化保护与传承发展 …………………（165）

第六章　皖北非物质文化遗产及其保护 …………………………（174）
　　第一节　皖北非物质文化遗产概述 ………………………（175）
　　　　一、皖北国家级非物质文化遗产项目简介 ………………（176）
　　　　二、皖北省级非物质文化遗产项目简介 …………………（184）
　　第二节　皖北非遗的传承及其保护 ………………………（191）
　　　　一、在传承传播中保护非遗 ………………………………（191）
　　　　二、在活态运用中保护非遗 ………………………………（195）
　　第三节　非遗保护传承与乡村振兴 ………………………（200）

附录　皖北六市省级非遗项目简况表 ……………………………（203）

参考文献 ……………………………………………………………（211）

后记 …………………………………………………………………（213）

第一章 总 论

中华文化,源远流长,灿烂辉煌。在五千多年文明发展中孕育的中华优秀传统文化,积淀着中华民族最深沉的精神追求,代表着中华民族独特的精神标识,是中华文明的智慧结晶。在漫漫的历史和文化长河中生长并发展了诸如黄河文化、长江文化、东北文化、傩文化、藏文化、大坌坑文化、徽文化等地域或区域文化以及许许多多的亚文化及其分支,它们汇入了中华传统文化的奔腾河流,为中华文明的发展作出了无可替代的贡献。

2014年3月,国家教育体制改革领导小组审议通过了《完善中华优秀传统文化教育指导纲要》(以下简称《纲要》)。《纲要》指出,中华优秀传统文化是中华民族语言习惯、文化传统、思想观念、情感认同的集中体现,凝聚着中华民族普遍认同和广泛接受的道德规范、思想品格和价值取向;并强调加强中华优秀传统文化教育,是构建中华优秀传统文化传承体系、推动文化传承创新的重要途径。《纲要》要求,把中华优秀传统文化教育系统融入课程和教材体系,加强中华优秀传统文化相关学科建设。《纲要》颁布以来,不少学校结合相关学科建设深入开展了中华优秀传统文化教育教学研究,并充分挖掘本地中华优秀传统文化教育资源,开设专题地方课程和校本课程,有的还结合地方课程需要编写具有地域特色的中华优秀传统文化读本、组织专家学者编写不同层次的普及读物,从而使中华优秀传统文化教育工作取得了积极成效。2017年1月,中共中央办公厅、国务院办公厅印发的《关于实施中华优秀传统文化传承发展工程的意见》(以下简称《意见》)明确提出,实施中华优秀传统文化传承发展工程是建设社会主义文化强国的重大战略任务;加强中华优秀传统文化相关学科建设,推动高校开设中华优秀传统文化必修课,在哲学社会科学及相关学科专业和课程中增加中华优秀传统文化的内容。《意见》要求各级党委和政府要从坚定文化自信、坚持和发展中国特色社会主义、实现中华民族伟大复兴的高度,切实把中华优秀传统文化传承发展工作摆上重要日程,加强宏观指导,提高组织化程度,纳入经济社会发展总体规划。2022年10月召开的中国共产党第二十次全国代表大会,更是从提升国家文化软实力和中华文化影响力的战略高度,强调了必须坚持以马克思主义为指导,"以社会主义核心价值观为引领,发展社会主义先进文化,弘扬革命文化,传承中华优秀传统文化,满足人民日益增长的精神文化需求,巩固全党全国各族人民团结奋斗的共同思想基础"①,从而推进文化自信自强,不断铸就社会主义文化新辉煌。

中国共产党第十八次全国代表大会以来,党和国家领导人多次强调要着力赓续中华文脉,推动中华优秀传统文化创造性转化和创新性发展,这既是我国文化建设的发展需要,也是党的文化理论创新发展的内在要求。2023年10月,全国宣传思想文化工作会议在北京召开,会议首次提出了习近平文化思想。学习贯彻习近平文化思想,其核心措施和重要途径之一就是"要重视中华传统文化研究,继承和发扬中华优秀传统文化"②。

第一节 皖北文化的内涵及主要特征

清朝的安徽省会安庆,属皖国故地——西周时期曾立皖国(故治在今安徽省潜山市),且其境内有皖山(天柱山)、皖水(后河),故安徽简称皖。安徽地形地貌的显著特点是,长江、淮河两大水系在地理上把安徽分为皖北、皖中(江淮之间)、皖南三个部分。当然,皖北、皖中、皖南不仅仅是地理概念,也是文化概念。由于长江和淮河的分割而形成的地理区域及其流域内人们世代生活劳作而生成的人文环境,使安徽文化在整体上呈现出淮河文化、皖江文化和徽州文化等三个特色各异的区域文化。相应地,这三个地理文化概念也逐渐形成了基本对应关系,即皖北地区对应于淮河文化,它依托淮河孕育,涌现出老子、庄子、管子等历史名人,形成了建安文学等;皖中(江淮之间)地区对应于皖江文化,桐城派是其典型代表;皖南地区则对应于徽州文化,以皖南山区的新安水系为载体孕育并逐渐形成,亦称新安文化。可见,淮河文化、皖江文化和徽州文化形成了安徽三大文化圈,三大文化圈合而为一,总称安徽文化或皖文化。安徽文化不仅是中华文明的重要组成部分,也是中华文明的源头之一。徽文化与敦煌文化、藏文化并称中国三大地域文化,相应的徽学、敦煌学和藏学被誉为中国走向世界的三大地方显学。

一、皖北文化的基本内涵

在中国传统文化的整体体系中,存在众多区域亚文化及其分支。中国文化体系中区域亚文化的表现形态比较多样,如长江文化、黄河文化、高原文化、黑土地文化、草原文化、妈祖文化等等。若以我国的地理方位来划分,中国文化又可分为秦

---

① 中国共产党第二十次全国代表大会文件汇编[G].北京:人民出版社,2022:36.
② 习近平.论党的宣传思想工作[M].北京:中央文献出版社,2020:89.

晋文化、中原文化、齐鲁文化、吴越文化、关东文化、巴蜀文化、荆楚文化、徽（州）文化、闽文化、岭南文化、西域文化、台湾文化等不同的区域文化。在清代经学中,亦存"吴派"和"皖派"分歧之说。这里所说的地域文化,其"地域"是文化形成的地理背景,范围可大可小;其"文化"可以是单要素的,也可以是多要素的。因区域大小各异,区域文化覆盖的广度和辐射的深度也各不相同。淮河文化属于区域亚文化范畴,而通常所说的淮河文化,主要是以流域地区界定。作为特定的区域文化,淮河文化是指淮河流域人民长期从事的生产与实践活动及其在生产实践中创造的全部成果。[1] 从淮河流经安徽段的版图来看,其流域覆盖了皖北六个地市的地理区域;从文化的河流传播体系来看,皖北区域亦居于淮河的主干部分。无论是从区域文化的从属关系还是文化的河流传播领域来看,皖北文化均隶属淮河文化且居于淮河文化的核心圈层。

（一）皖北是区域概念,也是文化存在

安徽在春秋时期属楚、吴等国。前330年,楚灭越后占据安徽全境,迁都于寿春（今安徽省淮南市寿县）,战国时期仍属楚地。前221年,秦统一中国后实行郡县制、设郡县,安徽境属九江、衡山、泗水、东海、鄣等郡,其中,安徽境内淮北地区属砀郡、泗水郡,皖中地区属九江郡,皖南地区属鄣郡。汉取代秦以后,安徽境属扬、徐、豫等州。三国时期安徽分属吴、魏,境内曾发生多次战争。魏晋南北朝和隋朝时期,安徽分属扬、徐、豫三州。唐时分属河南道（今淮北地区）、淮南道（今皖中地区）、江南东道（今皖东南地区）和江南西道（今皖西南地区）,"道"后改为"节度使",但行政建制仍较稳定。元代创立行省制,安徽境内设61个县,跨当时的3个行省。明代废省撤路,设布政使司,下领府、州、县,安徽全境直属应天府（今南京市）,设县50余个,分属凤阳、庐州、安庆、太平、池州、宁国、徽州七府及滁州、和州、广德三直隶州。清代恢复省制。康熙元年（1662年）,江南省增设安徽巡抚,驻安庆;康熙三年（1664年）,江南省又分设安徽按察使衙门于安庆;康熙六年（1667年）,江南省撤销,分置安徽、江苏两省,改原江南省左布政使为安徽布政使,仍驻江宁。因安庆府为当时安徽境内的政治中心,徽州府经济发达,故取安庆和徽州两府名的首字合成为"安徽",至此,安徽省正式设置。乾隆元年（1736年）以后,安徽省辖八府（徽州、宁国、池州、太平、安庆、庐州、凤阳、颖州）、五直隶州（广德、滁州、和州、泗州、六安）,共辖55个县;乾隆二十五年（1760年）安徽省会由江宁迁至安庆。辛亥革命后建立的中华民国,废府、州,安徽省分为芜湖、安庆、淮泗三道,并先后增设嘉山、立煌（今安徽省金寨县）、岳西、临泉等县。1938年,日本侵略军占领安庆后安徽省会迁至立煌县,抗日战争胜利后又迁至合肥。新中国成立后,1952年8月25日,安

---

[1] 房正宏.淮河文化内涵与特征探讨[J].阜阳师范学院学报（社会科学版）,2015(4):12-16.

徽省人民政府正式成立。

1. 皖北的地理存在

较早记载"皖北"一词的文献,据查是南宋史学家罗泌所撰的《路史》,其中载:"古巢伯国,吴灭之。故巢城在皖北六东,故有夏水,非卫巢。"近世文献典籍中出现的"皖北"一词,作为特定的区域名称应源于清代康熙九年(1670年)所置庐凤道——驻凤阳府(今安徽省凤阳县),领庐州府、凤阳府。雍正二年(1724年)增领颍州、亳州、泗州、六安州;同治四年(1865年)安庆府、庐州府、滁州、和州另属,更名凤颍六泗道。自此,在清代的历史文献中便频繁出现"皖北"一词。官方文献如《清文宗实录》中记载:"以剿办皖北土匪出力,赏知县顾思尧等升叙有差。"私人文集如清末史志学家陈作霖的《可园文存·滕提督传》中记载:"皖北为捻逆渊薮,自胜帅以招抚为功,诸将虽遇贼不敢击。惟公灭韩狼、诛张潆,毅然独断,有古名将风焉。"及至晚清,"皖北"不再仅仅是地区的模糊性称呼,而是成为实实在在的行政区划。据《清德宗实录》载:"裁安徽安庐滁和道,改徽宁池太广道为皖南道,以安庆隶之,凤颍六泗道为皖北道,以庐、滁、和三府隶之,各加兵备衔。改铸皖南、北两兵备道关防,并添铸新设巡警、劝业两道关防,从安徽巡抚冯煦请也。"此为"皖北"首次作为正式的行政区划出现于历史文献中。至清光绪三十四年(1908年),改凤颍六泗道为皖北道,裁安庐滁和道,以其庐州、滁州、和州并入新设的皖北道。清朝灭亡后,皖北道随之消亡。民国二年(1913年),"据《划一现行各县地方行政官厅组织令》,设皖北道观察使,所辖区域未经划定,民国三年5月裁"①。

1949年4月6日,皖北区党委、军区在合肥宣布成立,4月15日成立人民行政公署(简称皖北行署),5月6日皖南区党委、军区在屯溪成立,5月8日成立人民行政公署(简称皖南行署),7月12日迁驻芜湖市。1949年11月30日至12月6日,皖北各界人民代表会议在合肥召开,成立皖北区各界人民代表会议协商委员会。按照《中国人民政治协商会议共同纲领》规定,这次会议代行安徽省人民代表大会的职责。1951年11月,华东军政委员会决定皖南行署与皖北行署合并成立安徽省人民政府;同年12月20日,皖南行署迁至合肥与皖北行署合署办公。1952年8月,中央人民政府委员会批准成立安徽省人民政府委员会,省会设于合肥市,皖北、皖南人民行政公署正式撤销。20世纪80年代,"皖北"作为地理和行政区域概念又频繁出现在省委、省政府的文件中。如1986年5月,安徽省政府确定依托中心城市设立皖北、皖中、沿江、皖南四个经济协作区;2001年10月12日,中共安徽省委、省政府印发《关于进一步加快皖北地区经济发展的若干意见》;2008年11月7日,中共安徽省委、省政府印发《关于加快皖北和沿淮部分市县发展的若干政策意见》。

在地理方位中,皖北位于以上海为龙头的长江三角洲地区,东靠江苏、南接皖

---

① 孟义昭. 明清时期皖北地域文化的历史变迁[J]. 蚌埠学院学报,2014,3(3):189.

中、西连河南、北望山东,处在南下北上、东进西出的战略要地。皖北北部与黄河决口扇形地相连,南部与江淮丘岗区隔淮河相望。地势以平原为主,拥有广袤的淮北平原,可谓辖江临海、扼淮控湖。随着社会发展与时代变迁,一个地区的行政区划也因适应国家治理的需要而处于调整与演变之中,皖北、皖中、皖南等辖地自然也随着时代的变迁而发生变化。因为历朝历代的统治阶级及其统治者会根据当时社会经济发展及国家治理的需要而不断调整行政区划,即使在新中国成立后,皖北的行政管辖范围仍历经数次调整才相对稳定下来。当前所说的皖北,是指其主体在安徽淮河以北的地区,包括淮北、亳州、宿州、蚌埠、阜阳、淮南六个省辖市,其中,蚌埠市和淮南市均坐落于淮河南岸;皖中是指安徽(长)江淮(河)之间的区域,一般是指合肥市、安庆市、滁州市、六安市、芜湖市长江以北(西北)、马鞍山市长江以北(西北)、淮南市淮河以南;皖南则指安徽长江以南的区域,包括池州市、铜陵市、芜湖市长江以南(东南)、马鞍山市长江以南(东南)、宣城市、黄山市。

2. 皖北的文化存在

安徽文明开化较早,安徽省是中华文明的重要发祥地。在繁昌区人字洞发现的距今约250万年的人类活动遗址,在皖东长江左岸的龙潭洞发现的三四十万年前旧石器时代的"和县猿人"遗址,表明远古时期我们的祖先就在安徽这块土地上生息繁衍。

新石器时代(10000—4000年以前),安徽是著名的受仰韶文化、龙山文化、青莲岗文化和印纹釉陶文化影响的区域。在潜山市发掘的薛家岗遗址,距今有五六千年历史,是一处以新石器时代遗存为主的古文化遗址,这表明在远古社会前期,已有人类在安徽这块土地上繁衍、劳动,因而对研究长江中下游地区原始文化有着重要的学术价值。"1989年秋,中国社会科学院考古研究所致力于黄淮地区史前文化遗址的调查、发掘与研究,并首先对这一地区进行了史前遗址的调查工作,共在临泉、阜南、颍上、利辛、蒙城、涡阳、亳州、太和、界首、宿县①、濉溪、肖县②等市县调查发现了60多处遗址,并首先发掘了宿县小山口和古台寺遗址。在此基础上,初步掌握了这一地区史前遗址的分布情况以及各遗址中所包涵的基本文化内容。"③另据调查,"淮河南岸地区石山子文化的遗址有定远侯家寨、淮南小孙岗、霍邱扁担岗、风台硖山口等。淮河北岸地区石山子文化的遗址有濉溪石山子、宿州小山口与古台寺、蚌埠双墩、怀远双古堆、临泉官庄等。"④因石山子文化主要分布在淮河的南、北两岸,这表明以皖北区域为中心的淮河流域是我国史前文明的重要发

---

① 即今宿州市,后同。
② 现写作萧县。
③ 王吉怀. 大汶口文化考古的新突破:略谈皖北尉迟寺遗址发掘的收获及意义[J]. 文物季刊,1998(3):58.
④ 鲍颖建. 淮河流域石山子文化与周边地区考古学文化关系探析[J]. 河南师范大学学报(哲学社会科学版),2021,48(1):129-136.

祥地之一。

在"淮河流域中游,出现大量的新石器时代遗存,反映出先民们从以渔猎为主逐步过渡到以农业为主的原始文明进程。距今7000年左右(新石器早期)的蚌埠双墩文化遗址,发掘出的陶器底刻画,被学术界认为是我国文字起源的重要源头之一,另外还出土了造型艺术优美的陶面人像。中期距今6000～4500年,较为典型的有定远县侯家寨、蒙城县尉迟寺,以及霍邱县红墩、亳县①傅庄、萧县花家寺等遗址,证明了这一时期农耕稻作开始出现,部落氏族居住在成排的房屋中,附近有公共墓地,是淮河流域母系氏族社会末期所达到的文明水平。晚期距今4500～4000年,淮河中上游地区出现了亳县青凤岭、宿县芦城子、临泉县老邱堆、利辛县禅阳寺、太和县灰角寺、亳县钓鱼台等遗址"②。皖北居淮河流域中游核心区域,这些考古发现再现了皖北的文明发展及文化源头。"在皖北地区,石山子文化之后是大汶口文化的分布范围,目前发掘次数最多、遗物最丰富、特征比较鲜明的是'尉迟寺类型',但是,尉迟寺类型属大汶口文化的晚期"③。考古发现,蒙城尉迟寺遗址主要包含大汶口文化晚期的遗迹和遗物,也有少量龙山文化的堆积。尉迟寺遗址发现有成排分布的红烧土排房建筑,显示了较高的建筑技术。也有研究表明,"在皖北地区大汶口文化时期,农耕聚落得到了进一步的扩展和完善,使大汶口文化在此地得到了突飞猛进的发展"④。可见,皖北文化的源头当上溯到大汶口文化,系汉族先民创造的远古文明。

(二) 皖北文化具有多样化存在形态

一般而言,凡是超越本能的、人类有意识地作用于自然界和社会的一切活动及其结果,都属于文化。关于文化结构,有物质文化与精神文化两分说,物质、制度、精神三层次说,物质、制度、风俗习惯、思想与价值四层次说,物质、社会关系、精神、艺术、语言符号、风俗习惯六大子系统说,等等。⑤ 无疑,任何事物都有其存在形式。人们也只有通过文化的各种存在形式才能逐步认识文化的结构、特征、功能、立场等基本要素,从这个意义上说,文化的存在形式和样态就可合称为文化形态,它体现的是人类活动以及与人精神活动相关的内容。作为中国传统文化的区域亚文化,皖北文化呈现出多样化的文化形态。从文化的结构层体系来看,皖北文化同样存在物态文化层、制度文化层、观念文化层、行为文化层等四个层次。

---

① 即今亳州市,后同。
② 水利部淮河水利委员会.淮河人文志:第7卷[M].北京:科学出版社,2007:64.
③ 冀和.试论皖北地区新石器时代早期文化[J].中原文物,1997(2):22.
④ 王吉怀.大汶口文化考古的新突破:略谈皖北尉迟寺遗址发掘的收获及意义[J].文物季刊,1998(3):64.
⑤ 张岱年,方克立.中国文化概论[M].修订版.北京:北京师范大学出版社,2004:3.

第一层，皖北的物态文化层。物态文化是人类在长期改造客观世界的实践中形成的一切物质生产活动及其产品的总和，是文化中可以触摸、可见和感知的东西，是具有物质实体的文化事物，如衣、食、器皿、建筑等。物态文化是文化诸要素中最基础的内容，它不仅构成人类的第一需要，而且还直接体现了文化的性质、人类文明程度的高低。经过考古发掘，20世纪60年代发现安徽萧县花家寺遗址，20世纪70年代发现淮北濉溪石山子遗址、亳州城父遗址、蒙城尉迟寺遗址。而"被考古学界称作'中国原始第一村'的蒙城尉迟寺新石器遗址，再现了淮河流域的灿烂文明，成为皖北文化的开端"①。另据史书记载，商汤发祥于河南的商丘一带，但其统治范围覆盖了淮河流域。西周大封诸侯，安徽境内的封国由淮河流域扩展到皖中和江南。"西周时期安徽江淮间的生态环境和农业经济应当保持着较为良好的状态，周人觊觎这片区域的经济资源，迫使淮夷向周人进贡。《兮甲盘铭》记载：'淮夷旧我帛人，毋敢不出其帛，其积，其进人。'另据《禹贡》记载，淮夷需要向西周王朝进贡'五色土''羽畎夏翟''孤桐''浮磬''蠙珠及鱼''玄纤缟'等等。"②更有涂山禹王宫、双墩春秋墓、安丰塘、涉故台（大泽乡起义）、正阳关、临涣古城、垓下遗址、虞姬墓、华祖庵、会老堂（欧阳修故居）、管鲍祠、刘公祠（刘锜庙）、亳州花戏楼、阜阳文峰塔等大批历史遗存，见证着皖北大地的历史变迁与文化演进。21世纪初，经考古发现，蚌埠双墩一号墓的墓主是春秋时期钟离国的国君柏，其随葬器物以大量铜器（礼器、兵器、乐器、车马器构等）、彩绘陶器、石器、玉器为主，还有少量几何印纹陶器以及海贝、金箔饰件等，共计400余件；另有2200余件土偶及漆木器。其中最为重要的是，在编钟上发现了"唯王正月初吉丁亥童丽（钟离）君柏作其行钟童丽之金"的铭文，在青铜簠内底发现了"唯王正月初吉丁亥童丽（钟离）君柏择其吉金作其食簠"铭文等。墓的结构为特殊的圆形墓坑，在封土与填土中构筑多种寓意深厚的从未见过的"五色土""白土垫层""放射线""土丘""土偶墙""十字形墓底埋葬布局"等象征性的遗迹现象，气势壮观宏大。其天宇式的墓式结构开创了一代钟离国葬俗新风，是淮河流域中游地区人类在墓葬建筑史上的创新，也是墓葬考古史上的新类型。

第二层，皖北的制度文化层。制度文化是人类为了自身生存及社会发展的需要而创制出来的有组织的规范体系，包括社会的法律制度、政治制度、经济制度、民间的礼仪俗规以及人与人之间的关系准则等。夏朝是中国历史上第一个奴隶制国家，及至夏桀，被商族成汤击败南逃，死于南巢（今安徽省寿县东南部），夏亡而建商，定王都于亳③。其时，方国林立，见于卜辞的就有40多个，实际数字当然远超于此，其中的稽方国即为今安徽省亳州市。商朝直接统治控制的地区相当于今晋

---

① 王智汪."被牺牲的局部"：皖北文化的选择与传承[J].新余学院学报，2016,21(6):89.
② 同①.
③ 亳指何处，历来说法不一，有南亳、北亳、西亳之说。多数认为"亳"为今河南省商丘市。

东、鲁西偎抱的冀南、豫中一带,但其统治范围的东南部则覆盖了淮河流域,商朝的官制也会不同程度地推行到这一地区。有关夏朝官制的文献极少,但商朝的相关制度礼俗已在甲骨文上有所记载。"《尚书·洪范》'八政'就有司徒、司空、司寇三个行政官名;甲骨文里有'工',即管理工奴的官。如'己酉贞,王令山司我工'说的是己酉这一天占卜,王令贵族山司理工职。山是官员的名字,其职司当为'司工',即管理工奴。'司工'在周代金文中亦常见,即'司空'……《洪范》'八政'中还有'食'与'货'两个农官。"①可见,在上古时期皖北就已形成了确定的制度文化。另有被称为经邦纬国的治世奇书《管子》,虽然是战国时期齐国的稷下学人托名管仲而写成,但其中有关制度的内容或论述均源于管仲的思想并已实际施行。1977年,安徽省文物工作队等单位在安徽阜阳双古堆一号墓(今阜阳师范大学西湖校区东北侧)发掘出土的阜阳汉简,经整理编纂分为10多种古籍,包含《仓颉篇》《诗经》《周易》《万物》《吕氏春秋》等,其中有不少内容均反映了社会制度建设及运行情况。西汉皇族淮南王刘安及其门客收集史料集体编写的哲学著作《淮南子》,以道家思想为主,吸收诸子百家学说,是战国至汉初黄老之学理论体系的代表作。其中的《兵略训》专论军事,代表了西汉初期的军事理论水平。

第三层,皖北的观念文化层。观念文化是人类在社会实践及意识活动中长期孕育形成的价值观念、审美情趣和思维方式,主要是指人们的思想、意识和观念等。"皖北是老子的出生地,是道家学说的源头,道家思想经过数千年的历史演进,已经渗透于中华民族的风骨和气度,融化为中华民族的品格和精神,成为华夏儿女的共同精神纽带。皖北文化一直保持着自己的文化样式,随着社会发展而不断演进。"②皖北特殊的历史条件和地理环境,造就了皖北人民独特的观念意识和精神风貌。"淮河文化的主体内容则反映出淮河流域人民积极抗争、奋发向上与奋进有为。淮河流域在历史上曾一度属于富足的鱼米之乡,主体属于农业文化的范畴。众所周知,由于历史上黄河经常南犯,加之战祸连绵、自身旱涝灾害经年不断等原因而导致淮河流域总体上是一个经济不发达的地区。正是这种生存状况激发起淮人的抗争意识与进取精神,从而为淮河文化注入积极抗争、不断奋进的精神特质。"③淮河横贯皖北地区,作为淮河文化的重要组成部分,皖北文化必然深刻地烙上淮河文化的印痕,被赋予奋进与有为的文化风骨。进入21世纪,阜阳人民在奋进实践中形成了"王家坝精神"。2010年7月24日,时任国务院总理的温家宝第五次到阜阳指导部署淮河防汛抗洪。在汇报会上,温家宝总理指出:"你们在长期的抗洪斗争中形成了王家坝精神。这就是舍小家、为大家的顾全大局精神,就是不畏

---

① 张晋藩,王超.中国政治制度史[M].北京:中国政法大学出版社,1987:34.
② 王智汪."被牺牲的局部":皖北文化的选择与传承[J].新余学院学报,2016,21(6):91.
③ 房正宏.淮河文化内涵与特征探讨[J].阜阳师范学院学报(社会科学版),2015(4):12-16.

艰险、不怕困难的自强不息精神,就是军民团结、干群同心的同舟共济精神,就是尊重规律、综合防控的科学治水精神。"①可以说,"王家坝精神"是皖北文化精神在当代的生动诠释。

第四层,皖北的行为文化层。行为文化是人们在日常生产生活中表现出来的特定行为方式和行为结果的积淀,这种行为方式是人们所作所为的具体表现,体现着人们的价值观念取向。经过数千年的生产劳作和繁衍生息,皖北人民逐渐形成了带有地域特色的行为文化,不仅体现在人们的日常行为中,也体现在皖北人民的礼俗、民俗及风俗习惯之中。特别是近年来,相对于皖南、皖中而言,其行为特点更加明显。据了解,从隋朝开始实行科举制,经历唐、宋、元、明、清各代,直到清光绪三十一年(1905年)废除科举制的近1300年间,皖籍状元共41人,其中皖北籍状元仅颍州、寿县各1人,而皖南籍状元休宁县17人、歙县6人。明清年间,作为享誉商帮的两大劲旅,徽商和晋商雄踞商界500余年,对全国经济社会发展作出了重要贡献。有别于皖中、皖南的习文经商,皖北有行伍从军的传统。从商君成汤之始,楚国神射手养由基,秦国名将甘茂,东汉末年曹操父子及其大将夏侯惇、夏侯渊、许褚,东吴大将吕蒙、周泰,扬州刺史刘馥,东晋军事家桓伊、大将军桓玄,后梁太祖朱温,红巾军领袖刘福通,明朝开国名将常遇春、朱能、邓愈、傅友德、清抚远大将军年羹尧、捻军首领张乐行、皖系军阀代表人物之一倪嗣冲等,或勇武征伐、成就英雄伟业,或割据一方、没于历史烟尘;既有行侠仗义之士,也不乏一些匪盗之徒。特别是自明代中期以来,苏北、皖北、鲁南、豫东南等地匪祸不断,一些地方志多有记载。当然,这只是总体上的特点概括,北方习武、南方修文并非存在泾渭分明的界线。事实上,皖北是老子、庄子、管子等大思想家的诞生地,形成了风骨刚劲的建安文化;中国十大古曲中,淮北独占《高山流水》《广陵散》《梅花三弄》三席;而历史上的东吴名将周瑜、北宋义军首领方腊、抗倭名将戚继光②、淮军将领刘铭传等,均是皖中或皖南籍杰出的军事将领。此外,由于自然条件的限制及其种植作物的不同,皖北地区多以小麦、红薯、高粱等为主食,皖中、皖南则以稻米为主食,辅之大量红薯。由此也衍生出不同的饮食习惯及行为表现:历史上,皖北人偏好饮酒猜拳,突显"铁马秋风塞北"之豪气;皖南人偏好喝茶赋诗,尽现"杏花春雨江南"之秀美。凡此种种,均在不同程度上体现为皖北人民相对独特的行为文化。

进入21世纪后,为有效开展并积极推动皖北文化研究,经安徽省教育厅批准,皖北文化研究中心于2003年10月10日正式成立。阜阳师范大学皖北文化研究中心作为安徽省高校人文社会科学首批十个重点研究基地之一,自成立之始就致力于皖北历史文化和民间艺术的研究,逐渐形成了颍淮文化、阜宿方言、管子经济思想等具有地方特色的研究方向,建立了"三子(管子、老子、庄子)"、"三曹(曹操、

---

① 李陈续.中国有座"王家坝"![N].光明日报,2010-07-28(1).
② 戚继光(1528—1588年),汉族,明朝抗倭名将。祖籍安徽定远,卫籍山东蓬莱人。

曹丕、曹植)"、皖北区域经济等重要研究方向的文献资料库,并编纂出版了数辑《皖北文化研究集刊》。其编纂者认为:"皖北文化是指颍、淮、涡三河流域在源远流长的历史发展中形成的具有深厚历史文化底蕴及卓越特质的区域文化,是我国南北文化交叉的代表性文化——淮河文化的重要组成部分,是安徽北学的代表文化,与皖南的徽文化、皖中的皖江文化共同构成安徽三大文化类型。"[①]这是从河流作为文化传播载体的角度界定皖北文化的基本内涵。分析皖北文化的源头及其范围,可以确定皖北文化隶属淮河文化且居于淮河文化的核心圈层。毋庸置疑,文化是由人创造的。从广义上说,皖北文化体现在皖北区域源远流长、独具特色,传承至今仍发挥作用的历史传统等方面;具体而言,皖北文化是融合中原文化和江淮文化而形成的一种区域文化,作为淮河文化的核心圈层,它是皖北区域各族人民在长期生产生活及世代劳作中所创造的全部成果,也是皖北地区民俗文化、景观文化、武术文化、地方红色文化、非物质文化遗产等历史文化变迁的综合体现。

二、皖北文化的主要特征

并非所有的文化现象均可冠名"文化","文化"更不能当作标签任意粘贴,因为特定的区域文化必定有其历史渊源和现实内涵并因此彰显其独特价值。可见,社会学意义上的"文化"概念有其特定的内涵规定。皖北文化作为文化现象是历史存在,因其鲜明特征而体现出社会学意义上的概念内涵。由于淮河地域特殊的地理位置和人文环境,导致各种不同的文化在皖北发生碰撞、交流。

秉承了中华优秀传统文化的连续性和包容性,皖北文化在汲取中华文明精神滋养的同时,不断吸纳人民群众生产实践的文明成果,不断创新发展,形成了自身的文化特征。"淮河在我国东南部南北分界的地理区位,自然赋予了淮河文化鲜明的地域特色。以淮为界,北称'黄淮',南称'江淮',淮河文化正是黄河文化与长江文化数千年融合的结果……淮河虽然是居黄河与长江之间的南北界河,但在中华民族大家庭中,却是融而不阻的中间地带。南方人说它是北方,北方人说它是南方。'骏马秋风塞北,杏花春雨江南',这两种截然不同的文化景观,均反映淮河两岸以淮为界,区分出平原与丘陵的地貌;旱粮与水稻的农耕方式;南米北面的生活习俗;南茶北酒的饮食习惯;纤寨与山村的居住群落;南舟北车的交通方式;南蛮北伶的方言区划。北方人的豪放刚烈,南方人的柔宛秀丽,皆能融合于淮河两岸人民的秉性之中。"[②]因而,以淮河文化为基础,融合中原文化和江淮文化而形成的一种区域文化即为皖北文化,在其长期的发展过程中形成了明显的兼容性和过渡性的特点。其过渡性与兼容性特征主要表现在两个方面。

---

① 吴海涛.皖北文化研究集刊[M].合肥:黄山书社,2009:1.
② 陈琳,陈丽丽.淮河文化的成因与特色[J].江苏地方志,2007(1):43-46.

（一）地理与人文方面的过渡性与兼容性

一是地理上的分界与过渡性。近代意义上的中国地理，一般是以"秦岭—淮河"一线为南北分界线，它同时是亚热带与暖温带、湿润区与半湿润区、河流有无结冰期、温带落叶阔叶林与亚热带常绿阔叶林、钙质土与酸性土壤（如红壤）、小麦与水稻、农业旱地与水田、农作物一年一熟或两年三熟与一年两熟或三熟、长江水系与黄河水系、地形较完整（以平原、高原为主）与地形较破碎（以盆地、低山丘陵为主）、河流汛期长短、河流多少等的分界线。从气候条件来看，皖北地区位于暖温带南缘，属暖温带半湿润季风气候。季风明显，四季分明，气候温和，雨量适中。由于皖北地区南临淮河，而淮河以南属北亚热带湿润季风气候，因此皖北地区具有以暖温带向北亚热带渐变的过渡带气候特征。既有南北方气候之长——水资源优于北方，光资源优于南方；又有南北方气候之短——有的年份少雨干旱，有的年份多雨成涝，旱涝灾害频繁，表现出明显的气候变异性。

皖北交通发达，京沪高铁在安徽境内长约266千米，占总长度的20%，途经宿州、蚌埠和滁州三市；京九铁路、漯阜铁路、青阜复线、阜淮线、符夹线等多条铁路实施电气化改造；商杭客运专线北与郑徐客运专线连接，从商丘引出，从北至南先后经过亳州、阜阳、合肥、芜湖、宣城，出省后与宁杭高铁连接直达杭州，架起皖北通往"长三角"的快捷走廊。从中国江苏连云港市到荷兰鹿特丹港的国际化铁路交通干线——新欧亚大陆桥途经皖北地区，皖北因此成为"一带一路"从安徽省经过的唯一地区。此外，皖北地处淮河流域，域内河道密布，主要河道大都源于黄河南岸平原，有谷河、萧濉河、润河、泉河、颍河、西淝河、茨河、包河等。正是交错的铁路和密集的河道，使皖北西接河南、北连山东、南通皖浙，消弭了地理区位上的分界线，连通了南北西东。

2021年12月，国家发展和改革委员会印发《沪苏浙城市结对合作帮扶皖北城市实施方案》，组织沪苏浙有关市（区）结对合作帮扶皖北地区各市。帮扶城市包括上海市三个区、江苏省三个市、浙江省两个市，受帮扶城市包括安徽省的淮北市、亳州市、宿州市、蚌埠市、阜阳市、淮南市、滁州市、六安市八个市。具体结对安排如下：上海市闵行区—安徽省淮南市，上海市松江区—安徽省六安市，上海市奉贤区—安徽省亳州市，江苏省南京市—安徽省滁州市，江苏省苏州市—安徽省阜阳市，江苏省徐州市—安徽省淮北市，浙江省杭州市—安徽省宿州市，浙江省宁波市—安徽省蚌埠市。结对合作帮扶工作期限为2021年至2030年。皖北不仅从物理空间上实现了与河南山东等地的西连北接，而且从经济社会发展的层面正在融入"长三角"，推动实现一体化发展。

二是文化上的兼容性与过渡性。就安徽境内而言，皖北代表的文化是楚汉文化、淮河文化、老庄文化，由于淮河地域特殊的地理位置和人文环境，各种不同的文化在此碰撞、交流，淮河文化作为在中原文化、江淮文化的基础上融合形成的一种区域文化,逐渐表现出兼容性和过渡性的特点。"皖北地区新石器时代早期的石山子文化,文化面貌独特,特征鲜明,明显有别于同时代的黄河中、下游和长江中、下游地区诸文化,依考古学文化的命名原则,我们认为应命名为'石山子文化'……它说明在新石器时代早期,皖北地区是一个相对独立和稳定的文化区,有着自己独特的文化风格,它与我国其他地区的先民们一起,共同创造了我国新石器时代早期丰富多彩的物质文化。"①然而,从1989年起,先后进行13次发掘的尉迟寺遗址中,发现了五千年历史的前人类最完整、最丰富、规模最大的史前建筑遗存——红烧土排房,并发现了龙山时期的墓葬、灰坑等遗迹以及各类遗物,这对全面研究大汶口文化的分布区域、聚落形态、墓葬制度及其与周围地区同期文化的关系具有重要的学术价值,特别是为研究中国史前聚落文化、江淮地区史前文化等提供了宝贵的资料。经考古发掘、研究发现,"尉迟寺遗址位于南北方的交界处,有人叫作北方的南方和南方的北方,因而在经济形态上,兼有南北两方的特点"②。

(二) 方言与民俗方面的过渡性与兼容性

一是皖北方言具有过渡性与兼容性。安徽境内各地区方言并非单一系统的方言,而是多种方言系统的综合体。一般可分为官话区和非官话区,官话区包括中原官话和江淮官话,非官话区包括赣语、吴语和徽语。整体来看,江淮官话的影响比较大,它流行于安徽中部的大部分城市;皖南则是吴语、徽语比较流行;皖北则是中原官话的地盘,赣语范围要小一点。所以能够代表安徽方言的主要就是官话的区域,即江淮官话和中原官话。

中原官话主要分布于河南、河北南部、山东西南部、江苏、安徽、山西南部、陕西中部、甘肃东部与南部、宁夏南部、青海东北部、新疆南疆等地区;在安徽境内则主要分布在淮河以北的17个市县和淮河以南的凤阳县、蚌埠市、淮南市、寿县、霍邱、金寨、长丰县等。当然,这些地区的人们并不是全部都说中原官话,也有一些人说其他方言。

江淮官话分布在江苏省大部、安徽省中部、湖北省东北部、江西省北部的九江市局部及其他个别省份的方言岛,使用人口超过7000万人,主体分布于江苏、安徽两省的江淮地区;在安徽境内则主要分布在淮河以北的怀远县、合肥市、滁州市、六安市、淮南市、安庆市、岳西县等地区。但其中有一些地方的人们并不说江淮官话,如居住在金寨县的一些人说的是中原官话。

皖北方言大部分属中原官话,小部分属江淮官话。其中,蚌埠、凤阳、淮南、寿县、霍邱、灵璧、泗县属中原官话信蚌片,亳州、阜阳属中原官话商阜片,宿州、淮北、

---

① 冀和.试论皖北地区新石器时代早期文化[J].中原文物,1997(2):22.
② 王吉怀.大汶口文化考古的新突破:略谈皖北尉迟寺遗址发掘的收获及意义[J].文物季刊,1998(3):61.

濉溪、萧县、砀山属中原官话徐淮片,蚌埠市南部及淮南市南部属于江淮官话洪巢片,距离皖北北部最近的几个城市,如商丘、枣庄、菏泽、济宁等均属中原官话区。可见,从方言的使用来看,皖北方言具有明显的南北过渡性与兼容性。

二是若干民俗具有过渡性与兼容性。在我国,春节一般是从祭灶揭开序幕的。北方民谣中"二十三,糖瓜粘;二十四,扫房子"指的是每年农历腊月廿三或廿四日的祭灶,亦称小年,也有所谓"官祭三民祭四帝王家祭二十五"或"官三民四船家五"的说法,即官宦人家在农历腊月廿三,一般民家在农历腊月廿四举行祭灶。我国北方在南宋以前都是政治中心,受官气影响较重,因此小年多为农历腊月廿三;南方远离政治中心,小年便为农历腊月廿四。也另有一说:清代时由于农历腊月廿三是满族祭祖的日子,因此清皇室规定农历十二月廿三是小年。随后不少北方地区的小年就变成了农历十二月廿三,而南方大部分地区还是农历十二月廿四。比如,山西、北京的绝大部分地区是农历腊月廿三祭灶或过小年,上海则在农历腊月廿三四祭灶。在皖北地区的习俗里,有称"祭灶"的,也有称"过小年"的;有在农历腊月廿三过的,也有在农历腊月廿四过的。而在皖中,特别是皖南,几乎都称"过小年",且无例外均在农历腊月廿四。此外,皖北地区在农历正月初一及二月初二的民俗习惯也体现出了南北的兼容性与过渡性。农历正月初一起五更之始,忌用刀杖,不许向院内泼水、不许向井中汲水,皖中、皖南地区也同样保留这一传统禁忌。但是,皖中、皖南地区一般不过"龙抬头节"。皖北地区的农历二月初二是"青龙节"或"龙抬头节",人们爱在这天吃爆米花、给男孩剃头,妇女则忌动针、剪刀、菜刀,在这一天不能做针线活。在北方的省市,如山东、陕西、北京等地,都把"二月二,龙抬头"看作春节后的一个重大节日,有的地方还在这一天举行集市庙会。

值得一提的是,皖北这种方言俗语表达及一些民俗风俗也会在地方戏曲中得到一定程度的体现。中国戏曲主要由民间歌舞、说唱和滑稽戏三种不同的艺术形式综合而成,是由语言、文学、音乐、舞蹈、美术、武术、杂技、表演等综合而成的一门艺术,而语言及说唱无疑是其基本表现形式。因为戏曲以语言为载体,地方戏则以诞生和发展地区的方言为媒介。皖北地区代表性的戏曲有泗州戏、花鼓灯、坠子戏、推剧、亳州梆剧、渔鼓道情、四平调等。其中,泗州戏是安徽省四大汉族戏曲剧种之一,已列入国家级非物质文化遗产名录。泗州戏原名拉魂腔,流行于安徽淮河两岸,距今已有两百多年的历史。有研究者认为,中路泗州戏以宿州为中心,用的是宿州地区方言,语言偏粗犷豪迈。南路泗州戏以蚌埠为中心,渐次传播至五河、凤阳、明光、滁州等地,主要使用蚌淳地区方言,语言偏柔美遒劲。北路泗州戏流传于苏北、鲁南地区,语言偏于高亢粗犷。泗州戏中若干典型的皖北方言俗语选取如下:

玉兰:"俺们俩同阵下湖把呱啦。"

玉兰:"起早摸黑勤侍弄。"

——《拾棉花》

张四姐:"你在砍空,那就行了吗?"

崔自成:"俺没有呱啦。"

——《打乾棒》

这里的"同阵下湖把呱啦"指"一起到庄稼地里聊天、谈心";"侍弄"是"操劳"的意思;"砍空"是"说谎"的意思;"俺没有呱啦"意思是"我没有话说"。这些皖北的方言俗语融入泗州的语言,相比普通话更贴近老百姓的生活,更易赢得皖北人民的喜爱,富有乡土气息。① 而以蚌埠市、凤台县、颍上县为中心发展、形成的国家级非物质文化遗产花鼓灯,则体现出南北兼容的一些特点。谢克林在《中国花鼓灯艺术》中说:"与我国地理常识中以淮河为界分南北的情况相反,这一带人民在生产方式、生活方式、风俗习惯、文化传统、信仰、性格等方面的情况是南北融合,兼而有之,既不同于南,又不完全类于北……因此花鼓灯歌舞的基本风格,就兼备了朴实、刚健、热烈、奔放、含蓄、细腻、委婉的特点。"② 其表演既有北方人刚劲爽朗的性格,又有吴歌楚舞柔媚的风韵。可见,以泗州戏、花鼓灯等为代表的皖北地方戏曲与皖北人民的生活、习俗有着密切的联系,不仅频繁使用皖北方言,还处处反映出皖北民间的民俗民风,从而显示出强烈的地域文化特征。

第二节 皖北文化资源的功能与价值

有关文化的概念,从不同的角度理解有不同的定义。无论如何界定,文化都涵盖了特定群族的历史、生活方式、传统习俗、风土人情、宗教信仰、伦理道德、艺术、法律制度、价值观念、审美情趣、精神图腾等内容。这些方面的物理存在或价值呈现即构成文化资源,是人类劳动创造的物质成果及其转化的一部分,构成人类社会重要的物质财富和精神财富,是人类从事文化生产、生活的前提。毋庸置疑,在阶级社会里,一定社会的文化是为特定阶级的经济和政治服务的,或者说是为统治阶级服务的,而统治阶级也会运用政治、法律等手段规范并引导文化的发展方向。正如毛泽东所指出的,"一定的文化(当作观念形态的文化)是一定社会的政治和经济的反映,又给予伟大影响和作用于一定社会的政治和经济"③。在漫长的文明发展进程中,皖北地区形成了厚重的历史文化,生发出丰富的文化资源。从其表现形态来看,至少呈现为皖北历史文化、民俗文化、景观文化、武术文化和军事文化、地方红色文化、非物质文化遗产等等,它们所融汇成的皖北文化也必然成为皖北众生的

---

① 王慧.民俗方言视域下的泗州戏艺术[J].中国戏剧,2013(12):54-55.

② 谢克林.中国花鼓灯艺术[M].合肥:安徽人民出版社,1990:22-23.

③ 毛泽东.毛泽东选集:第2卷[M].2版.北京:人民出版社,1991:663-664.

心之所归、灵之所倚,是引领皖北人民奋斗的精神力量源泉。正是基于中华优秀传统文化所塑造的中华文明的连续性、创新性、统一性和包容性等特性,皖北文化在形成与发展过程中不断受到中华文明的丰厚滋养,日益发挥出文明传续、社会整合与价值导向功能,在新时代日渐突显其积极功能和资源价值,服务于安徽的经济社会发展。

一、皖北文化资源的功能

文化与自然现象不同,它是由人类社会活动所创造的一切物质与非物质的全部成果。张岱年先生认为,"凡是超越本能的、人类有意识地作用于自然界和社会的一切活动及其结果,都属于文化;或者说,'自然的人化'即文化"①。

文化和文化资源之间存在着相互促进、相互依存的互动关系:一方面,文化的传承和创新可以丰富文化资源的内涵和价值,使其更加具有吸引力;另一方面,文化资源的开发和利用又可以促进文化产业的发展,推动文化的传承、保护和创新。因此,"所谓文化资源,是指凝结了人类精神劳动的产物,包括精神活动所生产和凝结而成的精神内容,以及精神活动作用于自然对象而产生的结果"②。但不限于此,文化资源其实是人类劳动创造的物质成果及其转化的一部分,并可以通过各种形式的文化资源来传承和发展,如文化遗产的保护、文化活动的组织、文化产品的创作等。马克思曾指出:"劳动与劳动对象结合在一起。劳动物化了,而对象被加工了。在劳动者方面曾以动的形式表现出来的东西,现在在产品方面作为静的属性,以存在的形式表现出来。"③这说明物质生产活动是一个物化活动,若从物化的环节来看,文化生产同样是生产物质产品的劳动,当然,文化生产还包含精神产品,这类与人的生产劳动和社会生活相凝结而产生的物质财富和精神财富,就成为文化资源。基于此,人们完全可以通过生产实践来激发文化资源的政治、经济、教育等价值功能并发挥其实际价值。

(一)赋能经济发展,繁荣文化产业,提供区域发展"硬支撑"

文化具有经济功能,它可以反作用于社会的经济基础。基于上层建筑对社会经济基础的反作用,文化可以赋能经济、促进特定社会经济的繁荣和发展,由文化催生的文化产业可以提升人民的收入水平和生活质量。即作为"软实力",文化能够为社会及经济发展提供"硬支撑"。因此,《"十四五"文化发展规划》指出,在我国社会立足新发展阶段、贯彻新发展理念、构建新发展格局、推动高质量发展中,文化

---

① 张岱年,方克立.中国文化概论[M].北京:北京师范大学出版社,2004:3.
② 王晨,章玳.文化资源学[M].南京:南京大学出版社,2014:8.
③ 马克思,恩格斯.马克思恩格斯全集:第23卷[M].北京:人民出版社,1972:205.

是重要支点,必须进一步发展壮大文化产业,强化文化赋能,充分发挥文化在激活发展动能、提升发展品质、促进经济结构优化升级中的作用。皖北文化资源的经济功能,主要体现为赋能经济发展,繁荣文化产业,为区域经济发展提供"硬支撑"。

其一,直接赋能经济发展,激发经济活力。人类社会经历了漫长的狩猎与采集经济时代、农业经济时代,大约于18世纪后半叶开始步入工业经济时代,随后便快速地进入知识经济时代。知识经济亦称智能经济,是指建立在知识和信息的生产、分配和使用基础上的经济。它以知识为基础,虽然农业经济和工业经济也离不开知识,但总的说来,其经济增长主要取决于能源、原材料和劳动力,即主要是以物质为基础的。自然地,人类社会的生产力也从自然生产力、农业生产力、工业生产力进入了"知识经济"生产力——即高智能型的文化生产力时代。若从生产力发展阶段来看,人类社会则大致经历了"劳动生产力"阶段—"机器生产力"阶段—"文化生产力"阶段。1990年,美国经济学家、哈佛商学院教授迈克尔·波特在《国家竞争优势》(*The Competitive Advantage of Nations*)一书中,把国家竞争力发展分为四个阶段:一是生产要素驱动阶段,指经济发展的主要驱动力来自廉价的劳力、土地、矿产等资源;二是投资驱动阶段,指以大规模投资和大规模生产来驱动经济发展;三是创新驱动阶段,指以技术创新为经济发展的主要驱动力;四是财富驱动阶段,指追求人的个性的全面发展,追求文学艺术、体育保健、休闲旅游等生活享受,成为经济发展的新的主动力。波特所描述的创新驱动阶段,应当就是以知识产业为经济主产业、以知识创新为经济发展主动力的阶段,即今天人们常说的知识经济阶段。而知识经济阶段之后的财富驱动阶段,意味着第三产业将进一步分化,经济中文化的、知识的、信息的、科技的,乃至心理的因素将越来越具有重要的、主导的,甚至某种决定性的作用。其理论的科学性和预见性姑且不论,社会的发展已在事实上验证了文化生产力的巨大作用,文化作为日益强大的产业结构已成为整个国民经济中极为重要的乃至成为某些国家的支柱性产业。

经济社会发展的实践证明,在文化生产力的形成、发展过程中,文化资源的社会功能及经济价值日益彰显,它不仅能够提供生产加工对象、丰富优质产品供给、增加产品和商品的附加值、发展文化产业,而且文化还能够为经济发展提供智力支持、提振发展信心、提高劳动力素质、优化发展环境,从而赋能经济发展,激发经济活力。尤其是,文化知识产权(Intellectual Property,IP)的生产和价值实现,推动了文化与国民经济其他产业间的融合,这体现出"文化赋能"的深层逻辑。尤其是在当下,科技创新在生产力系统中愈来愈多地发挥出主导作用,我国经济社会高质量发展所要求的新质生产力已然正式出场。新质生产力是新时代中国共产党领导下先进生产力的具体表现形式,不仅是新时代我国经济社会高质量发展的必然产物,还是引领全球创新性可持续发展的关键驱动要素。由于非物质文化遗产所蕴含的人类创造力耦合了新质生产力所要求的劳动者创新力,且生产力系统中的科学、技术、信息和教育等渗透性因素所发挥作用的机理亦与文化的教化功能的发挥相契合,文化具有经济功能、赋能经济发展乃是一种必然。

其二,生发文化产业,助推区域经济振兴。当前,特别是要推动科技赋能文化产业,把先进科技作为文化产业发展的战略支撑,建立健全文化科技融合创新体系。为适应互联网技术发展态势,顺应数字产业化和产业数字化发展趋势,《"十四五"文化和旅游发展规划》还提出,要推动新一代信息技术在文化创作、生产、传播、消费等各环节的应用,推进"上云用数赋智",加强创新链和产业链对接。推动数字文化产业加快发展,发展数字创意、数字娱乐、网络视听、线上演播、数字艺术展示、沉浸式体验等新业态,丰富个性化、定制化、品质化的数字文化产品供给。

文化产业(Culture Industry)是阿多诺和霍克海默在《启蒙辩证法》(1947年)一书中率先使用的概念,特别强调"文化产业"必须和"大众文化"严格区分开来。联合国教科文组织将其定义为:文化产业就是按照工业标准,生产、再生产、储存以及分配文化产品和服务的一系列活动。概括来说,文化产业以生产和提供精神产品为主要活动,以满足人们的文化需要为目标,是指文化意义本身的创作与销售,狭义上包括文学艺术创作、音乐创作、摄影、舞蹈、工业设计与建筑设计等,是依托文化及文化资源而发展的产业形态,诸如文化创意(简称"文创")业、艺术品业、工艺美术业、文化旅游产业、文化会展业、演艺业、娱乐业、动漫业、游戏业、创意设计业、网络文化业等,以及相关的文化服务业。以文化创意产业来说,它能够通过有效供给创造需求,是解决实体经济结构性供需失衡的重要手段。我国实体经济因有效供给不足导致"供给缺口"与"需求外溢",其问题的根源是企业创新能力不足,难以提供充分满足消费升级所需的产品与服务。文化创意是创新驱动的重要动力源,是供给创造需求的重要实现方式。人们对美好生活的追求是无止境的。随着消费的不断升级,人们在选择消费产品和生活服务的时候,越来越追求功能价值之外的情绪价值、符号价值等文化价值。消费需求正以"文化消费+功能消费"的融合方式扩展和体现。泛文化消费成为消费升级的主要方向。但人的文化需求不是简单地被满足,而是需要被激发、被创造。那些有效对接人们文化情感需要的文化产品和服务,属于有效文化供给。持续大规模涌现的有效文化供给,扩大了社会消费。①

众所周知,皖北是传统的农业大区,"三农"(农业、农村、农民)工作,特别是农村经济发展的任务艰巨。推进文化赋能皖北乡村振兴是安徽振兴的重点工作,要从创意设计、美术产业、手工艺、数字文化、非物质文化遗产和文旅融合等方面推动文化产业发展,用文创"活化"乡村,探索"乡村+旅游+文创+互联网+民宿"融合发展模式,发展村镇夜间文化和旅游消费集聚区,结合乡村旅游重点村镇建设,打造乡村旅游精品线路、文化旅游特色村、驿道乡村酒店,不断提升皖北城乡旅游的

---

① 夏辉.以文化产业赋能实体经济发展 打造广东高质量发展重要支点[N].羊城晚报(理论版),2023-04-07(A8).

文化内涵,赋能乡村振兴。同时,还要通过健全区域内文化协同发展机制,推动皖北区域文化资源的共享与综合开发利用,提升区域内公共文化设施互联互通水平,加强皖北文化产业带建设,实现区域文化建设水平整体提高,助推皖北城乡经济振兴。

(二)传递社会主义核心价值观,凝聚区域社会共识,激发精神动力

皖北文化资源的政治功能,主要体现为有效整合社会意识并引导社会核心价值,从而凝聚区域社会共识,为皖北经济发展提供精神动力。在当代社会,皖北悠久的历史文化以及带有区域特色的民间文化、非物质文化遗产项目,特别是皖北地区红色文化,不仅能传递社会主义核心价值观,而且能够有效增进人民群众对特定区域城市、乡村的认同感、责任感和归属感,容易达成共识,因而能够激发精神动力,形成推动区域发展的合力。

其一,文化具有凝聚功能,从区域社会的思想凝聚及价值整合情况来看,皖北文化能够基于价值一致所形成的相同或相近的思想观念而达成对区域经济社会发展的大致观点、看法、价值标准和发展理念。作为中华优秀传统文化的分支系统,皖北文化的精髓已经融入社会主义核心价值观;皖北具有鲜明特色的本土文化,正是通过文化的价值整合与思想引领,有效激发了当地人民对传统文化的自豪感、认同感和归属感,在日益坚定文化自信的基础上提升皖北人民的凝聚力、向心力,并激励广大人民群众为实现皖北振兴而奋斗。

其二,文化是经人类实践并加工的成果凝结,各种文化资源、各类文化现象必定会反映出正向而积极的社会价值。"一个社会的价值体系虽是多元的,但必定存在居于核心地位、起主导作用的价值或价值体系,这便是核心价值;人们对于社会核心价值的认识并以主观的形式反映出来——如思想认同、社会舆论、社会思潮等,便形成社会的核心价值观,它是一个社会和群体评判事物最根本的是非判断标准和需要遵循的基本行为准则。培育和弘扬核心价值观,是社会系统得以正常运转、社会秩序得以有效维护的重要途径,在当代中国,就是要倡导并践行社会主义核心价值观。"[①]皖北文化属于中华优秀传统文化的一部分,它所传导的积极的社会主义核心价值观,必然能够凝聚起社会共识,为皖北经济社会发展提供精神动力。因此,应大力发掘中华优秀传统文化的当代价值,推动传统文化创新发展,并通过对中华优秀传统文化的传承与传播,让皖北文化成为老百姓日用而不觉的精神力量。

---

① 房正宏,房子仪.论网络舆情信息的价值析出及其社会功用[J].齐齐哈尔大学学报(哲学社会科学版),2019(12):52-55.

（三）提高人文素质，提升区域文化"软实力"，增强文化自信

作为中华优秀传统文化体系中的一个分支系统，皖北文化是在融合中原文化和江淮文化基础上形成的区域文化，是皖北区域各族人民在长期生产生活及其世代劳作中所创造的全部成果，包括皖北地区的历史文化、民俗文化、景观文化、武术文化、红色文化以及非物质文化遗产等。皖北悠久的历史传统和丰厚的文化积淀，与皖北人民的生产劳动相凝聚而形成的丰富的文化资源，隐含着巨大的社会功能。皖北文化资源的社会功能，主要体现在以下几个方面：

其一，发挥地方特色传统文化的教化功能，提高民众的人文素养。有学者认为，"中华文化在历史上建构了一个非常成熟的'文教'系统，通过道德教化、礼乐教化等深深影响着传统社会治理。儒家文化重视以德为先、德礼并重，力图恢复老百姓内在的生活根据，通过其特有的教化方式给予丰厚的文化滋养，影响着人们的价值判断和家国情怀……以儒家文化为代表的中华文化在精神品格上也充分彰显了道德主体性和世俗伦理性，如主张追求君子人格、弘扬家国情怀、注重道德教育和道德感化、强调人伦日用的秩序等等，这些都体现了中华传统德治文化的价值追求和人文传统"[①]。由于地方特色传统文化继承并发扬了中华传统文化的优秀成分，必然也传承了中华优秀传统文化的教化功能，以其优秀因子滋养当地民众、涵育其人文情怀。在管子的经世济民哲学、老庄的"天人合一"思想、建安文学追求理想的远大抱负和积极通脱人生态度等的长期浸润下，皖北民众于潜移默化中接受中华优秀传统文化的教化，民众的人文素养得到提升，从而有效传承了中华民族宗族脉系所认同的族规、礼仪和忠孝等传统文化，并在此基础上增强了家国认同感。

当然，强调地方特色传统文化对提高民众人文素养的积极意义并不是否认现代教育的重要作用。事实上，民众人文素养的日渐提升是两者协调作用的"合力"结果。因此，要加强传统文化教育，强化其中的爱国、诚信、友善、敬业、和谐、公正等价值理念，并采取措施把地方特色传统文化融入学校教育和城乡精神文明创建的实践中，引导青少年学生树立崇高的理想信念，教育广大群众培养高尚的道德情操、民族自豪感和社会责任感，厚植家国情怀。

其二，基于历史文化经济功能的有效发挥，增强区域文化软实力。1990年，曾担任美国哈佛大学肯尼迪政府学院院长、全球战略问题研究专家的约瑟夫·奈在《对外政策》杂志上发表《软实力》一文，首次提出软实力（Soft Power）概念。在约瑟夫·奈看来，一个国家的综合国力可划分为硬实力和软实力两种，认为一个国家的实力不仅涵盖资源实力、经济实力、军事实力和科技实力等硬实力，还应包含软实力。至于什么是软实力，他又分别于1999年、2004年撰文（著）进行了解释，并

---

① 沈小勇.文化塑造视域下中华传统道德教化的当代重构[J].山东省社会主义学院学报，2020(4):72.

最终将其表述为:"软实力是一种能力,它能通过吸引力而非威逼或利诱达到目的。这种吸引力来自一国的文化、政治价值观和外交政策。当在别人的眼里,我们的政策合法、正当时,软实力就获得了提升。"[①]软实力概念一经提出,便在世界范围内得到积极响应,并随之开启了软实力相关研究与应用的热潮。历经20余年的研究与应用,先后衍生了"国家软实力""文化软实力""区域软实力"等名词或概念。不管对上述诸多概念如何界定,软实力就是实际存在的一种实力。就文化软实力而言,看似很"软",却是一种不可忽略的伟力。

作为特定的区域文化,皖北文化同样发挥着软实力作用。培育并加强皖北文化软实力,首先要增强皖北城市文化软实力。一般而言,城市的文化软实力主要是指建立在城市文化、政府服务、居民素质、形象传播等非物质要素之上的城市社会凝聚力、文化感召力、科教支持力、参与协调力等,它是城市力量建设的一个重要指标和路径。皖北六市历史悠久、人文荟萃、经济增速提质、区位独特,在习近平新时代中国特色社会主义思想的指引下,坚持社会主义先进文化的前进方向,不断推动中华优秀传统文化传承发展、不断推动社会主义文化繁荣兴盛,必定能够不断提升其文化软实力,为皖北经济发展提供硬支撑。其次,要加强皖北乡村文化建设,推动皖北乡村文化振兴,不断增强其文化软实力。切实可行的途径主要包括:一是大力发掘中华优秀传统文化的当代价值,倡导践行社会主义核心价值观,让传统文化成为老百姓日用而不觉的精神力量;二是发展乡村文化产业,实现经济效益、生态效益和社会效益的有机统一;三是加快推动乡村数字化进程,为乡村文化产业赋能加速,激发并释放文化产业的创新活力,促进乡村文化业态丰富发展,提供高质量的数字文化产品和服务。

其三,城市形象和美丽乡村能够为区域经济发展提供环境支持。在新的历史时期,文化环境对区域经济发展的影响越来越明显。从提升城市形象的角度来看,需要加强精神文明建设,改善城市环境,凝聚城市记忆,拓展文化内涵,提升城市品位。应打造各具特色的城市文化名片,皖北六市的文化名片分别是:阜阳——颍淮善郡,老庄故里;淮北——绿金淮北,文明相城;亳州——三曹故里,中国药都;宿州——楚汉名城,淮海锁钥;蚌埠——淮上明珠,大禹故里;淮南——豆腐故里,能源之都。从打造美丽乡村的角度来看,要在社会主义核心价值观的指导下,围绕"环境美、乡风美、生活美"主题积极发展文化产业,着力加强组织建设、生态建设、民风建设、民生建设。皖北六市中,蚌埠、淮北、阜阳、宿州还是"全国文明城市"。相比较而言,国家级文明城市的思想教育更加深入细致、道德建设更加扎实有效、社会风气更加健康向上、生态环境更加优良、社会治安更加良好、社会秩序更加井然,因而成为投资经商的首选城市,它们能够为投资经商、发展文化产业等经济活

---

① Ikenberry G J, Nye J S. Soft Power: The Means to Success in World Politics[J]. Political Science Quarterly, 2005, 119(3): 680-681.

动提供良好的人文环境和自然环境支持。无疑,在自然环境和人文环境持续优化的基础上,才能扩大招商引资,才能实现区域经济的可持续发展;也只有积极发展文化、教育事业,才能不断提升人民群众的人文素养,才能促进中华优秀传统文化的传播,并以不断创新创造的文化自觉,增强文化自信。

当前,皖北六市都非常重视美化环境、打造城市文化,以提升区域文化软实力。在自然环境的美化方面,除了着力建设美丽乡村外,还科学规划休闲生活区与商业区、社区与单位、城市与郊区等,保持并加强城市的绿化、亮化与清洁化。在人文环境营造方面,通过新闻宣传、网络宣传及多种形式的宣传教育,不断提升市民的思想道德素养,倡导并弘扬社会主义核心价值观。如颍上县改造背街小巷、绘制各类主题文化墙,既使社会主义核心价值观内容家喻户晓、深入人心,也在各类主题文化墙上绘出文明好风景。此外,通过评选"(某某市)好人",发挥"好人"效应、榜样力量,弘扬"(某某市)好人多、向善成风尚"的新时代新风貌。只有让城市乡村越来越美丽、身边的"好人"越来越多,民众的文明素养才会越来越高,区域文化的感染力才越来越彰显,文化自信也会因此越来越强。

二、皖北文化资源的价值

皖北六市的总面积为4.2161万平方千米,占安徽省总面积的30%。皖北地区拥有广袤的淮北平原,处在南下北上、东进西出的战略要地,其主要通道是欧亚大陆桥,也是安徽省内唯一的"一带一路"经过地区。当前,皖北已成为华东地区重要的经济增长极和中国经济发展较快的地区之一。在推动安徽振兴、实现新时代安徽高质量发展的战略背景下,皖北正抓住"一带一路"倡议、长江三角洲地区区域规划、中原经济区、皖北振兴、淮河生态经济带等国家主体功能区规划,沿淮城市群、南北合作"3+6"现代产业园区等省级战略,高标准建设运营"7+3"皖北结对合作园区,不断推进与长三角都市圈城市群联动互融;同时,不断繁荣文化事业和区域文化产业,为推动皖北的经济社会高质量发展提供精神动力和文化支撑,即以其文化软实力提供区域发展硬支撑。尤其是,随着经济社会的不断发展进步,文化的经济功能日益突显,其软实力作用越来越被人们所认识,并对经济社会发展发挥着愈来愈重要且明显的硬支撑作用。2019年12月1日,《长江三角洲区域一体化发展规划纲要》提出,支持苏北、浙西南、皖北和皖西大别山革命老区重点发展现代农业、文化旅游、大健康、医药产业、农产品加工等特色产业及配套产业,建设皖北承接产业转移集聚区,积极承接产业转移。皖北毗邻"长三角"并有铁路、水运及航空连接,在实现"长三角"一体化发展规划目标的战略进程中,依托文化资源而形成的皖北文化及其发展的相关文化产业必将大有作为。

(一) 有助于提供发展的精神动力

精神力量是一个地区和城市生存发展的灵魂支柱、旗帜导向和不竭动力之源，在区域经济社会发展中发挥着极其重要的软实力作用。2014年2月，习近平总书记在中共中央政治局第十三次集体学习时提出："要认真汲取中华优秀传统文化的思想精华和道德精髓，大力弘扬以爱国主义为核心的民族精神和以改革创新为核心的时代精神，深入挖掘和阐发中华优秀传统文化讲仁爱、重民本、守诚信、崇正义、尚和合、求大同的时代价值，使中华优秀传统文化成为涵养社会主义核心价值观的重要源泉。"①无疑，作为中华优秀传统文化的有机构成部分，皖北丰厚的历史文化资源能够提供区域经济社会发展的精神动力，并发挥精神支柱作用。这种精神动力和支柱作用主要表现在价值引领和文化自信两个方面。在强化价值引领方面，在皖北地区，戏曲、曲艺、民间文学等非物质文化遗产具有非常大的影响力，它们所传达的善恶观念和尚德思想几千年来都在影响着皖北人民的道德观念。此外，皖北作为淮海战役主战场，保留了大量的党史资源。依托党史资源而形成的红色文化能够有效引领群众价值观念、激发群众精神力量。在坚定文化自信方面，皖北文化资源历史悠久、影响力大、知名度高，且具有鲜明的本土特色，能够有效激起皖北人民对传统文化的自豪感、认同感和归属感，提升皖北人民的凝聚力、向心力，从而激励皖北人民为实现皖北振兴而奋斗。

(二) 有助于催生经济发展的动能

当前，人民群众的精神文化需求不断增加，使得文化产业在经济结构中的作用越来越突出，文化软实力越来越成为经济发展的硬支撑。皖北地区文化资源数量多、种类全、规模大，拥有5个国家级、省级历史文化名城，30多处全国重点文物保护单位，200余处省级重点文物保护单位，具有打造高水平、高创新文化产业的明显优势，为推动区域经济的绿色发展、可持续发展提供了有利条件，为地方文化产业的繁荣发展提供有力支撑，是实现产业结构转型升级、地区经济高质量发展的强大发展动能，并因此成为实现区域经济社会高质量发展的有力支撑极。《安徽省国土空间规划（2021—2035年）》指出，要推进实施"皖北承接产业转移集聚区建设"，"皖北新型城镇集聚区包括淮北、亳州、宿州、蚌埠、阜阳、淮南六市，以阜阳城市圈为引领，促进大中小城市协同发展"。处于历史机遇与区位优势这一特定时空坐标系中的阜阳，必然要求加强与之相匹配的文化建设，不断增强其文化软实力、提供发展硬支撑。鉴于文化产业具有资源消耗低、环境污染小、科技含量高以及饱含人文精神的特点，发展文化产业势必能够实现经济效益、生态效益和社会效益的有机

---

① 习近平.习近平谈治国理政[M].北京：外文出版社，2014：164.

统一,促进区域生态文明和精神文明共同进步。立足于皖北区域文化资源的经济价值和促进发展功能,应充分挖掘并用活文化资源,助推皖北区域经济社会的高质量发展。鉴于文化产业和旅游产业密不可分的关系,皖北地区要坚持以文塑旅、以旅彰文,推动皖北地区文化和旅游融合发展,这种方式已经成为各地实现经济结构优化升级、提升经济发展质量的有效途径。当然,从当前皖北文化产业的发展现状来看,仅仅依靠文旅产业来推动地方经济社会的高质量发展似乎不太现实,甚至文化旅游产业的发展还有赖于地方经济的发展。所以,皖北地区还要处理好软实力与硬支撑的辩证关系。在长三角一体化发展的战略背景下,皖北地区应当审时度势,抢占发展机遇,挖掘区域文化资源中的经济价值,汲取其思想精华,打造特色文化产业群,将文化资源优势转化为经济发展动能,为皖北地区经济社会发展注入充沛活力,助力皖北振兴。

(三)有助于优化经济发展的环境

文化或文化资源总是在无声地传导着社会核心价值,潜移默化地发挥着教化功能。人民群众在文化传播中接受文化、增加文化积累,在满足自身多样化、个性化文化需求的同时,人文素质也得到了提高。基于人民群众文化素养的不断提升以及文化需求的日益提高,在我国社会主义先进文化建设的实践中创造了"群众性精神文明创建"的活动形式。作为加强社会主义先进文化建设的有效形式,群众性精神文明创建活动是广大人民群众改造环境、转变社会风气、建设文明生活的成功实践,通过精神文明创建,老百姓移风易俗,城乡精神风貌日益提升,极大地推动经济与社会的协调发展,为区域经济的运行和社会发展提供良好的社会环境。众所周知,皖北的淮南、淮北均属于传统的资源型城市,依托煤炭建立了众多高能耗、高污染企业,在新的历史条件下,应积极探索可持续发展道路,依托文化资源发展的文化产业,如依托国家级非物质文化遗产项目发展阜南柳编业,依托华东地区最大的云计算数据中心(宿州)发展的1600多家大数据云计算企业等,均具有资源消耗低、环境污染小、科技含量高以及饱含人文精神的特点,既能摆脱对重污染、高能耗传统工业的过度依赖,践行"绿水青山就是金山银山"的理念,美化自然环境,推动绿色发展,又能优化城乡人文环境,促进生态文明和精神文明的共同进步。

2023年7月26日,中共安徽省委第十一届委员会第五次全体会议通过的《关于坚定不移沿着习近平总书记指引的方向前进奋力走出新时代安徽高质量发展新路的决定》指出,"着力优化产业生态,布局建设一批文化创意、电子商务、商贸会展等现代服务业集聚区,提升国际新材料产业大会、国际(亳州)中医药博览会、长三角绿色食品加工业(小岗)大会等开放平台能级。实施皖北全面振兴急需人才引育工程,推出更具吸引力的高端人才、柔性引才激励政策措施。加快合芜蚌国家自主创新示范区蚌埠片区建设,提升皖北中心城市能级和辐射带动力。推进皖北农业现代化建设,发挥皖北大粮仓的重要作用。支持阜阳打造长三角区域重点城市和带动皖北、支撑中原城市群发展的重要增长极,亳州争创国家中医药传承创新发展试验区、历史文化与中医药养生旅游城市。推动蚌埠—淮南、宿州—淮北一体化协同发展,支持蚌埠—淮南合力打造淮河生态经济带区域中心城市,宿州—淮北合力打造苏鲁豫省际毗邻区域新兴中心城市"。这些决定表明,中共安徽省委已就大力推动皖北全面振兴作出了具体的决策部署。特别是,《安徽省国土空间规划(2021—2035年)》已经国务院批复同意并于2024年4月2日印发,对皖北地区国土空间规划作出指引,即"以大运河国家文化公园建设为抓手,着力发掘淮河文化在百万年的人类史、一万年的文化史、五千多年的文明史中的地位作用,重点围绕中原文化的历史脉络,通过挖掘丰富的文化资源,融合多元的农业大地景观、特色作物、中草药基地、淮北平原田园风情、果园林海等生态资源,打造具有皖北地域特色的平原农业景观与淮河风情的高品质生态文化魅力空间,推动道源文化研学、中医药养生、楚汉文化等生态旅游,培育皖北地区成为安徽文化和旅游新的增长极"。从文化资源开发和文化产业发展的角度来看,皖北地区应依托悠久的历史传统和丰厚的文化资源,在推动中华优秀传统文化创造性转化和创新性发展的基础上,着力发展文化产业,提升皖北地区的文明程度,推动多种产业齐头并进,促进"两个文明"协调发展,从而推动实现皖北地区经济社会的高质量发展。

思考题:

1. 为什么要接受中华优秀传统文化教育?
2. 如何理解皖北文化的内涵?
3. 如何理解皖北文化的主要特征?
4. 皖北文化资源的功能与价值有哪些?

第二章　皖北的历史变迁
与代表性名人

有人活动和生活的地方就有文化。相对于国家历史文化而言,地方历史文化即区域历史文化。从地理及行政区划的角度来看,皖北所辖的各地理与行政区域的形成呈现基本一致性的特征,在其分分合合之中,汇成了与皖北各地经济社会发展相适宜的区域文化,并处于不断的发展和变迁之中。作为特定行政区域概念的"皖北"一词,其出现虽然并不早,有关历史文献或官方资料显示是在清康熙九年(1670年)置庐凤道,光绪三十四年(1908年)才更名皖北道,但是,地理意义上实际存在的皖北区域,以及由其先民在漫长历史发展过程中世代劳作、生活而发展的皖北文化,构成并见证了皖北的历史文化变迁。当代所指称的皖北,是指其主体在淮河以北的六个安徽省辖市,其中,蚌埠和淮南位于淮河南岸。国务院批复的《安徽省国土空间规划(2021—2035年)》提道,"皖北新型城镇集聚区包括淮北、亳州、宿州、蚌埠、阜阳、淮南六市,以阜阳城市圈为引领,促进大中小城市协同发展","适度扩大阜阳、蚌埠等中心城市空间规模,支持阜阳城市圈建设","支持阜阳建设中原城市群区域中心城市"①。

第一节　阜阳的历史变迁与代表性名人

阜阳位于安徽省西北部,地处黄淮海平原南端、淮北平原西部,地跨东经114°52′—116°49′、北纬32°25′—34°04′,总面积为10118.2平方千米,辖颍州、颍东、颍泉三个区以及临泉县、太和县、阜南县、颍上县、界首市,截至2022年底,阜阳常住人口为814.1万人。阜阳属淮河流域,全境属平原地形,地势主体平坦、西北高而东南低,自西北向东南略有倾斜,西北与东南相对落差为14.4米左右;境内河流交错,主要有淮河、颍河、泉河、西淝河、茨河、谷河、流鞍河、润河、济河等,湿地资源较

---

① 安徽省人民政府办公厅.安徽省人民政府关于印发《安徽省国土空间规划(2021—2035年)》的通知[EB/OL].(2024-04-24)[2024-04-24]. https://www.ah.gov.cn/public/1681/565317891.html.

为丰富。在1998年亳州划出阜阳之前,阜阳地区南北长为182千米、东西宽为180千米,总面积为18169平方千米,占全安徽省面积的13.1%。2010年,阜阳市总面积为9775平方千米。2022年末,阜阳市常住人口为814.1万人。

一、阜阳行政区划的历史变迁

阜阳历史悠久,人文蔚盛。在数千年的历史演变中,其建制多次变动,呈现出复杂多变的社会特征。从宏观上看,今阜阳市之境在清代以前分为南北两块:南为颍州,北为亳州。在明代虽然合二为一,但为时甚短。至清代雍正十三年(1735年),两州合二为一,统归颍州府所辖。自汉代以来,阜阳名称虽然有所变化,管辖区域也各有不同,但其行政中心均在今阜阳城区。北宋名相苏轼在颍州为官时,曾盛赞"颍为善郡",故后称阜阳为"颍淮善郡"。

(一)清代以前

历史上颍、亳两州南北相望,随着封建政权更迭,又隶属不一,形成了两个既互相联系又相对独立的经济、政治、文化中心。其中,以颍州(今阜阳市区)为中心的南部开发较早。西周时期,在今阜阳境内即建立了分封的诸侯国胡子国、颍上境内的慎等国。春秋战国时期,除西周分封的诸侯国仍存之外,又立沈子国(临泉境内)、莘(界首境内)、鹿上(今阜南县阮城)、房钟(今利辛县阚疃)等城邑,以及巨阳(今太和县原墙集东北)、新郪(今太和县赵庙镇)、寝丘(今临泉县)等县邑,由此地域的概念逐渐形成。

秦代始置汝阴县(今阜阳市),汉属汝南郡(治上蔡,今河南省上蔡县)。三国时曾置汝阴郡(治汝阴),不久即废;西晋复置汝阴郡(治汝阴,原县级阜阳市),东晋时的前秦将谯郡、汝阴郡由原属豫州改属南徐州(治颍州郡,今河南省许昌市东)。南北朝时的区划建制混乱多变,但在北魏孝昌四年即武泰元年(528年),历史上首次设置颍州;在北周大象元年(579年),历史上首次设置亳州。隋唐时,均设置亳州(治谯)、颍州(治汝阴)等州并分辖众县不等;唐设颍州;宋时置顺昌府(由颍州改,治汝阴)、亳州等;元朝设谯县、城父(二县均属亳州)、太和、颍上、沈丘、颍水(四县均属颍州)、蒙城县(直属安丰路,今寿春县),属汝宁府;明时置三县二州,统属凤阳府(治凤阳县),直属南京。三县分别是颍上、太和、蒙城,其中颍上、太和二县属颍州,蒙城县仍属寿州,亳州单置。

其中,明代洪武六年(1372年),颍、亳二州首次并为统一版图,"省谯县入亳州,寻降亳州的亳县,属颍州"。弘治九年(1496年)亳县复升为州,与颍州为颍州府,又降亳州为亳县,正式纳入颍州管辖之内,形成了"东西四百里、南北七百里"的广大地域。此地域不仅包括今阜阳市、亳州市全境,而且含今六安地区霍邱县的大部分地界。而"阜阳"二字,则来自东汉时期境内的阜阳侯国,距今已有1900年的历史。"阜"意为高,谐音"富",其字拓展为敦厚、富有、旺盛、安定、繁衍生息之意,而"阳"则表达自强不息、万物复苏、蓬勃发展之意,"阳而阜生"。

(二)清代至新中国成立前

阜阳在历史上曾称汝阴、颍州、顺昌,清雍正十三年(1735年)置颍州府,增设附廓阜阳县,阜阳正式确定为县名。自此,颍州更名为阜阳。

清初因袭明制,雍正二年(1724年)置颍州、亳州为直隶州;雍正十三年(1735年)升颍州为颍州府,改亳州为散州,并增置阜阳县。颍州府上隶凤颍六泗,下辖阜阳、颍上、太和、蒙城、涡阳(同治三年即1864年置)、霍邱六县及亳州。不仅将蒙城县由寿州划归颍州府,而且将亳州也划归颍州府。自此,历史上长期"南颍北亳"、两州并立的局面不复存在。

1912年,废州府而留县,亳州改为亳县。1914年6月,省下设道一级行政机构,阜阳、颍上、蒙城、太和、涡阳、亳县六县属安徽省淮泗道(道尹驻凤阳)。1932年,废道,在阜阳设置安徽省第七行政督察专员公署,辖阜阳、颍上、蒙城、太和、涡阳、亳县。1934年,增置临泉县,上隶第七行署。1940年,第七行署改称安徽省第三行政督察专员公署,辖县未变。抗日战争后期,中国共产党领导的豫皖苏边区抗日民主根据地建置淮北二行署,其辖地包括亳县、蒙城、涡阳三县涡河以北地区。解放战争期间,中国共产党领导的豫皖苏边区建置皖北专员公署第三分署,其辖地包括雪涡县、涡阳县、涡亳县等县。此后,随着解放区的不断扩大,又相继建立了第四、第六军分区。1948年,阜阳地区全境解放后,第四、第六军分区合并,建立了阜阳专员公署,驻阜阳市,辖九县三市,即阜阳县、太和县、亳县、涡阳县、蒙城县、颍上县、阜南县(1948年7月建)、临泉县、凤台县及界首市(1947年10月建)、阜阳市(1948年8月建)、亳州市(1948年8月建)。当时的阜阳专署上属皖北行署,驻合肥。1949年2月,中共中央中原局根据中央《关于在全国解放区行政管辖省县原边旧界的指示》,决定撤销中共豫皖苏中央分局,将其所属的二、三、四、六地委及中共沙河工委之安徽省阜阳专区部分归还原建制,建立中共安徽省阜阳地方委员会。同年3月,阜阳地委、专员公署、军分区成立,地委机关驻阜阳城,隶属安徽省委。①

(三)新中国成立后

1952年安徽省人民政府建立后,阜阳专员公署驻阜阳县城,上属安徽省人民政府,下辖界首市②、阜阳县、亳县、太和县、涡阳县、蒙城县、临泉县、阜南县、颍上

---

① 中共阜阳第一任地委书记王光宇,第一副书记李时庄,第二副书记耿万青,副书记刘宠光,委员李时庄、耿万青、李浩然、吴倩(女)、王枫。

② 1953年9月,界首市撤销,建界首县。1958年11月,界首县与太和县合并为首太县。1959年5月,又复分为界首县与太和县。

县、凤台县①。到1985年，阜阳地区辖有一市十县：阜阳市、亳县、阜阳县、涡阳县、蒙城县、利辛县、临泉县、太和县、阜南县、颍上县、界首县（今界首市）。1986年3月，撤销亳县，设立亳州市（县级），全地区辖九县二市。1989年9月，撤销界首县，恢复界首市（县级），全地区辖八县三市。1992年11月，撤销阜阳市、阜阳县，重新组建阜阳市（县级），全地区辖七县三市。1996年1月，阜阳地区撤销地建市——阜阳地区及县级阜阳市，设立地级阜阳市，原阜阳市（县级）区域分为颍州区、颍东区、颍泉区，全市辖三区、七县、二市。1998年2月，亳州市从阜阳市划出，由省直辖。2000年5月，国务院批准设立地级亳州市，涡阳、蒙城、利辛三县划归亳州市管辖。2000年5月以后，阜阳市辖界首市和太和、临泉、颍上、阜南四县及颍州、颍泉、颍东三区。

二、阜阳的历史文化名人简介

阜阳历史悠久，文化底蕴深厚，是淮河文化的重要发源地之一。在距今7200—6500年的新石器时代就有"淮夷"先民在此拓土定居，形成了阜阳历史上第一个原始村落——王新庄遗址。2020年，颍东岳家湖遗址的发现与发掘，也将人类在阜阳城区活动的历史提前到距今5000年。春秋战国几百年的纷争里，胡、沈、养、慎等小国林立，留下"百里为王"的传说。秦末陈胜、吴广大泽乡揭竿而起，先期转战便直抵阜阳境内。南宋顺昌大捷阻遏了金军南下的步伐，元末红巾军颍州起义点燃了农民大起义的烽火，清末捻军雉河集会盟摇动了清王朝的统治根基，淮上军光复颍州吹响了皖北响应辛亥革命的号角。可见，阜阳历史上名人辈出，文韬武略，各领风骚。

（一）齐国哲学家、经济学家、政治家、军事家——管仲

管仲（前723—前645年），姬姓，管氏，名夷吾，字仲，谥敬，颍上（今安徽省颍上县）人。中国古代著名哲学家、经济学家、政治家、军事家。春秋时期法家代表人物，周穆王的后代。齐僖公三十三年（前698年），开始辅佐公子纠。齐桓公元年（前685年），得到鲍叔牙推荐，担任国相，辅佐齐桓公成为春秋五霸之首。对内大兴改革，富国强兵；对外尊王攘夷，九合诸侯，一匡天下，被尊称为"仲父"。齐桓公四十一年（前645年）病逝。后人尊称他为"管子"，被誉为"法家先驱""圣人之师""华夏第一相"等。《管子》一书题为管仲所作，也有人疑其为后人托名。

管仲故里位于今安徽省颍上县建颍乡管谷村。颍上县建有管鲍祠，是纪念齐相管仲与齐大夫鲍叔牙的合祠，约于明万历六年（1578年），时任县令屠隆重建，增

---

① 1977年1月，凤台县从阜阳地区划出，归属淮南市。

祀鲍叔牙易名至今。管鲍祠几经兴废，明末毁于兵乱，道光六年（1826年）邑人万如陵重修，咸丰年间再次毁于兵火，民国二十二年（1933年），时任县长组织重修。

在经济制度方面，管仲相齐的经济政策是"遂滋民，与无财"（《国语·齐语》），他的办法乃是"轻重鱼盐之利，以赡贫穷"（《史记·齐太公世家》）。或言"通轻重之权，徼山海之业"（《史记·平准书》），以至"通货积财，富国强兵"（《史记·管晏列传》）。大致体现为"轻重鱼盐之利"及"徼山海之业"（"山海"就是铁和盐，《管子·海王》）；并推行粮食"准平"政策，即"民有余则轻之，故人君敛之以轻；民不足则重之，故人君散之以重，凡轻重敛散之以时，则准平……故大贾富家不得豪夺吾民矣"（《汉书·食货志》）。

在土地政策方面，提出"相地而衰征"，即按照土质好坏、产量高低来确定赋税征收额。针对当时"竭泽而渔"的经济开发，为了有效利用齐国的林木和渔业资源，提出了"山泽各致其时"。并且，修齐太公"九府圜法"，在齐国设立了专管货币的机构——"轻重九府呻"，由政府统一铸造货币。

在政治制度方面，管仲推行行政改革，整顿行政管理系统，提出"叁其国而伍其鄙"。所谓"叁其国"，就是将国划分为二十一乡——士居十五乡、工居三乡、商居三乡，分设三官管理；所谓"伍其鄙"，就是将鄙野（国都之外的广大地区）分为五属，设立五大夫、五正官分管。属下有县、乡、卒、邑四级，分别设立县帅、乡帅、卒帅、司官管理。整顿行政系统的目的是"定民之居"，使士、农、工、商各就其业，从而使部落的残余影响被彻底革除，行政区域的组织结构更加精细化，有效地维护了社会稳定。其政治思想方面，主张改革以富国强兵。他说："国多财则远者来，地辟举则民留处，仓廪实而知礼节，衣食足而知荣辱。"他还注重发展经济和农业，反对空谈主义，开创职业技能教育。齐桓公尊管仲为"仲父"，授权让他主持一系列政治和经济改革；在全国划分政区，组织军事编制，设官吏管理，建立选拔人才制度，改革土地和人口制度。在用人方面，他提出"德义未明于朝者，则不可加于尊位；功力未见于国者，则不可授以重禄；临事不信于民者，则不可使任大官"，强调要根据实际政绩予以任用，并对各级官员实行奖惩；在外交方面，他主张打出"尊王攘夷"的旗帜，以诸侯长的身份，挟天子以伐不敬。管仲的外交战略获得了很大成功，使齐桓公的霸业更加合法合理，同时也促进了中原经济和文化的发展，为华夏文明的存续作出了巨大贡献。

在军事制度方面，其原则是"作内政而寄军令"，其措施是"叁其国而伍其鄙"，即将全国分为二十一乡，"工商之乡六，士乡十五"。工商之乡不从事作战，实际从事作战的是士乡十五。五乡为一帅，有一万一千人。由齐君率为中军，两个上卿各率五乡为左右军，是为三军，就是"叁其国"。一乡有十连，一连有四里，一里有十轨，一轨有五家，五家为一轨，这就是"伍其鄙"。轨中的五家，因世代相居处在一起，因为利害祸福相同，所以"守则同固，战则同强"。这是一种社会与军事相结合的战斗体制，亦为后来从事大规模的战争做了准备。

(二)齐国政治家、思想家——鲍叔牙

鲍叔牙(前723年或前716—前644年),姒姓,鲍氏,名叔牙。颍上人。春秋时期齐国大臣,系大夫鲍敬叔之子,后亦官拜齐国大夫。鲍叔牙早年辅助公子小白(即后来的齐桓公),齐襄公十二年(前686年)协助公子小白夺得国君之位,并推荐管仲为相。齐桓公三十年(前656年),参与"召陵之盟"使诸国尊齐王为霸主。齐桓公四十一年(前645年),鲍叔牙称相,并在不久后病逝,他的子孙世世代代享受国家俸禄,后世有十余代在齐国有封邑、任大夫之职。据考证,鲍叔牙死后安葬于今山东省济南市历城区鲍山街道济钢新村。安徽省颍上县建有管鲍祠,是纪念齐相管仲与齐大夫鲍叔牙的合祠。①

鲍叔牙为政重教化,在齐国顺利实行了其治国之道。在鲍叔牙的协助下,齐国迅速由乱转治、由弱变强,齐桓公也成了春秋时期的第一个霸主。

鲍叔牙能够识才荐贤不妒,他在为齐桓公夺得王位后,拒绝了相位,并推荐了管仲,称只有管仲才能让齐桓公称霸,让管仲称相,成就了齐桓公的霸业。鲍叔牙知人善用,他为大谏,考察官吏当中表现好的人。在管仲死后,鲍叔牙坚持让齐桓公辞退竖刁、易牙、开方三个奸臣,齐桓公未听,果然使齐国由盛转衰。鲍叔牙同管仲一样,在外交方面主张"尊王攘夷",以诸侯长的身份,挟天子以伐不敬。鲍叔牙处于列国并峙、互相征战不休时期——边境各族发展起来的北狄开始南下、威胁中原各国,西戎也开始东进、经常侵犯鲁国和曹国,北戎又侵犯郑国,山戎又进攻燕国,伊洛之戎又进攻周王室;南方的蛮人也跃跃欲试,想要北上。因而,打出"尊王攘夷"的旗帜有助于统一中原势力抵抗外族入侵。

(三)其他历史文化名人

阜阳人杰地灵,人文蔚盛,是众多名人的故里。除了管仲、鲍叔牙外,还有西周王朝的开国元勋姜子牙②;战国中期秦国名将、秦国左丞相甘茂;被吕不韦大加赞赏的战国著名少年英雄、12岁封为上卿的甘罗;临泉县还是百步穿杨的神射手养由基故里,阜南县是三国东吴大将吕蒙故里,界首是红巾军领袖刘福通故里。南宋

---

① 鲍叔牙为颍上人的文献记载,见东晋学者张处度《列子·力命》注:"管仲、鲍叔牙并颍上人。"安徽名人馆中的介绍亦系颍上人。另据泰安市人民政府官网发布,鲍叔牙为鲁国平阳(今山东省新泰市汶南镇鲍庄)人。

② 姜太公的出生地,文献记载不一。《吕氏春秋·首时》篇说:"太公望,东夷之士也。"高诱注《吕氏春秋·首时》篇说:"太公望,河内人也。"《史记·齐太公世家第二》载:"太公望吕尚者,东海上人。"《汝宁府志》载:"姜寨在新蔡县北四十里,姜子牙为吕侯后,故有姜寨,今属颍州,半属新蔡。"据此,姜太公的出生地,一说汲县(今河南卫辉市);一说山东日照市东吕乡;一说安徽临泉县姜寨。

抗金名将刘锜,曾在阜阳率领军民创造了以少胜多、以弱胜强、以步兵胜骑兵的经典战例——顺昌大捷。后人曰:"军非歼颖水,马已蹴吴山。"阜阳至今还保留着刘公祠,香火不绝。阜阳还是两广总督徐广缙(与林则徐并称"二徐")的故乡。

此外,还有众多历史人物与阜阳结下不解之缘。隋唐五代时期曾有乐府诗人王进,宋元明清时期有著名诗人周子雍、刘体仁等,都留有诗篇佳作。唐宋时期,名人荟萃。蔡齐、晏殊、欧阳修、苏轼在这里为民请命,建功立业,留下许多佳话和千古名句。欧阳修离开颖州后,曾写"思颖诗"30余首,辞官后归居颖州西湖之畔,病逝于此。北宋名相苏轼知颖州时,曾盛赞颖为善郡。他自颖州后至扬州、杭州一路游历,对颖州印象甚好,曾把杭州西湖与颖州西湖相比,以为"大千起灭一尘里,未觉杭颖谁雌雄"。更有魏晋"竹林七贤"之一的刘伶(濉溪人),性情放纵,罢官后曾来到阜阳杜小街(今颖东区口孜镇),因寻得美酒而留下"刘伶醉"和"醉三秋"的千年传说。

第二节 亳州的历史变迁与代表性名人

亳州位于安徽省西北部,地处华北平原南端,位于东经115°53′—116°49′、北纬32°51′—35°05′,为皖豫两省交界,地貌呈东南、西北向斜长形,南北长约150千米,东西宽约90千米,区域面积为8522.58平方千米。亳州市辖区内河流属淮河水系,主要干流河道有涡河、西淝河、茨淮新河等,其中涡河在境内长173千米、流域面积4039平方千米。1986年3月11日,国务院撤销亳县建制,建立亳州市(县级),以原亳县行政区域为亳州市行政区域。1998年2月,亳州从阜阳划出,由安徽省直辖。2000年5月11日,国务院批复,撤销县级亳州市,设立地级亳州市。亳州市人民政府驻新设立的谯城区。以原县级亳州市的行政区域为谯城区的行政区域,将阜阳市管辖的涡阳县、蒙城县、利辛县划归新设立的地级亳州市管辖。目前,亳州市辖一个市辖区(谯城区)及涡阳、蒙城、利辛三个县。截至2022年末,亳州市常住人口为496.0万人。

一、亳州行政区划的历史变迁

亳州,简称亳,古称谯城、秫方、谯郡、兖州、焦国。远在七八千年以前的新石器时代,就有人类在亳境内生息繁衍。有记载表明,亳州在商代建有氏族部落方国谯(今谯城区境内)、危(今谯城区境内)、稽(今蒙城县境内)、夷(今蒙城县境内)等。商汤灭夏后建都于南亳,位于今谯城区涡河北。作为中华民族古老文化的发祥地之一,亳州的历史变迁见证了皖北地区的历史发展。由于在1998年2月之前亳州均隶属阜阳地区,因而,其行政区划的变迁和阜阳的历史变迁基本同步。

(一) 北周以前

远古时期的亳州,同样经历了氏族社会发展的历史阶段。相传,黄帝的曾孙、尧的父亲帝喾(kù),姬姓,名俊,五帝之一,是上古时期一位著名的部落首领。他是《山海经》等古籍中天帝帝俊的原型。帝喾一作俈,号高辛氏,居亳,即今亳州市谯城区。商成汤灭夏,建立商朝,都于亳190年,在亳境内建稙方国。商代卜辞中以帝喾为高祖。三国著名文学家曹植曾作《帝喾赞》以颂之:"祖身轩辕,玄器之裔,生言其名,木德治世,抚宁天地,神圣灵宾,教讫四海,明并日明。"唐《元和郡县志》载:"高辛氏故城在谷熟县西南四十五里,帝喾初封于此。"西汉孔安国曰:"亳郡,高辛氏之所都也。"明嘉靖四十三年(1564年)《亳州志》载:"亳郡,高辛氏之所都也。"《史记》载:帝喾即帝位后,"聪以知远,明以察微。顺天之义,知民之急,仁而威,惠而信,修身而天下服"。至夏朝末年,商族逐渐强大,商族部落首领成汤积聚力量,经十一次出征,一举灭夏,建立商朝。汤王初年(约前1600年),商汤于今亳州城北建都,史称"南亳",后迁至西亳(今河南偃师)。亳州之"亳"由此得名。今亳州城东北涡河北岸有汤王墓,记载见于《皇览》。汉建平元年(前6年),汉哀帝遣御史长卿拜谒。曹操宗族墓出土的字砖中有"谒汤都"刻文,为汤都南亳之一例证。

春秋时置焦邑,周景王十七年(前528年),楚平王筑谯陵城(故城在今亳州市区),改焦邑为谯邑;秦始皇二十四年至三十六年(前223—前211年),在亳州境内置谯县,领有今亳州境内的谯、城父,属泗水郡。西汉在阜阳置十二县(含谯),分属沛、汝南二郡,统归豫州刺史部(治谯)所辖;东汉亦置有包括谯在内的十四县。三国时期,阜阳地区之境皆属魏地,魏在阜阳置十一县,分属谯郡和汝南郡;魏黄初二年(221年)封谯郡为"陪都",与许昌、长安、洛阳、邺并称为五都。两晋时建制略有调整,所不同者为西晋置汝阴郡(治汝阴,今阜阳市)和谯郡,辖九县;东晋的前秦将谯郡和汝阴郡由原属豫州改属南徐州(治颖州,今河南许昌东)。南北朝170余年间,阜阳地区成为南北各王朝拉锯争夺之地,各国轮番交替、地方区划建置一时一变,极为混乱。至北周大象元年(579年),历史上首次设置亳州。

(二) 北周到新中国成立前

北周大象元年(579年),因南兖州(今亳州市)地处古"南亳"之域,为纪念帝喾,"遥取古南亳之名以名州",改南兖州为亳州,亳州之名,始见于此。

隋大业三年(607年)又改亳州为谯郡。唐武德四年(621年),谯郡更名为亳州,为"十望"州府之一,下辖谯、临涣、酂、城父、鹿邑、蒙城、永城、真源八县。宋时在阜阳置顺昌府(由颖州改,治汝阴)和亳州,其中,亳州辖谯、城父、蒙城三县(另有四县不在阜阳境),统属淮南北路(治扬州)。金时属南京路。元时亳州属河南江北行省归德府(治今商丘),下辖六县。元至正十五年(1355年),刘福通起兵反元,拥韩林儿在亳州称帝,建"宋"政权,以亳州为国都。至此,亳州亦成为"三朝"古都之地。明朝初年亳州一度为县,属颍州。弘治九年(1496年),又升县为州。清初亳州属安徽布政使司直辖。1864年清廷镇压捻军后,析亳州、宿州、蒙城、阜阳各一部设涡阳县。1912年,民国政府降亳州为亳县,由省直辖。1948年8月成立亳州市。1949年2月市县合并,恢复亳县建制,隶阜阳行政公署。

(三)新中国成立后

中华人民共和国成立后,亳州为阜阳地区下辖县,称亳县。1964年,国务院决定从阜阳、涡阳、蒙城、凤台各划出一部成立利辛县。1986年3月11日,国务院撤销亳县建制,建立亳州市(县级),以原亳县行政区域为亳州市行政区域。1998年2月,亳州市从阜阳市划出,由安徽省直辖。2000年5月11日,国务院批复,撤销县级亳州市,设立地级亳州市。亳州市人民政府驻新设立的谯城区。以原县级亳州市的行政区域为谯城区的行政区域,将阜阳市管辖的涡阳县、蒙城县、利辛县划归新设立的地级亳州市管辖。谯城区为市委市政府机关所在地。

二、亳州的历史文化名人简介

作为国家级历史文化名城、中国优秀旅游城市和中国长寿之乡,亳州有着深厚的人文底蕴和优质的旅游资源。据了解,亳州现存各级文物保护单位231处,其中全国重点文物保护单位8处,省级重点文物保护单位44处,市级重点文物保护单位59处。拥有各类非物质文化遗产200多项,其中国家级非物质文化遗产6项,省级非物质文化遗产50多项。回溯数千年深厚的历史积淀,在亳州形成了特色鲜明的地域文化,主要呈现为自然和谐的道家文化、风骨刚劲的建安文化、阴阳相济的中医药养生文化,它们已成为亳州独特的文化名片。

(一)自然和谐的道家文化

道教文化是以道家思想为基础的一种宗教信仰和哲学体系,也是中国传统文化的重要组成部分。它起源于先秦时期,经过汉代等历朝历代的发展与传承,形成了独特的理论体系和实践方式。道教以"道"为核心概念,主张"道法自然",认为"道"是维持万物和谐的带有创造性和神秘性的原则,具有至高无上的地位和意义,因而,道教文化主张追求人类本真自然的精神和生活方式。亳州是老子的故乡,作为"道教教祖",以老子为代表的道家文化凸显了亳州道家文化自然和谐的精神特征。亳州道家文化的代表人物,当属老子、庄子、陈抟三人。

1. 老子

老子(约前571—前471年),字伯阳,谥号聃,又称李耳(古时"老"和"李"同音;

"聃"和"耳"同义),楚国苦县历乡曲仁里(今亳州市涡阳县)人①。老子是春秋时期伟大的哲学家和思想家,曾任周"守藏史"(管理藏书的官员),是道家学派创始人,存世著作为《道德经》,又称《老子》。他主张取法于道和无为而治,其学说对中国哲学发展具有深刻影响,被道教尊为教祖,是世界文化名人。

《道德经》虽然只有五千余言,但内涵极其丰富、思想极为深邃,提出了非常完整的哲学体系,从其基本内容来看,可分为唯物主义思想、辩证法思想、认识论、人生观、政治主张及社会理想等方面。老子的思想主张是"无为",他以"道"解释宇宙万物的演变。"道"(宇宙能量现象)为客观自然规律,同时又具有"独立不改,周行而不殆"的永恒意义。《道德经》中包括大量朴素辩证法的观点,如以为一切事物均具有正反两面,并能由对立而转化,是为"反者道之动","正复为奇,善复为妖","祸兮福之所倚,福兮祸之所伏";又以为世间事物均为"有"与"无"之统一,"有无相生",而"无"为基础,"天下万物生于有,有生于无"。他关于民众的论述有:"天之道,损有余而补不足,人之道则不然,损不足以奉有余";"民之饥,以其上食税之多";"民之轻死,以其上求生之厚";"民不畏死,奈何以死惧之"。他的哲学思想和由他创立的道家学派,不但对中国古代思想文化的发展作出了重要贡献,而且对中国两千多年来思想文化的发展产生了深远的影响。

2. 庄子

庄子(约前369—约前286年),名周,字子休(一说子沐),战国时期宋国蒙(今蒙城县境)人②。战国中期的思想家、哲学家、文学家,道家学派代表人物,与老子并称"老庄",代表作《庄子》(系庄子及其弟子所著),名篇有《逍遥游》《齐物论》《养生主》等。据传,庄子常隐居南华山,卒葬于彼,唐玄宗天宝元年(742年),庄子被诏封为南华真人,《庄子》一书亦因之被奉为《南华真经》。安徽蒙城建有庄子祠,以纪念这位伟大的哲学家。

庄子因崇尚自由而不应楚威王之聘,仅担任过宋国地方的漆园吏,史称"漆园傲吏",被誉为地方官吏之楷模。他最早提出的"内圣外王"思想对儒家影响深远。他洞悉易理,指出《易》以道阴阳",其"三籁"思想与《易经》三才之道相合。其文想象丰富奇特,语言运用自如,灵活多变,能把微妙难言的哲理写得引人入胜,被称为"文学的哲学,哲学的文学"。总体而言,庄子的思想较为复杂:在政治上,他激烈而深刻地抨击统治阶级,赞同老子的"无为而治",主张摒弃一切社会制度和文化知识;在思想意识上,他片面夸大一切事物的相对性,否定客观事物的差别,否定客观真理,属于主观唯心主义思想;在生活态度上,他顺应自然,追求绝对的自由。虽然庄子的学说涵盖着当时社会生活的方方面面,但根本精神还是归依于老子的哲学。

---

① 关于老子故里在何处,主要存有两说:一说在安徽涡阳,另一说在河南鹿邑。
② 庄周生于蒙,多指安徽蒙城县。河南省民权县人民政府网站的"历史文化"中说是民权县人,山东省东明县人民政府网站的"古代人物"中则说是东明县人。

故此,后世将他与老子并称为"老庄",他们的哲学为"老庄哲学"。

3. 陈抟

陈抟(871—989年),字图南,自号扶摇子,宋太宗赐号希夷先生,唐末、五代隐士,亳州人。陈抟一生著述甚丰:易类有《先天图》《太极图》《无极图》《易龙图序》《正易心法》等;养生类有《指玄篇》八十一章、言导引及还丹之事的《赤松子八戒录》《入室还丹诗》《阴真君还丹歌注》;五行相法类有《人伦风鉴》等;诗文类有《三峰寓言》《高阳集》《钩潭集》等,以及诗词600余首。他还是心意六合八法拳的创始者。

陈抟少年时便阅读经史,精于诗、礼、书、数以及方药。参加科举考试未取,遂以山水为乐,后归隐湖北武当山、陕西华山等地。《宋史·陈抟传》说,他在武当山隐居20余年,精研《周易》八卦,演练服气辟谷之法。他的"睡功"是以老子的"捐情去欲,静笃归根"思想作为理论出发点和核心的,推动了道教内丹术的发展。他富有经邦济世之才,有"明皇帝王伯之术",在五代的动乱之世,密切注视着政治风云变幻,每遇改朝换代,都要颦眉数日。《水浒传》《喻世明言》《宋史·陈抟传》等书都记载了他与周世宗、宋太祖、宋太宗之间的故事。他在晚年皈依玄门为道士,在中国道教史和思想史上都享有崇高威望,被道教列入高道,成为老庄之后的道教至尊,人称"陈抟老祖"。

(二)风骨刚劲的建安文化

三国时期著名政治家、军事家、文学家曹操生于谯城,于乱世讨伐称霸诸侯,统一中国北方;他与其子曹丕、曹植倡导推动文学艺术兴盛繁荣,形成慷慨悲凉的"建安风骨"。风骨刚劲的建安文化代表人物,即为曹操、曹丕、曹植,后人称之"三曹"。

1. 曹操

曹操(155—220年),字孟德,一名吉利,小字阿瞒,相传本姓夏侯,沛国谯县(今亳州市)人,汉族。东汉末年杰出的政治家、军事家、文学家、书法家。三国中曹魏政权的缔造者,以汉天子的名义征讨四方,统一了中国北方,并实行一系列政策恢复经济生产和社会秩序,奠定了曹魏立国的基础。

曹操精兵法,善诗歌,抒发自己的政治抱负,并反映汉末人民的苦难生活,气魄雄伟,慷慨悲凉;散文亦清峻整洁,开启并繁荣了建安文学,给后人留下了宝贵的精神财富,史称"建安风骨"。同时曹操也擅长书法,尤工章草,唐朝张怀瓘在《书断》中评其为"妙品"。

曹操的文学成就,主要表现在诗歌上。曹操现存20多首诗,均为乐府诗。其诗歌的内容和写作方法都与汉乐府的精神一脉相承。《步出夏门行·观沧海》等一部分诗,反映了汉末战乱的现实和人民遭受的苦难,于悲凉风格中表达关怀和同情。曹操的散文也很有成就,鲁迅评价其为"改造文章的祖师",是指他对汉代文体风格所进行的突破;此外,他还有《请追增郭嘉封邑表》《与王修书》《祀故太尉桥玄文》等文章传世,文字质朴,流畅率真。曹操倡导并开创的建安文学,不仅是文学史上的黄金时期,也是文学批评史上的重要标准。体现这一标准的"建安风骨"也成为后代文人对文学追求的理想境界。

2. 曹丕

曹丕(187—226年),字子桓,沛国谯县人,三国时期政治家、文学家,曹魏开国皇帝(220—226年)魏武帝曹操次子。东汉建安十六年(211年),为五官中郎将、副丞相。二十二年(217年),立为太子。延康元年(220年),曹操死,继位为丞相、魏王。同年10月,迫汉帝禅位,自立为帝,国号魏,改元黄初,将都城由许昌迁至洛阳。黄初七年五月丁巳日(226年6月29日),曹丕病逝于洛阳,时年40岁,谥号文皇帝,庙号高祖,安葬于首阳陵。

曹丕文武双全,博览经传,通晓诸子百家学说,累迁五官中郎将。在位七年大权独揽,在政治上和军事上均积极作为。而且,他于诗、赋、文学皆有成就,擅长于五言诗,与其父曹操和其弟曹植并称"建安三曹",今存《魏文帝集》2卷。著有《典论》,当中的《论文》是中国文学史上第一部有系统的文学批评专论作品。

曹丕是三国时期杰出的诗人,其《燕歌行》是中国现存最早的文人七言诗。他的五言和乐府清绮动人,现存诗约40首。曹丕的书、论性类散文,不仅涉及的题材丰富,所含事物面广,而且在体现抒情性方面也是情感充沛。曹丕所创作的28篇赋作,总体内容上以抒情和咏物为主,而体制方面一改汉大赋之鸿篇巨幅为短小精悍的抒情小赋,反映社会现实,并将个体的喜怒哀乐带入其中。其《典论·论文》则是中国最早的文学理论与批评著作。因其社会地位和文学成就,曹丕是邺下文人集团的实际领袖,对建安文学的精神架构起到关键作用,由此形成的"建安风骨"对后世文学产生了深远影响。

3. 曹植

曹植(192—232年),字子建,沛国谯县人,出生于东阳武,是曹操与武宣卞皇后所生第三子,生前曾为陈王,去世后谥号"思",因此又称陈思王。

曹植是三国时期曹魏著名文学家,建安文学的代表人物。曹植的作品收录在《曹子建集》中。《曹子建集》共10卷,收录了曹植的诗文辞赋。其中收录较完整的诗歌有80余首,一半以上为乐府诗体。其代表作有《七哀诗》《白马篇》《赠白马王彪》《门有万里客》等。其中,《洛神赋》写洛川女神的仙姿美态,是文苑奇葩。

曹植的创作以建安二十五年(220年)为界,分前后两期。其诗留有集30卷,已佚,今存《曹子建集》为宋人所编。前期诗歌主要是歌咏他的理想和抱负,洋溢着乐观、浪漫的情调,对前途充满信心;后期诗歌则主要表达由理想和现实的矛盾所激起的悲愤。他的诗歌,既体现了《诗经》"哀而不伤"的庄雅,又蕴含着《楚辞》窈窕深邃的奇谲;既继承了汉乐府反映现实的笔力,又保留了《古诗十九首》温丽悲远的情调。曹植的诗以笔力雄健和词采华美见长,又有自己鲜明独特的风格,完成了乐府民歌向文人诗的转变。

曹植的散文同样也具有"情兼雅怨,体被文质"的特色,加上其品种丰富多样,使他在这方面也取得了卓越的成就。南北朝时期文学家谢灵运对其有"天下才有一石,曹子建独占八斗"的评价。《诗品》的作者钟嵘亦赞曹植"骨气奇高,词彩华茂,情兼雅怨,体被文质,粲溢今古,卓尔不群"。王士祯尝论汉魏以来2000年间诗家堪称"仙才"者,曹植、李白、苏轼三人耳。

(三)阴阳相济的中医药养生文化

亳州素有"中华药都"之称,亳州市是世界中医药之都和中国长寿之乡,也是全球最大的中药材集散中心,其文化渊源无疑来自悠久的中医药养生传统。阴阳相济的中医药养生文化的代表人物,当之无愧要数华佗。

华佗(约145—208年),字元化,一名旉,沛国谯县人,东汉末年著名的医学家。少时曾在外游学,钻研医术而不求仕途,行医足迹遍及安徽、山东、河南、江苏等地。华佗一生行医各地,声誉颇著,在医学上有诸多成就。他精通内、外、妇、儿、针灸各科,对外科尤为擅长。后因不服曹操征召被杀,所著医书已佚。

华佗经过数十年的医疗实践,熟练地掌握了养生、方药、针灸和手术等治疗手段,精通内、外、妇、儿各科,临证施治,诊断精确,方法简捷,疗效神速,被誉为"神医"。对此,《三国志》《后汉书》中都有内容相仿的评述。所留医案,《三国志》中有16则,《华佗别传》中有5则,其他文献中有5则,共26则,在先秦和两汉医家中是较多的。从其治疗范围看,内科病有热性病、内脏病、精神病、肥胖病、寄生虫病,属于外、儿、妇科的疾病有外伤、肠痈、肿瘤、骨折、针误、忌乳、死胎、小儿泻痢等。代表作为《枕中灸刺经》《青囊经》等,均已失传。《隋书·经籍志》记有《华佗枕中灸刺经》一卷,已佚。《医心方》所引《华佗针灸经》可能是该书的佚文,《太平圣惠方》引有《华佗明堂》之文。从现存佚文看,《华佗针灸经》所载腧穴名称及定位均与《黄帝明堂经》有较大不同。

华佗发明的麻沸散是世界医学史上最早应用于全身的麻醉药物,开创了世界麻醉药物的先例。欧美全身麻醉外科手术的记录始于18世纪初,比华佗晚1600余年。《世界药学史》指出阿拉伯人使用麻药可能是从中国传去,因为"中国名医华佗最精此术"。

华佗也是中国古代医疗体育的创始人之一。他不仅善于治病,还特别提倡养生之道。华佗继承和发展了前人"圣人不治已病,治未病"的预防理论,为年老体弱者编排了一套模仿猿、鹿、熊、虎等五种禽兽姿态的健身操——"五禽戏":一曰虎戏,二曰鹿戏,三曰熊戏,四曰猿戏,五曰鸟戏。动作分别是模仿虎的扑动前肢、鹿的伸转头颈、熊的伏倒站起、猿的脚尖纵跳、鸟的展翅飞翔等,不仅可以用来防治疾病,也可使腿脚轻便利索。他首创的五禽戏,是新中国首批向全国推广的三大健身气功之一。

(四) 其他历代名人

亳州人文底蕴深厚，人杰地灵。其历代名人还有以下几位：

遵守中国传统道德的典范、"坐怀不乱"的柳下惠。柳下惠（前720—前621年），展氏，名获，字子禽，一字季，春秋时期鲁国柳下邑（今亳州市利辛县）人，鲁孝公的儿子公子展的后裔。"惠"是他的谥号，所以后人称他为"柳下惠"，有时也称"柳下季"。《孟子》中说"柳下惠，圣之和者也"，所以他有"和圣"之称。

替父从军的花木兰①。花木兰，生卒年不详，魏氏女，西汉谯城（今亳州市谯城区）东魏村人。其父名应，乃汉初材官骑士。木兰秉承父志，自幼习武，尤工剑术。汉文帝前元十四年（前166年），匈奴老上单于（冒顿单于之子，名稽粥）大举入塞，杀掠甚众。文帝大征天下民以御，木兰父当往，而年已老迈，弟尚年幼。木兰悯其父老，便替父从征。木兰从军凡12年，屡立殊勋，人终不知其为女子。后凯还，天子嘉其功，封尚书郎，不受，恳奏省亲。及拥军还谯，释戎衣，服巾帼，同行者皆骇之。木兰墓位于亳州城东魏村北，冢丘高大，苍松环护，翠竹成林，乡人又为立祠，每年农历四月初八为木兰生日致祭。

秦末汉初杰出的谋士张良。张良（约前250—前186年），字子房，汉族，亳州城父镇人，大臣，与韩信、萧何并称为"汉初三杰"。张良的祖父、父亲等先辈在韩国的首都阳翟任过五代韩王之相。曾劝刘邦在鸿门宴上卑辞言和，保存实力，并疏通项羽叔父项伯，使刘邦得以脱身。后又以出色的智谋，协助汉高祖刘邦在楚汉战争中最终夺得天下，帮助吕后扶持刘盈登上太子之位，死后被封为留侯。后世敬其谋略出众，称其为"谋圣"。

悯农诗人李绅。李绅（772—846年），字公垂，祖籍亳州谯县（今安徽省亳州市谯城区），后迁居无锡（今属江苏省），唐朝宰相、诗人，中书令李敬玄曾孙。生平卷入牛李党争，为李党重要人物。唐元和元年（806年），进士及第，补国子助教，历任江、滁、寿、汴等州刺史及宣武军节度使、宋亳汴颍观察使，入朝为中书侍郎、同平章事，擢尚书右仆射，改门下侍郎，封赵国公，为相四年，出为淮南节度使。唐会昌六年（846年），病逝于扬州，追赠太尉，谥号"文肃"。李绅与元稹、白居易交游甚密，为新乐府运动的倡导者和参与者。有《乐府新题》20首，已佚。青年时目睹农民终日劳作而不得温饱，以同情和愤慨的心情，写出《悯农二首》，流传甚广，千古传诵，被誉为悯农诗人；且《悯农二首》铸为格言，传诵不衰，虽未被收入《乐府诗集》的"新乐府辞"中，其实是新乐府运动中的杰作。

---

① 花木兰的姓氏、籍贯等史书均无确载。一说湖北黄陂人，一说安徽亳州人，一说河南虞城县人。

第三节　淮北的历史变迁与代表性名人

淮北市位于安徽省的北部，地处苏、豫、皖三省交界处，北接萧县，杜集区的段园镇与江苏徐州市的铜山区接壤，南临蒙城，东与宿州毗邻，西连涡阳和河南永城市。淮北市地处华东地区腹地，地理坐标为：东经 116°23′—117°02′、北纬 33°16′—34°10′。东西宽 60 千米，南北长 108 千米，总面积为 2741 平方千米。市境水系发育良好，沟渠纵横，主干河道有 14 条，分别是：老濉河、新濉河、相西河、闸河、龙岱河、洪碱河、南沱河、王引河、巴河、浍河、泡河、新北沱河、澥河、北淝河。淮北于 1960 年建市，因煤而建，缘煤而兴，是中国重要的资源型城市，也是一座新兴的现代化工业城市，现辖相山、杜集、烈山 3 个区和濉溪县共 18 个镇及 15 个街道办事处，拥有 5 个省级开发区。截至 2022 年末，全市户籍人口为 218.3 万人。

一、淮北行政区划的历史变迁

淮北历史悠久，早在四千多年前，商汤之十一世祖相土建城于相山南麓，在此定居。春秋时期，相山一度作为宋国国君宋共公的都城；秦汉时分别为泗水郡和沛郡郡治所在地，东汉设沛国并置相县；北齐天宝七年（556 年）废相县。此后，此地逐渐沦为一乡村，直至中华人民共和国成立。

（一）南北朝前

夏商时期，市境属徐州。公元前 21 世纪，助禹治水有功而成为商部落首领的契的孙子、商汤之十一世祖相土为进一步向东扩张，由商丘迁徙至此，作为别都，此后山即为相山，城即为相城。商汤伐桀，灭夏建商，相城仍属徐州所辖。周武王伐纣更商分封诸侯，以纣王兄微子启代殷，立国号宋，相属宋。前 588—前 576 年，宋共公瑕为避水患，曾将国都由睢阳（今商丘）迁至相城。

战国时期，齐、楚、魏于前 286 年灭宋，相归楚国。秦始皇二十二年（前 225 年），设相县（今淮北市相山区）、铚县（今临涣镇），同属泗水郡，郡治在相城。汉高帝四年（前 203 年），改泗水郡为沛郡，郡治仍在相城；武帝元狩六年（前 117 年），设梧县（今杜集区石台镇梧桐村闸河以西），属沛郡，改梧县为吾治；宣帝地节元年（前 69 年），梧县改属彭城郡，后改属楚国；宣帝黄龙元年（前 49 年），置竹县，县地古竹山（今烈山区赵集孤山），属沛郡。王莽篡汉后，尽易天下郡县名，改相县为吾符亭，改竹县为笃亭县，改沛郡为吾符郡。东汉建武二十年（44 年），改沛郡为沛国，国都仍在相城；改笃亭县为竹邑侯国；梧县先后改属楚国、彭城郡国。三国时，相城属魏,相县和铚县先后属汝阴郡,归豫州;梧县仍属彭城郡国;竹邑侯国改为竺邑县。西晋太康二年(281年),复置沛国,建都相县。东晋皇室南渡,相县先后归赵、前燕,归属屡有更易。梧县先后属后赵、前燕、前秦的彭城郡。太元八年(383年),淝水之战后,梧县并未恢复。

(二)南北朝至新中国成立前

南北朝时,相县先后归属宋、北魏、北齐,属徐州沛郡。北朝北齐天保元年(550年),复置竹邑县,治所在竹邑城;废临涣郡和涣北县,置临涣县,治铚城。北齐天保七年(556年),废相县为相城乡,属符离县;铚县归梁时改为临涣县,北魏时改为涣北县,北齐时复称临涣县。刘宋时竹邑县废,并入杼秋(今萧县西);南梁复置竹邑县。东魏武定五年(547年),析临涣郡置白掸县(今濉溪县百善镇)和涣北县(今濉溪县柳孜秦古城村);竹邑县入魏为南济阴郡治,领顿丘、定陶(侨置)二县。隋开皇三年(583年)废睢州,并废竹邑,入符离县;开皇六年(586年)又析定陶县置济阴县;隋大业元年(605年),白掸县并入临涣县。是年,侨置定陶县(今烈山区赵集山西村)。唐武德四年(621年),侨置诸阳县(今烈山区赵集山西村),撤销临涣县并入宿州。市境分属徐州之萧县,宿州之符离县、临涣县、蕲县。相地渐趋衰落,成为边远闭塞之地相城孜。五代时,隶属与唐代略同。北宋元丰五年(1082年),本地分属宿州之符离县、临涣县、蕲县,徐州之萧县。南宋时,长江淮河以北沦为金地,本地分属同北宋。元初,本地分属徐州之萧县,宿州之符离县、临涣县、蕲县。元世祖至元二年(1265年),撤临涣县,并入宿州,本地分属徐州之萧县和宿州领辖。明洪武四年(1371年),属临濠府宿州和临濠府徐州之萧县;洪武七年(1374年),临濠府改称凤阳府;洪武十四年(1381年)改徐州直隶京师,属凤阳府之宿州和直隶徐州之萧县。清顺治二年(1645年),置江南省布政使司,属江南省直隶徐州之萧县和凤阳府之宿州;顺治十八年(1661年)江南省分设左右布政使司,属左布政使司凤阳府之宿州和直隶徐州之萧县;康熙六年(1667年)改设江苏省、安徽省,雍正十一年(1733年),升直隶徐州为徐州府,属江苏省徐州府之萧县和安徽省凤阳府之宿州。

1912年,废除府州建制,宿州改称宿县,属安徽省宿县和江苏省萧县。1914年置道,属安徽省淮泗道(治凤阳)之宿县和江苏省徐海道之萧县。1927年废道,复归安徽省之宿县和江苏省之萧县。1935年,成立行政督察区,属安徽省第六行政督察区(后改第四区)之宿县和江苏省铜山行政督察区之萧县。1948年11月,市境解放。1949年6月,市境分属华东局皖北行政公署宿县和萧县。

(三)新中国成立后

1950年9月20日,由宿县重置宿西县。11月13日,宿西县改为濉溪县,属皖北人民行政公署宿县专区管辖。1953年2月,淮北市境分属濉溪县和萧县。1956

年2月,宿县专区、滁县专区合并为蚌埠专区。1957年11月,中共安徽省委批准《开发淮北矿区初步规划和施工方案》,成立闸河煤矿筹备处。1958年3月,改为濉溪煤矿筹备处;同年5月,改为淮北煤矿筹备处。1959年3月,国务院全体会议第86次会议决定,撤销濉溪县,将原濉溪县的全部行政区域设立为濉溪市。1960年2月,改淮北煤矿筹备处为濉溪矿务局。1961年1月,析萧县相山地区、濉溪县北部地区(方城大队和渠沟大队)与濉溪矿务局成立濉溪市,濉溪市人民委员会与濉溪县人民委员会合并办公;同年3月,安徽省撤销蚌埠专区,重新设立宿县专区;同年6月,成立濉溪市郊区;同年12月,国务院全体会议第114次会议决定,恢复濉溪县,以濉溪市的部分地区为濉溪县行政区域,划濉溪县北部地区、萧县相山地区与濉溪矿务局组建濉溪市。1963年12月,宿东办事处成立,辖宿县专区宿县东部部分区域,所辖区域划归濉溪市管辖。1964年4月,郊区撤销。1971年1月,郊区恢复,同时成立相山区;同年3月,经国务院批准,改濉溪市为淮北市。1977年1月20日,经国务院批准,濉溪县由宿县地区划归淮北市管辖。1980年3月,设立淮北市杜集区、烈山区。1985年7月,淮北市撤销宿东办事处,所辖区域划归宿县地区宿州市管辖。截至2019年,淮北市有15个街道办事处、18个镇。

二、淮北的历史文化名人简介

淮北历史悠久,人文荟萃。四千多年前,商汤之十一世祖相土建城于相山南麓,颛孙子张秉承儒道传业授感,蹇叔辅佐秦穆公成就春秋霸业;薛广德、桓谭曾在相山讲学,"竹林七贤"之嵇康、刘伶世居临涣;戴逵、刘开渠开创雕塑之先河,汉画像石、宋元古瓷饱含城市文化的深蕴;中国十大古曲中淮北独占三席,为《高山流水》《广陵散》《梅花三弄》;柳孜隋唐运河遗址作为中国大运河的重要遗产点,跻身世界文化遗产名录;石山孜遗址、临涣古城墙、淮海战役总前委旧址等展示着淮北的厚重文化和辉煌历史。

(一)东汉哲学家——桓谭

桓谭(前23—50年),字君山,沛国相(今濉溪县西北)人。两汉之交的哲学家、经学家,爱好音律,善鼓琴,博学多通,遍习五经。汉哀帝、平帝间,位不过郎。王莽时任掌乐大夫。刘玄即位,诏拜太中大夫。光武帝时,任议郎给事中。因坚决反对谶纬神学,"极言谶之非经",被光武帝目为"非圣无法",险遭处斩。后被贬,出任六安郡丞,道中病卒。

桓谭把烛干比作人的形体,提出"以烛火喻形神"的有名论点,断言精神不能离开人的形体而独立存在,正如烛光不能脱离烛体而存在一样。他的这一思想对后来无神论的思想发展有所影响。著有《新论》29篇,早佚。现传《新论·形神》1篇,收入《弘明集》内;另有赋、诔、书、奏凡26篇,今存《仙赋》《陈时政疏》《抑谶重赏疏》

等文,见《艺文类聚》及本传;《隋书·经籍志》著录有集5卷,已佚。传见《后汉书·桓谭传》。

(二)"竹林七贤"之二——嵇康、刘伶

嵇康(224—263年,也有223—262年之说),字叔夜,谯国铚县(今濉溪县)人,三国时期曹魏思想家、音乐家、文学家。嵇康自幼聪颖,身长七尺八寸(约1.9米),容止出众。他博览群书,广习诸艺,尤为喜爱老庄学说。早年迎娶魏武帝曹操曾孙女长乐亭主为妻,拜官郎中,授中散大夫,世称"嵇中散"。司马氏掌权后,隐居不仕,拒绝出仕。景元四年(263年),因受司隶校尉钟会构陷,而遭掌权的大将军司马昭处死,时年40岁。

嵇康工诗善文,其作品风格清峻,反映出时代思想,并且给后世思想界、文学界带来许多启发。嵇康崇尚老庄,恬静寡欲,性格正直,反对虚伪礼教,与阮籍等人共倡玄学新风,主张"越名教而任自然""审贵贱而通物情"。他是"竹林七贤"的精神领袖,名列"竹林名士"之首。他注重养生,曾著《养生论》;善鼓琴,曾作《琴赋》《广陵散》,著有《声无哀乐论》。

刘伶(221—300年),字伯伦,西晋沛国(今濉溪县西北)人,魏晋时期名士,"竹林七贤"之一。刘伶嗜酒不羁,被称为"醉侯",好老庄之学,追求自由逍遥、无为而治。司马氏擅权,伶纵酒放浪以示对黑暗统治的不满及对礼法的蔑视。他曾在建威将军王戎幕府下任参军。晋武帝泰始初,对朝廷策问,强调无为而治,被认为无能而罢免。泰始二年(266年)朝廷征召刘伶再次入朝为官,被刘伶拒绝。刘伶现今存世的作品只有《酒德颂》和《北芒客舍》。其中,《酒德颂》对"礼法"表示蔑视,宣扬老庄思想和纵酒放诞生活。

此外,出生于淮北比较有名的历史人物还包括:春秋时期政治家、宋国大夫华元(出生日期不详—前573年),春秋时期政治家和军事家、秦相蹇叔(前690—前610年),东汉末年名臣刘馥(出生日期不详—208年),东晋军事家、音乐大师桓伊(生卒年不详),西晋名臣、文学家、嵇康之子嵇绍(253—304年),东晋隐士、美术家、雕塑家戴逵(326—396年),明代开国元勋傅友德(出生日期不详—1394年),明末清初理学家任文石(1587—1654年),等等。

第四节 淮南的历史变迁与代表性名人

淮南市介于北纬31°54′8″—33°00′26″和东经116°21′5″—117°12′30″,地处安徽省中北部,东与滁州市毗邻,东南与合肥市接壤,西南与六安市相连,西与阜阳市相接,北与亳州市、蚌埠市交界,辖区东西最长距离80.23千米,南北最长距离122.68

千米,总面积为 5533 平方千米。淮南市辖寿县、凤台县 2 个县,大通区、田家庵区、谢家集区、八公山区、潘集区 5 个市辖区以及毛集社会发展综合实验区,共 8 个县级行政区;下设 19 个街道、59 个镇、12 个乡,共 90 个乡级行政区。截至 2022 年末,全市常住人口为 302.7 万人。

一、淮南行政区划的历史变迁

夏商时期,淮南市境属"淮夷"之地。"淮夷"人建州来国,后为蔡国所据。西周时期,市境大部为州来国所辖,南部地区分属六、蓼;春秋末期,诸侯纷争。周襄王三十年(前 622 年),楚灭六、蓼,市境南部入楚;周景王十六年(前 529 年),吴灭州来,市境属吴;随着楚国势力的扩张,位于淮河上游的蔡国被迫几度迁都,求救于吴。周敬王二十七年(前 493 年),在吴国的支持下,蔡国迁都于州来,改州来为下蔡。战国初期,周贞定王二十二年(前 447 年),楚惠王灭蔡,市境属楚。战国末期,楚考烈王二十二年(前 241 年)迁都于寿春,改寿春为郢,市境为楚国都城。楚王负刍五年(前 223 年),秦灭楚。秦始皇二十六年(前 221 年),秦统一六国,市境淮河以南属九江郡(郡治寿春),凤台县及淮河以北属泗水郡。汉高祖四年(前 203 年),刘邦封英布为淮南王,首置淮南国,都六(今六安),辖九江、庐江、衡山、豫章四郡。

(一)新中国成立前

汉高祖十一年(前 196 年),英布获罪伏诛,改封刘长为淮南王,都寿春(今寿县)。汉文帝六年(前 174 年),刘长获罪流放,死于途中,文帝改封城阳王刘喜为淮南王。汉文帝十六年(前 164 年),淮南国被分为淮南、衡山、庐江,分别封给刘长的三个儿子,长子刘安继任淮南王,都寿春。汉武帝元狩元年(前 122 年),刘安获罪自尽,废淮南国,复为九江郡,治寿春。元封五年(前 106 年),置十三州刺史部,属扬州刺史部,驻九江郡,寿春为九江郡治所。

西汉时期,淮南市境先后为淮南国、九江郡所辖,凤台县属沛郡下蔡县。东汉时期,市境为九江郡所辖,分属寿春县、下蔡县。三国时期,曹魏设淮南郡,寿春为郡治兼扬州治所。其后,魏文帝先后封其子曹邕及其弟曹彪为淮南王,明帝青龙元年(233 年)移治合肥新城。其间,市境为淮南郡所辖。西晋初年,扬州迁治建邺,淮南郡迁治于寿春,市境为其所辖。永嘉乱起,淮河流域沦为战乱区,江淮郡县大批废弛,北人南迁。东晋咸和初年(326 年)侨置淮南郡于丹阳郡于湖,市辖境则为侨置的南梁郡。东晋孝武帝时,因避帝后郑阿春名讳,改寿春为寿阳。南北朝期间,刘宋、南齐、萧梁沿袭东晋,侨置淮南郡于江南。市境淮河以南先后有豫州、南梁郡等侨置郡县。北魏、北齐、北周、隋时,市境淮河以南复为淮南郡所辖,淮河以北属汝阴郡下蔡县。

隋开皇八年(588 年)置淮南行台尚书省,治所寿春;次年灭陈,改行台省为寿州总管府。大业三年(607年)改置淮南郡,寿春为郡治所。唐置淮南道,市境淮河以南属淮南道寿州所辖。天复二年(902年),唐封淮南节度使杨行密为吴王,都扬州,寿州为吴国地。淮河以北属河南道颍州下蔡县。五代初,吴王天祐四年(907年)置寿州忠正军节度使。吴天祚三年(937年)南唐代吴,以寿州置清淮军节度使。后周显德四年(957年)世宗拔寿州,置忠正军节度使,徙军治、州治于下蔡(今凤台),称北寿春,寿州称南寿春。北宋置淮南路,市境属淮南路寿州(治下蔡)所辖。熙宁五年(1072年)分淮南路为东西两路,市境为淮南西路寿州所辖。宋徽宗政和六年(1116年)升寿州为寿春府,府治在北寿春(下蔡)。南宋绍兴十一年(1141年),宋金和议,以淮河、大散关为界,市境淮河以北属金国,淮河以南为宋地。金以下蔡为寿州,置防御使,隶汴京路(后改称南京路);宋置安丰军,治安丰县,寿春隶安丰军。绍兴三十二年(1162年)复置寿春府,隶淮南西路,寿春为府治,兼制安丰军。元代,市境属河南江北行中书省安丰路,分属寿春、下蔡两县所辖。至元二十八年(1291年)建怀远县,今市区东部属怀远县辖地。明代市境属南京凤阳府辖地,分属寿州(包括今凤台县)、怀远县。清初,市境属江南行省凤阳府,分属寿州、怀远县所辖。顺治十八年(1661年)置江南省左、右承宣布政使司,凤阳府隶属左司。康熙六年(1667年),江南省左布政使司改称安徽布政使司。雍正十一年(1733年)从寿州分置出凤台县,辖故下蔡县地,同城分治。同治三年(1864年)凤台县迁治于下蔡县故地(今城关);同治四年(1865年),安徽置三道,市境隶属凤颍六泗道(后改为皖北道)凤阳府。

1912年废道府,市境分属寿县、凤台、怀远县。1914年,市境属安徽省淮泗道(治凤阳县)。1932年,市境隶属安徽省第四行政督察区,专员驻寿县。1938年改属第三区,专员先后驻立煌(今金寨)、六安。1940年,第三区改为第二区。其中有"淮南三镇"之称的田家庵、大通、九龙岗均属怀远县所辖。

1949年1月18日,淮南解放。市境分属淮南矿区、寿县、凤台县。1949年3月,中共中央华东局决定在淮南三镇的基础上设立淮南煤矿特别行政区;同年4月,淮南煤矿特别行政区改设为淮南矿区。

(二)新中国成立后

1950年9月,建县级淮南市。1952年6月,建立省辖淮南市。1977年1月,凤台县由阜阳专区划入。1999年11月,毛集社会发展综合实验区批准成立。

2000年,撤六安行署设六安市,寿县隶属六安市。2015年12月3日,国务院批复同意六安市寿县划归淮南市管辖。2016年1月,寿县正式划归淮南市。

二、淮南的历史文化名人简介

淮南历史悠久,人文荟萃。这里有文化名城,千年楚都,人杰地灵,文化灿烂,孕育并诞生了一批杰出的思想家、政治家和军事家。

(一)西汉思想家——刘安

刘安(前179—前122年),淮南国寿春(今寿县)人,淮南王刘长之子,汉高祖刘邦之孙,西汉时期文学家、道学家、思想家,史称淮南八公山豆腐创始人。

刘安于汉文帝八年(前171年)被封为阜陵侯。汉文帝十六年(前164年),复立刘安为淮南王。汉景帝三年(前154年),刘安欲发兵参与吴楚兵变,被其相用计阻止,拒吴守城,因得保国。后因谋反案发,于元狩元年(前122年)十一月自杀身亡。

刘安爱贤若渴、礼贤下士,淮南国都寿春成了文人荟萃的文化中心。曾奉汉武帝之命著《离骚传》,是中国最早对屈原及其《离骚》作高度评价的著作,还曾"招致宾客方术之士数千人",集体编写了《鸿烈》(后称该书为《淮南鸿烈》或《淮南子》)一书。《淮南子》有《内篇》21篇、《外篇》33篇、《道训》2篇,共20余万字。著诗歌《淮南王赋》82篇、《群臣赋》44篇、《淮南歌诗》4篇、《淮南杂星子》19卷、《淮南万毕术》等,内容涉及政治学、哲学、伦理学、史学、文学、经济学、物理、化学、天文、地理、农业水利、医学养生等领域。

《淮南子》一书不仅具有史料价值和文学价值,还集中体现了刘安的道家思想,是汉代道家学说的代表作。在哲学上,刘安以道家的自然天道观为中心,综合先秦道、法、阴阳等各家思想。认为天地万物是"道"产生的。政治上则主张"无为而治",但对"无为"作了新的解释,并提倡变古。《淮南子》吸取了《老子》《庄子》,特别是《黄老帛书》的思想资料,成为集黄老学说之大成的理论著作,它不仅对"道""天人""形神"等问题提出了独特见解,而且在继承春秋时的"气"说与战国中期稷下黄老之学的"精气"说的基础上,提出了"元气论"的概念和系统的宇宙生成论。其哲学思想是一个具有朴素唯物的自然主义倾向的二元论体系。

(二)京师大学堂第一任管学大臣——孙家鼐

孙家鼐(1827—1909年),字燮臣,号蛰生、容卿、澹静老人,安徽寿州(今淮南寿县)人。清咸丰九年(1859年)状元,与翁同龢同为光绪帝师。累迁内阁学士,历任工部侍郎,署工部、礼部、户部、吏部、刑部尚书。1898年7月3日,以吏部尚书、协办大学士受命为京师大学堂(今北京大学)首任管理学务大臣;1900年后,任文渊阁大学士、学务大臣等。卒后谥曰"文正"。

孙家鼐幼读诗书,院试中举后,初次会试不第,目睹诸兄登榜,益自奋勉。终于咸丰九年(1859年)中一甲一名进士(状元)。同治三年(1864年)任湖北学政。光绪四年(1878年)命在毓庆宫行走,与翁同龢授读光绪皇帝,后累遭内阁学士,提升工部侍郎。光绪十六年(1890年)授都察院右都御史、工部尚书,兼顺天府尹。光绪二十年(1894年)中日甲午战争即将爆发,朝议主战,他力谏"衅不可启",主张忍让屈和。甲午海战失败,朝野震惊,他提出了"变法自强"的政治主张,认为要振兴中华,就要注重科学,兴办实业,国家欲富强、民族要兴旺首先要开办学堂。光绪二十四年(1898年),光绪帝下诏推行变法,废科举,兴学堂,办报编书,命孙家鼐主办京师大学堂,研究欧美日本国家的办学体制。孙家鼐提出"以中学为主、西学为辅,中学为体、西学为用"的主张;并主张兴办医学堂、武备学堂、速成学堂,大声疾呼各省要多办中、小学堂。嗣后,还令其子孙先后在故乡寿州办了很多学堂。康、梁变法失败后,六君子受戮,慈禧太后"废帝立储",他力谏不可,意见未被采纳,借口养病请退。八国联军侵入北京后,他奉慈禧之命至西安任礼部尚书。还京后,拜体仁阁大学士,历转东阁、文渊阁、晋升武英殿充学务大臣。光绪三十二年(1906年)清廷宣布立宪,设立资政院,孙家鼐出任总裁,召诸臣轮班进讲,亲撰尚书、四子书讲义以进。光绪三十四年(1908年)二月,赏太子太傅,在寿县城北街建太傅第(今中共寿县县委党校址)。宣统元年(1909年),孙家鼐再疏乞病,不久去世,终年83岁。谥号文正公。翌年,家人扶柩回籍,葬于寿县城南九龙乡柳树圩附近。

此外,淮南籍的历史名人还有东汉末年名士、辩论家蒋干(生卒年不详),三国时期魏国著名战略家刘晔(出生日期不详—234年),三国时期东吴名将周泰(生卒年不详)、蒋钦(出生日期不详—220年),五代后蜀词人张泌(生卒年不详),北宋时期政治家、学者吕公著(1018—1089年),南宋右丞相兼枢密使魏杞(1120—1183年),南宋末期重要将领夏贵(1197—1279年),明朝开国将领曹良臣(出生日期不详—1372年),明朝开国将领明太子朱标之妃吕太后(1359—1412年),乾隆武举、曾任扬州参将和松江提督的张佑溪(1769—1838年),清末民主革命者、"安庆马炮营起义"发起者之一范传甲(1873—1908年),谋刺两江总督端方、曾任安徽第一任都督的孙毓筠(1870—1926年),清末民初书法家、医家张鹿宾(1870—1938年),辛亥革命四杰之一、曾任安徽都督的柏文蔚(1876—1947年),等等。

第五节　宿州的历史变迁与代表性名人

宿州地处安徽最北部,苏、鲁、豫、皖四省交界,襟临沿海、背依中原、北连古城徐州,是淮海经济协作区的核心城市之一,也是安徽省距离出海口最近的城市。宿州在黄淮平原中南部,地处中原腹地,介于东经116°09′—118°10′、北纬33°18′—34°38′之间。东西长约184.6千米,南北宽约151.2千米,土地面积为9939平方千米;市境河流属淮河水系,主要河流有新汴河、沱河、浍河、运粮河、小黄河,成网状分布,其主要功能为农灌、行洪、排涝、航运。1999年,撤地建市,下辖砀山、萧县、灵璧、泗县和埇桥区共94个乡镇18个街道办事处。截至2022年末,全市常住人口为530万人。

一、宿州行政区划的历史变迁

早在万余年前的新石器时代,中华民族的先人们就在宿地繁衍生息,开发着这片土地。境内已发现的以小山口、古台寺、花甲寺、佘家台、三山蒋庙等为代表的100多处新石器时代各个时期的文化遗址,其早期遗址据考证距今应在8000年以上,为安徽省年代最久远的新石器时期文化遗址。宿州历史悠久,古为徐夷、淮夷等部落生息地,唐始置宿州。隋大业年间,通济渠(汴水)开通,古城宿州随着汴水漕运的兴盛逐步发展起来。唐宪宗元和四年(809年)始置宿州,千余年间,宿州一直是历代州府的治所。自古以来,宿州便是兵家必争的战略要地,史称这里"扼汴水咽喉,当南北要冲"、为"百战之道"。

(一)唐代前

在远古的原始社会时期,宿地即为氏族部落较为密集的地区。尧封大禹的食邑就在今泗县境内;禹子启废氏族部落禅让制而为世袭制,建立夏王朝,故泗县古名"夏邱"。夏、商、西周时期,这一带为东方九夷中的徐夷、淮夷部落聚居区,置有众多的诸侯小方国。东周、春秋时期,该地域为商代后裔宋国所辖。春秋末期,周庄王十三年(前684年),宋滑公将原封地在今山东东平县一带同是商族后裔的风姓男爵、诸侯小国的宿国,强迁入宋国辖区内以为附庸,这是今宿州地域和"宿"字结缘之始。彼时,现宿州境内还置有萧国、徐国等诸侯小国,宋国都城曾一度迁于宿地相山(今淮北市)。

战国时期,宋为楚灭,该地属楚。秦统一六国后,秦始皇二十六年(前221年),置砀郡;宿地分属砀郡、泗水郡,置有符离县、蕲县、相县、取虑、铚县、僮县、下邑等县。汉高帝五年(前200年),革砀郡为梁国,设砀县。西汉时属梁国、沛郡,东汉时分属梁国、沛国、下邳国。三国两晋南北朝时,今宿州辖区隶属多变。魏明帝青龙二年(234年),复置萧县,属豫州谯郡;东晋建武元年(317年),萧县属沛郡,郡治由相县徙于萧;东晋太和五年(370年),燕灭,宿地尽入前秦。东魏武定六年(548年),置新丰县(今宿州市北),竹邑县(今宿州城北)属睢南郡,改夏丘县为晋陵县。隋统一后,该区域分属梁郡、徐州和泗州。北齐(555年)废砀郡、砀县,置安阳县。隋开皇十八年(598年),废安阳置砀山县,以原境内有芒砀山而得名。隋大业元年(605年),改龙城县为临沛县,后又复改临沛县为萧县。其时,隋炀帝开凿大运河,又称"通济渠"——唐宋以后世人称之为"唐宋汴河",此后漕运兴盛,遂使原处南北官道、古蕲河码头的驿站小镇"埇桥",一跃而成为舟车会聚、商旅云集的水陆码头和扼控汴河漕运的冲要之地。

(二) 唐代至新中国成立前

唐初至中唐,沿袭隋制,宿地隶属变化不大。唐宪宗元和四年(809年)诏令在此设州,割原属徐州的符离县、蕲县(今皆为埇桥区)和原属泗州的虹县(今泗县),在古符离县治埇桥置州以镇守,因其地古为"宿国"疆域,故以"宿州"命名,此为宿州建置之始。唐元和九年(814年)又割原属亳州的临涣县(辖区为今濉溪县南部和涡阳县东部一带)隶属。太和三年(829年)宿州废,太和七年(833年)复置。自唐到清末辛亥革命爆发,宿州一直是州的建置,也是州治所在。

宋开宝五年(972年),宿州为保靖军节度,属淮南路;熙宁五年(1072年)属淮南东路。宋元祐元年(1086年),析虹县属零壁镇巡检司置零壁县,隶宿州。政和七年(1117年),因其地盛产磐石,故改县名零壁为"灵壁"。元至元二年(1265年),废蕲县、符离县、临涣县三县入宿州,属河南归德府(今河南商丘),废萧县、永固县入徐州。泰定元年(1324年),黄河行故汴渠仍与徐州泗水合,至清口入淮,宿州汴渠湮废。明洪武元年(1368年),宿州及灵壁、虹县属临濠府,洪武七年(1374年)属凤阳府。洪武十二年(1379年),萧县、砀山县属南直隶徐州。清顺治十八年(1661年),宿州属江南左布政使,灵壁属凤阳府宿州辖。雍正三年(1725年),升泗州为直隶州。雍正十一年(1733年),砀山县、萧县属江苏省徐州府。宣统三年(1911年)辛亥革命爆发,12月16日宿州光复。民国元年(1912年)改宿州为宿县,泗州改为泗县,与灵壁县均属安徽省,砀山、萧县属江苏省。民国二十一年(1932年),砀山县、萧县属江苏省铜山行政督察区,宿县、泗县、灵壁县属安徽省第六行政督察区。日本发动全面侵华战争后,民国二十七年(1938年)5月,今宿州所属各县先后沦陷。抗日战争期间,中共抗日政权、民国政权和日伪政权并存。全民族抗战胜利后,宿县、泗县、灵壁县属安徽省第四行政督察专员公署;砀山、萧县属江苏省徐州专员公署。1949年1月,淮海战役结束,今宿州各县相继解放。

(三) 新中国成立后

新中国成立后,宿县地区辖永城、砀山、萧县、宿县、濉溪、灵壁、泗县、五河、怀远、泗洪十县。1953年,永城划归河南省,其余各县隶属不变。1955年,泗洪划归江苏省淮阴地区。1956年,宿县专区和滁县专区合并为蚌埠专区。1961年3月,撤销蚌埠专区,重新设立宿县地区,辖濉溪、宿县、萧县、砀山、灵壁、泗县、五河、怀远八县。1964年增置固镇县。1977年,濉溪县划归淮北市。1979年建置县级宿州市。1983年7月,五河、怀远、固镇划归蚌埠市。至此,宿县地区辖宿州市、砀山、萧县、灵壁、泗县等五县一市。1998年底,国务院正式批准宿县地区撤地建市。

1999年5月,省辖地级市宿州市正式挂牌成立。①

二、宿州的历史文化名人简介

宿州地处中原,北连孔孟之乡,西接老庄故里,历史悠久,文化底蕴深厚,孕育出一代代叱咤风云的威王猛将和"峨冠博雅"的饱学之士。孔子曾在此演习周礼,其高足闵子骞为"孔门十哲"之首;因陈胜及追随其起义的骁将葛婴、朱鸡石等而留下陈胜、吴广大泽乡起义旧址,东汉赵孝救弟而求贼食的传说,满腹经纶的薛综等均诞生于此;白居易在此成长至青年始赴长安成名,王籍、韩愈、苏轼、袁枚等淹留宿州时留有灿烂诗篇;五代后梁开国皇帝朱温、明朝开国贤后马秀英、段祺瑞的文胆智囊徐树铮、倾向革命坚持进步的国民党将领李明扬等各领一代风骚。

(一)"孔门十哲"之一——闵子骞

闵子骞(前536—前487年),名损,字子骞,春秋末鲁国(今宿州市埇桥区曹村镇闵子祠村)人②,"孔门十哲"之首,在孔门中以德行与颜回并称,为七十二贤人之一。他为人所称道的,主要是他的孝,作为二十四孝子之一,孔子称赞说:"孝哉,闵子骞!人不间于其父母昆弟之言。"(《论语·公冶长》)意思是闵子骞真是孝顺呀!人们对于他的父母兄弟称赞他的话,没有什么异议。元朝编撰的《二十四孝图》中,闵子骞排在第三,是中华民族文化史上的先贤人物。两千五百多年来,其孝贤、孝俭、孝廉、孝义精神深刻地影响着一代又一代中国人。

1074年,济南太守李肃之在墓前建祠祭祀,由苏辙撰文、苏轼书写《齐州闵子祠记》的石碑,叙述了修建祠堂的经过。到明代,经历城人刘敕发集,捐资重修了闵子骞墓和祠,并在殿后修起了"讲学堂"的东西厢房"斋"和"芦花馆"。宿州市埇桥区则留有闵子祠及闵子墓等历史遗迹,至今保护完好,1998年5月被批准为安徽省第四批重点文物保护单位。2018年7月,埇桥区曹村镇闵子祠村被批准为省级第六批千年古村落。

(二)大泽乡起义农民领袖——陈胜和吴广

陈胜(出生日期不详—前208年),字涉,秦末阳城(今河南方城县)人。秦朝末年农民起义的领袖之一,与吴广一同在大泽乡(今宿州西南)率众起兵,成为反秦义军的先驱;不久后在陈县称王,建立张楚政权。后被秦将章邯所败,遭车夫刺杀而

---

① 宿州市地方志编纂委员会.宿州市志(1988—2007):上[M].北京:方志出版社,2015:3.
② 宿州市的闵祠村、山东费县的闵子庄、鱼台县的大闵村及济南市的历城,争相把闵子骞的出生地和墓冢地作为属地,但均无完整的资料和实物以考证。

死,陈胜死后被辗转埋葬在芒砀山。刘邦称帝后,追封陈胜为"隐王"。

秦二世元年(前209年)七月,朝廷大举征兵去戍守渔阳(今北京市密云西南),陈胜也在征发之列,并被任命为带队的屯长。他和其他900名穷苦农民在两名秦吏的押送下,日夜兼程赶往渔阳。当行至蕲县大泽乡(今安徽宿州西寺坡乡)时,遇到连天大雨,道路被洪水阻断,无法通行。但抵达渔阳的期限将近,按照秦的酷律规定,凡所征戍边兵丁,不按时到达指定地点者,一律处斩。在生死存亡的危急关头,陈胜与另一位穷苦出身的屯长吴广(阳夏人,今河南太康县;出生日期不详—前208年)商议,决定谋划起义。陈胜、吴广"举大计"的壮举,得到了饱受秦苦的老百姓的积极响应,纷纷"斩木为兵,揭竿为旗",加入起义队伍。在他们的率领下,继攻取蕲县后,不到一个月又连克铚县(今濉溪县)、酂县(今永城西)、苦县(今鹿邑县)、柘县(今柘城县)、谯县(治所在今亳州市谯城区)等五县,很快把起义的火种带到了自己的家乡中原大地。陈胜打下陈县(今河南省淮阳区)后,决定称王立国,以陈县为都城,国号为"张楚",建立了中国历史上第一个农民革命政权。

其后,陈胜令吴广率起义军围攻荥阳,另派周文率起义军进军咸阳。秦将章邯解除了起义军对荥阳的包围后,即倾全力进攻陈县。秦二世二年(前209年)十二月,陈胜兵败,被迫退至下城父(今蒙城西北),后被跟随自己数月的车夫庄贾杀害。陈胜从谋划起义,到称王立国,再到兵败被害,前后不过半年时间,但他点燃了反秦的烈火。

(三)后梁开国皇帝——朱温

朱温(852—912年),宋州砀山(今砀山县)人,归唐后唐僖宗赐名全忠,称帝后改名朱晃,五代十国后梁开国皇帝(907—912年)。

朱温家世为儒,祖朱信,父朱诚,皆以教授为业。幼年丧父,家贫,母王氏佣食于萧县刘崇家。朱温成人后,与其兄朱存"勇有力,而温尤凶悍","不事生业,以雄勇自负,里人多厌之"。朱温早年追随黄巢,征战岭南等地。黄巢在长安建立大齐政权后,朱温先后任东南面行营先锋使、同州防御使,与唐朝军队交战。中和二年(882年),朱温以同州防御使降唐,归附唐军王重荣、杨复光部,被唐僖宗任命为河中行营副招讨使,后升任汴州刺史、宣武军节度使。后在中原之地,与李克用、时溥等一起镇压并招降黄巢余部。黄巢死后,朱温进一步以汴州为基地,扩张领地。此后,朱温先后击败秦宗权、朱宣、朱瑾。在关中地区,朱温与李克用、李茂贞等争夺对唐昭宗的控制权,并取得了对河北三镇的控制。天祐元年(904年),朱温为控制朝政,取得对唐廷的完全掌握,杀害唐昭宗,立唐哀帝,诛杀宦官及忠臣。天祐四年(907年)4月,朱温废唐哀帝,建立梁朝,改元开平,定都汴州,史称后梁。

朱温多有武功,曾据中原四战之地,创建强盛一时的后梁王朝。废除重税,鼓励农业发展等,结束唐朝289年的历史,翻开五代十国乱世篇章。他生性残暴,杀人如草芥,后期大肆淫乱。乾化二年(912年),其子朱友珪弑杀朱温,终年61岁,葬于宣陵。上谥号神武元圣孝皇帝,庙号太祖。

此外,出身于宿州的比较有名的历史人物,还包括秦末陈胜起义军首席名将葛婴(出生日期不详—前209年)、秦末另一义军将领朱鸡石(生卒年不详)、三国时期孙吴重臣薛综(出生日期不详—243年)、明孝慈高皇后马秀英(1332—1382年)、明朝开国功臣韩成(出生日期不详—1363年)、北洋军阀皖系名将徐树铮、倾向革命坚持进步并光荣出席中国人民政治协商会议的李明扬等,他们均曾在宿州大地各领一代风骚。

第六节 蚌埠的历史变迁与代表性名人

蚌埠地处安徽省北部、淮河中游,北联淮北平原、南接江淮丘陵,市区三面依山傍水。其地理位置为:北纬32°43′—33°30′,东经116°45′—118°04′。淮河自西向东流过境南,辖区大部分处于淮北平原南端。东端至五河县浮山峡山口,西端到怀远县万福镇关圩村颜李庄,东西长135千米;北端至固镇县大韩家西北的沱河中心线,南端到怀远县常坟镇新桥村新庄,南北宽86.5千米;总面积为5951平方千米。《凤阳府志》记载,蚌埠"乃古采珠之地",故誉称"珠城"。现辖怀远、五河、固镇三县,龙子湖、蚌山、禹会、淮上四个行政区,以及国家级蚌埠高新技术产业开发区和蚌埠经济开发区两个功能区。截至2022年末,全市总常住人口330.9万人。

一、蚌埠行政区划的历史变迁

蚌埠是淮河文化发祥地之一,距今约7300年的双墩文化遗址出土的刻画符号,是淮夷文化的前身和上源,被确认为我国文字的重要起源之一。秦统一六国前,最早融合于华夏族共同形成汉族的就是与华夏族并立的夷族,夏商称之为夷,西周将其分为东夷和淮夷,在淮河流域一带定居的则称为淮夷。至于近代蚌埠的兴起,应始于淮河铁桥的修建以及1911年津浦铁路的全线通车,此后,蚌埠逐渐成为南北通衢、水陆枢纽、物流重镇。到新中国成立后,蚌埠仍旧是皖北的交通枢纽和邮电通信中心。

(一)新中国成立前

春秋战国时期,蚌埠曾分别为徐方、鲁、宋、吴、越、楚等国邑地。秦王朝建立后实行郡县制,今淮河南岸怀远、蚌埠地域为九江郡曲阳、钟离等县分领;今淮河北岸怀远、蚌埠、固镇、五河地域为泗水郡蕲、徐等县分领。

至南宋宝祐五年(1257年),始置怀远军及荆山县,辖今怀远县及蚌埠市区西部、固镇县一部,今蚌埠市区东部属濠州钟离县;南宋咸淳七年(1271年)始置淮安军及五河县。南宋、金对峙时期,今固镇县先为宿州蕲县、灵璧县及泗州虹县分领,后为宿州、灵璧、荆山、五河等县分领。元至元二十八年(1291年)撤销怀远军,改荆山县为怀远县,今蚌埠市区西属怀远县,东属钟离县;今固镇县为宿州及灵璧、五河、怀远县分领,五河县属泗州。

明代之前,蚌埠只是一个渔村。自明洪武二年(1369年),朱元璋开始在凤阳营建中都城后,扼淮河渡口的"蚌步"(也称"蚌铺")成为由凤阳府通往北方各地的"官路"和"淮盐"集散地,遂逐渐在淮河两岸形成渔村渡口小街。洪武年间,钟离县先后改为中立县、临淮县,增设凤阳县;今蚌埠市区西属怀远县,东属凤阳县;今固镇县分属宿州及怀远、灵璧、五河、凤阳县。清同治二年(1863年),划凤阳县马村沟以西、怀远县席家沟以东、灵璧县后楼为蚌埠独立行政区,置三县司,直属安徽省凤阳府。

1912年,中华民国成立,废凤阳府,怀远县、五河县直属安徽省,后属安徽省淮泗道。同时废蚌埠三县司,今蚌埠市淮河以北划属灵璧县,淮河以南划属凤阳县;今固镇县仍为宿县、灵璧、五河、怀远等县分领。1927年,南京国民政府成立,正式废道,凤阳县、怀远县、灵璧县、五河县先后直属安徽省。1929年初,蚌埠成立市政筹备处,翌年撤销,仍属凤阳县。1932年,怀远县、凤阳县先后改属安徽省第四区、第四专区,五河县先后改属第七区、第六专区。抗日战争时期,蚌埠为伪安徽省维新政府、伪安徽省政府所在地。抗日战争胜利后,怀远县改属安徽省第十专区,凤阳县先后改属安徽省第九专区、第五专区,五河县属安徽省第四专区。1946年11月,蚌埠成立市政筹备处,脱离凤阳县,辖原属凤阳县的淮河以南部分地区和淮河以北小蚌埠地区。1947年1月,国民党政府正式设立蚌埠市,直属安徽省,为安徽省第一个设市的城市。1949年1月20日,蚌埠解放。

(二)新中国成立后

新中国成立后,蚌埠市、怀远县、五河县属皖北行署,今固镇县分属宿县、五河、灵璧、怀远四县。1952年4月,蚌埠市直属安徽省;上述四县改属安徽省宿县专区。1956年1月,上述四县改属蚌埠专区。1961年4月,上述四县仍属宿县专区。1964年10月,析宿县、怀远县、五河县、灵璧县各一部分地区置固镇县,属宿县专区。1971年宿县专区改为地区。1983年7月,怀远县、五河县、固镇县由宿县地区划属蚌埠市至今。

二、蚌埠的历史文化名人简介

史前时期,今蚌埠地域为淮夷族聚居区。传说大禹治水南下淮泗,在今怀远县境涂山娶涂山氏女为妻,并生启(前21世纪,启建立夏朝,为华夏第一代帝王)。从此,治水英雄大禹在此劈山导淮、召会诸侯,留下"三过家门而不入"的动人传说;另有奠定大汉基业的垓下之战,演绎了"四面楚歌""十面埋伏""霸王别姬"的千古绝唱。到近代,蚌埠演绎着光荣的革命斗争史,怀远籍人宋玉琳、程良就是黄花岗七十二烈士中的两位英烈。

(一)桓门四杰——桓荣、桓范、桓温、桓玄

桓荣(前24—17年),字春卿。沛郡龙亢县(今蚌埠市怀远县龙亢镇)人。东汉大臣、经学大师。桓荣是齐桓公的后代,其祖先迁居龙亢县,到桓荣这里已有六代。桓荣少时赴长安求学,拜博士朱普为师,他刻苦自励,15年不回家乡,终成学业。60多岁时方为光武帝刘秀所赏识,被任命为议郎,入宫教授太子刘庄(汉明帝),后被授任为博士。建武二十八年(52年),桓荣升任太子少傅。建武三十年(54年),被授为太常。桓荣在80多岁时去世,明帝亲自为其送葬,赐冢茔于首阳山之南。

桓范(出生日期不详—249年),字元则,沛郡龙亢县人。三国时期曹魏大臣、文学家、画家。建安末年,担任丞相府掾。东汉延康元年(220年)担任羽林左监。魏明帝时,历任中领军、尚书,出任征虏将军、东中郎将、兖州刺史等。正始年间,授大司农,为大将军曹爽出谋划策,号称"智囊"。高平陵政变(249年)发生后,力劝曹爽挟带皇帝曹芳进入许昌,没有得到采纳,最终被太傅司马懿诛杀。因有才学,与王象等共撰《皇览》,著有《世要论》12卷,或称《桓范新书》

桓温(312—373年),字元子,一作符子,汉族,谯国龙亢县人。东晋杰出的军事家、权臣,谯国桓氏代表人物,宣城内史桓彝长子。361—373年,独揽朝政,欲行篡位之事,逼迫朝廷加其九锡,但终因第三次北伐失败而令声望受损,受制于朝中王谢势力而未能如愿。死前欲得九锡,亦因谢安等人借故拖延,直至去世时也未能实现。桓温谥号宣武。《晋书》记载,桓温是东汉大儒桓荣之后。但也有历史学者考证认为,桓温的高祖(或高伯祖、高叔祖),是三国时期在嘉平之狱中被司马氏诛杀的曹魏大司农桓范。

桓玄(369—404年),字敬道,一名灵宝,谯国龙亢县人,大司马桓温之庶子,也是最小的儿子。东晋将领、权臣,桓楚武悼帝,谯国桓氏代表人物。历任侍中、都督中外诸军事、丞相、录尚书事、扬州牧、徐州刺史、相国、大将军等职,封楚王。曾消灭殷仲堪和杨佺期等人占据荆、江广大土地,后更消灭掌握朝政之司马道子父子,掌握朝权。大亨元年(403年)十二月逼晋安帝禅位于己,在建康(今南京)建立桓楚,改元"永始",三个月后刘裕举义兵讨伐,桓玄不敌而逃奔江陵重整军力,遭西讨义军击败,试图入蜀,途中遇上护送毛璠灵柩的毛惔等人,遭益州督护冯迁杀害。因曾袭父亲"南郡公"之职,故世称"桓南郡"。著有《桓玄集》20卷,已亡佚。

(二)明初开国大将——花云、常遇春

花云(1321—1360年),南直隶凤阳府怀远县(今蚌埠市怀远县)人,明朝开国

功臣,淮西二十四将①之一。元至正十三年(1353年)仗剑赴临濠拜见朱元璋,所至辄克。元至正十四年(1354年)进拔全椒县,获卒三百,以功授管勾。元至正十五年(1355年)二月,花云率先渡江,六月三日从朱元璋克太平路,以忠勇可靠,可属以事,命宿卫,常在左右。元至正十六年(1356年)三月,从下集庆路(今南京),获卒三千,擢为总管,从徐达等攻克镇江、丹阳、丹徒;四月十五日克金坛县,授前部先锋;六月廿二日,建行枢密院于太平府,以花云为行枢密院判官,散阶安远大将军。元至正二十年(1360年)闰五月一日,陈友谅率舟师十万大举来犯,花云与元帅朱文逊、知府许瑗、院判王鼎率三千余人结阵迎战,城陷不屈而死,享年39岁。元至正二十四年(1364年),朱元璋即位,自封吴王,追封东丘郡侯,弘光元年补谥忠毅。

常遇春(1330—1369年),字伯仁,号燕衡,南直隶凤阳府怀远县(今蚌埠市怀远县)人。元末红巾军杰出将领,明朝开国名将。幼家贫,青年时做过雇工。元顺帝至正十五年(1355年)归附朱元璋,弃盗为良,自请为前锋,力战克敌,横行天下。官至中书平章军国重事,兼太子少保,封鄂国公。洪武二年(1369年),北伐中原,暴卒军中,年仅40岁。被追赠翊运推诚宣德靖远功臣、开府仪同三司、上柱国、太保、中书右丞相。常遇春赋性刚毅,膂力绝人,军纪严明,身先士卒,自谓"能将兵十万,纵横天下",人称"常十万"。后被追封为开平王,谥忠武,配享太庙。葬南京钟山北麓。

(三)清朝杰出军事将领——年羹尧

年羹尧(1679—1726年),字亮工,号双峰,祖籍安徽怀远,汉军镶白旗(后抬镶黄旗)人,湖北巡抚年遐龄次子,雍正帝嫔妃敦肃皇贵妃之兄。为清朝前期政治、军事人物。其家族本来姓严,后来讹"严"为"年",遂以年为姓。在明朝时,其家族出过户部尚书年富。在明清战争期间,年羹尧的曾祖年有升一家被清军裹挟入旗,隶于汉军镶白旗下(后因年羹尧之妹成为贵妃而被抬入汉军镶黄旗)。年羹尧的祖父年仲隆于顺治十二年(1655年)考中进士,历官知州,开始了家族的上升之路。年羹尧的父亲年遐龄由笔帖式起家,官至署理湖广总督。年羹尧是年遐龄的次子,康熙三十八年(1699年)顺天乡试中考中举人;康熙三十九年(1700年),参加会试、殿试,中三甲第218名,赐同进士出身(当年康熙帝下令"大臣子弟皆置三甲")。在他年仅22岁(虚岁)时,他与张廷玉等共43名新科进士被康熙帝钦点为庶吉士,入翰

---

① 明初淮西二十四将,是至正十四年(1354年)正月初一时,朱元璋离开濠州奔赴定远时带在身边的24个将领,包括:徐达、汤和、吴良、吴祯、花云、陈德、顾时、费聚、耿再成、耿君用、唐胜宗、陆仲亨、华云龙、郑遇春、郑遇霖、郭兴、郭英、胡海、张龙、陈桓、谢成、李新材、张赫、周德兴。24人中,封侯者19人,受胡惟庸案和蓝玉案牵连而死者6人,江夏侯周德兴因子作乱宫廷坐死,去世病逝者11人,活到永乐年间仅武定侯郭英1人。李新材虽活到洪武年间,但并未封侯,后续记载不详。虽然常遇春名头远大于郑遇春,但他于至正十五年(1355年)才归附朱元璋,因而,淮西二十四名将中并没有常遇春。

林院学习。

年羹尧才兼文武,久镇西边,戡乱西藏,平定青海,为捍卫和巩固多民族国家的统一作出了贡献。然因行为不检、居功自傲而得罪雍正帝,将其入狱并赐狱中自裁。他辑有兵书《治平胜算全书》,奏折被后人整理为《年羹尧满汉奏折译编》。

此外,诞生于蚌埠的历史人物还包括:曹魏重臣、四朝元老蒋济(188—249年),明朝开国功臣、淮西二十四将之一的费聚(出生日期不详—1390年)和耿再成(出生日期不详—1362年),明朝大将朱能(1370—1406年)和李远(出生日期不详—1409年),明初清朝大臣宫兆麟(出生日期不详—1781),清代进士、诗人和官员林之望(1811—1884年),青岛工人运动领袖、中共青岛市委书记马恒德(1908—1931年),中国科学院院士张本仁(1929—2016年)和高鸿钧(1963年至今),以及曾任教育部部长、党组书记、第十三届全国政协教科卫体委员会主任的袁贵仁(1950年至今),著名企业家、巨人网络集团董事长史玉柱(1962年至今),等等。

思考题:

1. 皖北六市的行政地名分别定于哪个时代?
2. 管仲的思想主要包含哪些方面的内容?
3. 如何理解建安文学风骨刚劲的特征?
4. 《淮南子》一书的当代价值有哪些?

第三章 皖北的景观文化和民俗文化

人类社会形成后,由于群体生活的需要,在特定的时代、民族以及地域中会形成特定的生产方式、生活方式和风俗习惯。随着人类交往等社会活动的扩大及社会的发展进步,这类生活方式和风俗习惯虽然不断扩大和演变,但最终都服务于人们的社会生产和日常生活。

通常而言,景观包含自然景观和人文景观;民俗指民间风俗,是一个国家或民族中广大民众所创造、享用和传承的生活文化。严格意义上说,若缺乏人类活动的观照,自然景观也就失去文化内涵。可以说,景观不仅是自然遗存,也真实地保存着人类活动的历史烙印,是凝固的(历史)文化;而民俗反映了人类活动的痕迹,是流动的(历史)文化。皖北地区的山水园林和历史遗址等遗存,不同程度地记载了皖北先民们劳动实践、改造自然的历史;皖北特有的自然环境及生产方式和生活方式,孕育了独特的人文情致和民俗民风。它们在各自形成皖北的景观文化以及民俗文化的同时,又殊途同归地汇入皖北文化的历史河流。

第一节 皖北的景观文化

汉语中的"景观"一词,应该到近代才出现。《景观文化学的理论与实践》一书认为,"景观"是个外来语。景观在英文中为"landscape";在德语中为"landschaft";在法语中为"paysage"。景观的概念随着人类对自然的不断认识而发生变化,当人类学会欣赏自然后,开始用自身的审美标准去衡量自然,景观开始具有视觉美学意义上的概念,与"风景""景致""景色"大体相同。我国《辞海》(语词版)1979 年版与 1982 年语词增补版未将景观纳入其中;1989 年版增加了该词,解释为"地理学名词,泛指地表自然景色"。《现代汉语词典》1978 年版没有"景观"一词,1996 年修订版增加了该词,有两个义项:一是指"某地或某种类型的自然景色";二是指"泛指可供观赏的景物"。① 若从历史文化角度来审视"泛指可供观赏的景物",自然应当包含山水园林、庙宇遗址、文物名胜等自然景观和人文景观。如果从

---

① 安琪.景观文化学的理论与实践[M].长春:吉林人民出版社,2019:2.

与自然相对的角度来理解文化,人类社会的山水园林、庙宇遗址、文物名胜等景观毫无疑问都被赋予了文化属性而实际地存在"景观文化",或者说,这类景观均以文化形态而存在。如此看来,景观文化应是人类在与景观的观照和互动实践中,所产生并形成的情感体验、观念意识及其成果显现。

一、皖北的山水园林

"自然景观文化包括两部分内容:一是客观文化,即自然景观本身客观存在的文化价值,主要是指自然景观的美学价值;二是主观文化,即人类附加在自然景观上的文化,主要是指在人类发展历史过程中,在人类利用自然、改造自然的过程中,逐渐形成的对自然的认识,以及关于人与自然关系的各种思想的总和。自然景观文化随着生产力的发展而不断发展和改变,人类对自然景观认识的历史越久远,其所附加的景观文化内容越丰富,对于今天的价值就越高。"①《景观文化》一书的编写者还认为:"自然景观文化按自然景观的组成可分为山岳景观文化、水景观文化、生物景观文化、大气景观文化和独特的地质景观文化等类型。在同一地区,不同的景观文化类型往往不是孤立存在的,彼此之间大多密切联系。例如,有的山岳与当地的水景结合,共同形成山水景观文化。"②而所谓的山水景观,顾名思义即是以山水为主要载体的风景名胜,《论语·雍也》载:"知者乐水,仁者乐山;知者动,仁者静;知者乐,仁者寿。"皖北地处黄淮平原的南端,虽无皖南山水的灵秀以及苏州园林的精致,但也具别样的特色。

(一)皖北的河湖简介

1. 淮河(安徽段)

淮河是中原大地上一条古老的大河,在古代,它与黄河、长江、济水齐名,并称为"四渎";在当代,亦被列为我国七大江河之一。

淮河发源于河南省南部的桐柏山太白顶西北侧河谷,由西向东,流经河南省、湖北省、安徽省与江苏省,纳百川洪水,注入洪泽湖,经过洪泽湖调蓄,洪水分两路下泄,大部分由洪泽湖南部三河闸出口,经入江水道,至扬州东南的三江营注入长江;少部分洪水由湖东高良涧闸出口,经苏北灌溉总渠至扁担港注入黄海。淮河干流全长约1000千米,流域范围西起伏牛山、桐柏山,东临黄海,北屏黄河南堤和沂蒙山脉,同黄河流域接壤,南以大别山和皖山余脉与长江流域分界。流域东西横跨经度9°(东经112°—121°),长约700千米;南北纵深纬度5°(北纬31°—36°),平均

---

① 李映华.景观文化[M].昆明:云南大学出版社,2011:40.
② 同①。

宽约 400 千米。① 古淮河干流在洪泽湖以西大致与今淮河相似,但古代并没有洪泽湖。此后,淮河水系历经变迁、支流众多,"流域面积大于 2000 平方千米的一级支流有 16 条,其中洪汝河、颍河、涡河、漴潼河的流域面积都超过 10000 平方千米,史、浕河、新汴河流域面积超过 6000 平方千米。流域面积大于 1000 平方千米的河道有 21 条"②。

淮河地处黄河、长江两大流域之间,是南来北往的通路,淮河与秦岭山脉构成了我国的南北物候分界线。淮河流域受季风影响明显,气候温和、雨量适中,土地肥沃、物产丰富,人类活动历史悠久,是我国经济、文化繁荣发展较早的地区之一。淮河流域覆盖湖北、河南、安徽、江苏、山东五省,流域面积约为 27 万平方千米,其干流流经河南、安徽、江苏三省。皖北地处淮河中段,是淮河文化所滋养的核心区域。

淮河流域是中华民族灿烂文化的发祥地之一,在我国数千年文明发展史上,始终占有极其重要的位置,不仅在航运和农田水利等方面都很发达,素有"江淮熟,天下足"的美誉。在历史上的南北分裂时期,淮河流域还是军事争夺的重点区域,如著名的淝水之战、淮海战役等,在军事和政治上都充分显示出了重要战略地位。

2. 颍州西湖

颍州西湖位于阜阳市颍州区西 9 千米处,是安徽省级风景名胜区、省级自然保护区、国家湿地公园、国家 4A 级旅游景区。

据传,在周康王(前 1020 年)时期,胡子国国王伪髡在汝坟西侧,依傍"一泓碧水",在其南岸建胡城,在东岸建台(女郎台);并建囿(御春园)、山川洞和通教寺,自此,那一泓碧水便被称为"西湖"。秦建汝阴县,此湖称"汝阴西湖";南北朝北魏孝昌四年(528 年)置颍州,改称"颍州西湖"至今。

汉唐间,颍州西湖已成为游览名胜之地。西汉高祖六年(前 201 年),夏侯婴以胡城为侯宫,修葺女郎台,增建亭阁。汉武帝六年(前 129 年),刘信建撷芳亭。三国时期,魏将邓艾疏浚西湖。唐至德三年(758 年)再浚西湖。唐武宗李炎在做颍王时建有兰园。唐大顺二年(891 年),李嫘在芦花湄兴建西芳阁(斋)。苏轼做颍州太守时对西湖进行了疏浚,建有苏堤、苏碑,遍植垂柳、花卉,明、清时期又建有清涟阁、怡园等景点。北宋是颍州西湖最为繁荣的时期,景观建筑已蔚为大观。

古颍州西湖为风景湖,与杭州西湖、惠州西湖和扬州瘦西湖并称为中国四大西湖。其主要景点有会老堂、万木百花园、苏堤、聚星堂、古曲三桥、虎啸山庄等等。

3. 蚌埠龙子湖

龙子湖位于蚌埠市东南郊,雪华山、曹山和西芦山之间,呈三山夹一湖的独特

---

① 水利部淮河水利委员会,《淮河志》编纂委员会.淮河志:第 2 卷 淮河综述志[M].北京:科学出版社,2000:19.

② 同①23.

风貌,水面面积为 8.4 平方千米。龙子湖流域面积较小,流域形如扇状,沿分水岭低山残丘连绵,源近、流短、峰高,自身汇流量较小,且多集中在汛期。

龙子湖最早的名字叫"曹湖",三国时期的曹操南下征战时在此留下了印迹。新中国成立后,国家重视发展文旅事业。1998 年,安徽省政府批准设立龙子湖名胜风景区。2009 年,龙子湖被国家旅游局授予 4A 级旅游景区。龙子湖风景区划分为北湖景区、南湖景区、西芦山景区、锥子山景区等四大景区,景区总面积 36.9 平方千米,有汤和墓、蚌埠市革命历史陈列馆、龙子湖西公园、龙湖文化艺术馆、蚌埠古民居博览园等景点,是国家级生态示范区和省级风景名胜区。2016 年 5 月 1 日起,《蚌埠市龙子湖景区条例》开始施行。

4. 寿县安丰塘

安丰塘位于淮南市寿县城南 30 千米处的安丰塘水库,古名芍陂,始建于春秋楚庄王时期(前 613—前 591 年),为楚相孙叔敖建于楚庄王十七年至二十三年(前 597—前 591 年),是中国历史上最古老的水利工程,已有两千五百多年的历史,与后来的都江堰、漳河渠、郑国渠并称为中国古代四大水利工程。安丰塘至今仍发挥着显著的灌溉效益。

1950 年,安丰塘再一次遭到大水灾,水毁严重。此后,国家和地方政府先后投资投劳对安丰塘进行八次大规模治理、整修和加固。1958 年,当地政府开始对安丰塘进行综合治理,为了根除旱灾对皖西丘陵区的威胁,以大别山区的五座大型水库为水源,开始兴建淠史杭灌溉工程,安丰塘被纳入其总体规划,成为灌区内最大的一座反调节水库。2007 年,国家和地方政府投资 1.02 亿对安丰塘进行了全面的除险加固,工程坚持"以人为本"的建设理念,与发展旅游、保护文物、发展养殖业相结合。

安丰塘历史文化底蕴深厚,地域文化氛围浓厚,古时候被誉为"天下第一塘"。这里的人民富于艺术智慧,创造了多姿多彩的民间文学艺术,其中安丰塘的传说,被列入安徽省非物质文化遗产名录。1988 年,安丰塘被国务院列为第三批全国重点文物保护单位。2015 年 10 月 13 日,在法国蒙彼利埃召开的国际灌排委员会第 66 届国际执行理事会全体会议上,安丰塘(芍陂)获选安徽省首个"世界灌溉工程遗产"。

(二)皖北的名山简介

1. 淮南八公山

八公山风景区,位于安徽省淮南市八公山区,由大小 40 余座山峰叠嶂而成,面积达 200 余平方千米,主峰海拔为 241.2 米。因为历史文化内涵深厚,自然条件优越,1987 年安徽省人民政府将其命名为省级风景名胜区。自 2001 年以来,先后挂牌八公山国家地质公园、八公山国家森林公园、八公山国家 4A 级旅游区。

八公山古称北山、淝陵、紫金山。据说"八公山"一名源自西汉淮南王刘安学道成仙的神话。西汉时,八公山属淮南国。汉厉王之子、汉武帝的叔叔刘安被封为淮南王。刘安尚文重才,广招天下贤达饱学之士3000多人,其中最为刘安赏识的八位:左吴、李尚、苏飞、田由、毛被、雷被、伍被、晋昌,被封为"八公"。刘安与门客常在八公山中著书立说,研究天象,编制历法,冶丹炼沙。相传一日,刘安与八公炼成仙丹,服食后得道成仙。

八公山是我国古代楚汉文化的重要发祥地之一,又因为处于"中州咽喉,江南屏障"的重要位置,历史上战事频繁,遗存丰富,传说颇多,除"一人得道,鸡犬升天"的典故外,后来的"风声鹤唳,草木皆兵"的故事更使八公山闻名遐迩。

八公山丰富的自然资源可用"林密、石奇、泉古、水秀"八个字来概括。虽然年代久远,有些遗存已经消失,但八公山风景区仍然拥有许多著名的文物古迹,如淮南虫古生物化石、淝水之战古战场、江淮著名私家园林——孙家花园以及古寺、古庵、古塔、古道观多处;载入《水经注》及地方志中的名泉有10余处,主要是洗云泉、岚香泉、泌月泉、玉露泉等。八公山风景区的主要景点有忘情谷、乾隆玉笋、石门潭、乐涧套、碧霞元君庙、淝水之战遗址等等。

2. 蚌埠涂山

涂山位于蚌埠市禹会区、淮河东岸,与怀远县境内荆山隔河对峙。涂、荆二山原为一体,后经断裂切割和流水冲刷遂分隔夹峙两山,形成淮河上著名的小三峡之一。山体近似圆形,面积为12平方千米;海拔为338.7米,周长为23千米,为全县最高点。

《怀远县志》载:"涂山,亦名当涂山。"涂山处我国地形、气候、植被、降水等重要分界线——秦岭—淮河一线的节点。鬼斧神工的大自然,造就了涂山风景区秀美的山川。境内平原、丘陵、山地、河谷、湿地兼而有之。自然景观有卧仙石、旷览石、台桑石、候人石、安邦定国石、青龙白虎石、圣泉、灵泉、白狐洞等50余处,为淮上游览胜地。以涂山为主体的"涂山——白乳泉风景名胜区",1987年被安徽省人民政府批准为省级风景名胜区。

涂山风景区文化积淀深厚。《左传·哀公七年》载:"禹会诸侯于涂山,执玉帛者万国。"《史记·夏本纪》载:"予(辛壬)娶涂山,(辛壬)癸甲,生启,予不子,以故能成水土功。"①西周中期,周穆王曾在涂山(今蚌埠禹会区)会见诸侯,称涂山之会。相传在四千多年前,大禹借助与涂山氏女的联姻,劈山导淮,召会诸侯,娶妻生子,在涂山风景区留下了荆山峡、禹王宫、禹墟、上下洪等众多人文遗迹,并留下"三过家门而不入"的佳话。主要人文景观有:禹王庙(涂山祠)、望夫石、启王庙、白乳泉、圣灵泉、玉液泉、卞和洞、白狐洞、凤凰池、三皇庙(今为三圣寺)、荆山古城遗址、四眼井、白龙井等。

3. 淮北相山

相山山脉自徐州蜿蜒而来,主峰为皖北地区至高点,方圆诸山之宗,有奇峰、云

---

① 司马迁.史记[M].长沙:岳麓书社,1988:12.

洞、林海、苍柏、古寺、汉碑。人文景点有乾隆皇帝题词"惠我南黎"、水牛墓、奏鸣台、饮马池和藏经洞等数十处。山顶云洞吞吐云树,顷刻万端;香炉峰形势峻峭,叠翠峰翠色诱人。

相山峪中建有森林公园,名为安徽相山国家森林公园,系泰山经鲁南山地,自江苏省徐州市向南蜿蜒延伸的余脉,为海拔 100～350 米的石灰岩质岛状剥蚀残丘。安徽相山国家森林公园距市中心 500 米,属城市型森林公园,总面积为 10.19 平方千米。2019 年 2 月,安徽相山国家森林公园被国家林业和草原局批准为国家级森林公园。

4. 宿州蟠龙山

蟠龙山俗称老山,位于泗县城北 15 千米的群山之中,山石层层盘旋而上,形如蟠龙,且鳞甲宛然。在皑皑白雪相映下,尤为壮观,古人称之为蟠龙积雪,乃虹乡八景之一。山上曾建玉皇阁,前后两进,有王母殿、灵官殿、弥陀殿、地藏王殿;山上另有神仙井、牛蹄印等景观,山南有百字堂、三官殿,山下有方丈刘道玄墓。古时,山西、河南、江南等地均有人来此朝拜,现有碑为证。但所有建筑毁于战火。西南山腰有古银杏一棵,粗约两人能围,15 千米外清晰可见,后在 20 世纪 90 年代毁于香火。今蟠龙山顶,前后大殿地基犹存。现山顶已重建庙宇,再塑佛像,朝拜者前来供奉香火络绎不绝。

(三) 私家园林简介

1. 亳州常乐园

亳州常乐园是祖居亳州城内薛家巷的薛蕙所建。薛蕙(1489—1541 年),字君采,号西原,南直凤阳府亳州(今亳州市)人,明代诗人。薛蕙 12 岁就能诗能文,明正德九年(1514 年)举进士,授刑部主事。因谏武宗皇帝南巡,受廷杖夺俸,引疾归里。正德十五年(1520 年)薛蕙再次被起用,任吏部考功司郎中,又因反对皇上以生父为皇考①,招致皇帝大怒,被捕押于镇抚司。赦出后,便在亳州城南建常乐园。正德十四年(1519 年),薛蕙将牡丹从洛阳、许州引种至亳州。据说,亳州牡丹种植始于此园。

薛蕙的这座私家园子,虽然今天已无迹可寻,但其孙薛凤翔所著《亳州牡丹史》中曾写道:"亳之有牡丹,自兹园始。"该书还记述了园子里的情形:小径透迤,灌木交荫,径穷得园。园内文石,桀然玉立。石后茅屋数椽,不事雕饰,颜曰大宁斋。斋后有亭。亭西有轩,轩在丛筼间,多集名人题咏。斋东过荆扉,有亭曰莹心,乔太宰(乔宇,人称"篆圣")白岩小篆也。凿池环亭,荷香断续,游鱼上下,公时啸傲其间。薛蕙晚年潜心性命,检藏注经,其为诗书乐地。

---

① 《礼记·曲礼》:"祭王父曰皇祖考,王母曰皇祖妣,父曰皇考,母曰皇妣。"

2. 孙家花园

寿州八公山中的孙家花园由寿州人孙蟠所建,也称"青琅玕馆"。建成后孙蟠在此隐居,度过了后半生。孙蟠(1727—1804年),原名士㧑,字十洲,号石舟,又号"小巫山樵",寿州孙氏支六世祖,孙珩次子,生于清雍正五年,乾隆年间增贡生,授候选知府。嘉庆六年(1801年),嘉庆皇帝赏道员衔,任南宁知府、浙江按察使。卒于嘉庆九年(1804年),享年78岁。

孙蟠父孙珩为寿州著名乡绅,乐善好施,子孙数代义修东津渡大桥。孙珩有两个孩子,长子孙士谦,为孙家鼐曾祖父,孙珩次子即孙蟠,是孙家鼐的叔曾祖父。孙蟠是亦官亦商亦文的江淮名士,投资兴建了八公山孙家花园。乾隆皇帝下江南时,曾游览八公山,召见孙蟠,看到孙家花园的一块石头形似竹笋,遂在其上题"玉笋"二字,今其石尚在八公山地质公园内。历经几代修缮,百年前的孙家花园建有亭、阁、楼、台等诸多建筑。由于社会变迁,孙家花园总体格局已不可考。

3. 林探花府

林探花府位于宿州市板桥区杨庄乡林庄村,距宿州城区75千米,距徐州25千米,是清代武科探花林方标的府邸。

林探花府房屋为砖、瓦、木结构,装饰精雕细刻,整体建筑宏伟壮观,是皖北地区保存较为完整的清代建筑,且融合江南园林手法和西北建筑风格,风格特别。1988年,宿县人民政府公布林探花府为县级文物保护单位;1998年,安徽省人民政府公布其为省级重点文物保护单位。

林探花府建于同治时期,系清代建筑,原有房屋81间,因年久失修,遗存58间,原有全部建筑占地面积40000平方米。主体建筑四进院落,明三暗五式;建筑平面构成东西两条轴线,其西轴有三进侧院建筑,东轴建筑由门厅、倒座、正厅、二门、堂楼与四进院落中的厢房组成,是该建筑群的建筑价值所在。府门前空场树立旗杆4根,高11米左右,旗杆座分列大门两侧。门厅前有练武场,主体建筑后院设有原设有花园和养鱼池,花园左侧有练武场,陈设有各式武器。

武科探花林方标,字锦堂,生卒年月不详。"据其生平考证,林方标生于乾隆后期,卒于同治年间。其幼年时,父母双亡,随哥嫂度日,家境贫寒。林方标少时力大过人,又善使兵器,武艺高强,因此以武获得功名。据道光十年(1830年)修订的《铜山县志》13卷科举篇记载:'林方标,探花,现任甘肃甘州提标,城守参将,差赴塔尔巴哈屯防。'又,同治甲戌冬(1874年)修订的《徐州府志·八卷》科举篇载:'林方标,嘉庆辛未科探花,浙江衢州总兵,署浙江提督。'"①

4. 尤家花园

尤家花园位于颍上县城西五里湖畔的慎城镇,是当地豪绅尤会堂(号荫轩)的

---

① 宿州市地方志编纂委员会.宿州市志(1988—2007):下[M].北京:方志出版社,2015:1011.

私家花园和旧居,为私家园林,初建于1923年。

尤家花园又名"游园",人们习惯以姓命其园,故称"尤家花园"。尤氏故居是整个建筑群中的主体建筑,占地2653平方米,原建房200余间,残存总建筑面积493平方米。尤氏故居规模宏大,两园组合,功能完善,属于末代封建地方官僚政客的宅第代表建筑。

新中国成立后,尤家花园改称为"淮上公园"。1954年公园曾被洪水淹没,后又遭到严重破坏。经过政府多次拨款整修扩建,不仅恢复了园容的昔日风采,而且新增添了许多园景,花园面积亦由原来的2.6万余平方米扩大到4万多平方米,景观焕然一新。

淮上公园就其构建风格而言,有效仿苏州园林特色的倾向。公园面积虽小,但长廊水榭、亭台假山、松柏竹林、繁花绿草,皆可看出苏州园林的风韵,素有"皖北豫园"的美称。整个公园井然有序,风景小巧玲珑,既富有山水自然之美,又显出人工艺术之雅,堪称一步一景。尤家花园与五里湖湿地公园共同组成"尤家花园·五里湖生态旅游景区",共有四大景区,既是"天然标本植物园",也是皖北地区的天然植物园。1981年,作为名胜古迹的词且列入《中国名胜词典》,后载入《中国旅游交通图》。1983年2月12日被颖上县人民政府批准为县级文物保护单位。2004年10月被列为省级重点古迹保护单位,并在2012年荣膺国家4A级风景区。

5. 程文炳宅院

程文炳宅院位于颖东区袁寨镇,是同盟会会员程恩普的故居,程恩普之父程文炳(清代长江水师提督)于1870年所建,也是程恩普当年在阜阳进行革命活动时议事、置兵的重要场所。

程文炳宅院占地面积为6700平方米,砖木结构、三进院落,主体建筑为两层楼房,门窗透雕几何图案,变化丰富。左右回廊贯通前后院落,整个建筑群内,砖雕、木雕、石雕点缀得体,错落有致,技法精湛。现存的北宅为传统的四合院,正房为砖木结构的两层楼,东西两面的厢房为平房,南面是门庭,由此门经南宅直通程家大院的跑马门楼。占地面积为1384.2平方米,堂楼1栋,东西厢房4栋,过厅1栋,中厅1栋,跑马楼1栋(门厅),房屋共8栋19间。北宅及东西厢房的花窗经历百年风雨,依然完整精美,是阜阳市唯一保留较为完好的、具有江南风格的古建筑群,被专家评为皖西北第一徽派建筑。2004年,程文炳宅院被列为省级重点文物保护单位。2005年以后"程文炳宅院"分三期进行修复,2010年一、二期工程完工,当年12月对外开放。

二、皖北的历史遗存

历史遗存包括遗迹和遗物两大类。其中,遗迹是古代人类通过各种活动遗留下来的痕迹,包括遗址、墓葬、灰坑、岩画、窖藏及其他活动所遗留下的痕迹等;遗物则指古代人类遗留下来的各种生产工具、武器、日用器具及装饰品等,也包括墓葬的随葬品和墓中的画像石、画像砖及石刻、封泥、墓志、甲骨、简牍、石经、纺织品、钱币、度量等。

(一)村落遗址

1. 小山口遗址

小山口遗址位于宿州市埇桥区曹村镇小山口村北1千米处,西部紧邻萧县,北部靠近江苏省徐州市铜山区,东部靠京沪铁路,处于两省三县(区)交界处。

小山口遗址地势平坦,面积约3万平方米,是包含新石器时代早、中、晚三个时期的文化遗址。20世纪80年代初期,在第二次全国文物普查时将其定为新石器时代遗址。1990年春,中国社会科学考古研究所再次对其调查,并于1991年秋对小山口遗址进行发掘,"发现该遗址含新石器早期、大汶口文化和晚期龙山文化遗存,文化层丰富,出土遗物较多,为探寻皖北地区新石器文化发展序列演化提供了丰富的实物资料"[①]。

其中,新石器文化早期的文化遗物主要有陶器、石器和骨角器。陶器多为夹砂红陶,火候低,较松软,陶胎粗厚,均为手制,以夹砂红褐陶为主,占陶片总数的89%,泥质红陶占11%;陶色不纯,有的呈橘黄色或灰褐色,陶器以素面为主,纹饰较为简单。完整器型较少,能够辨认的器型有釜、钵、碗、罐、盆、杯、支座等。"石器有刮削器、尖状器、石锛、石斧及磨盘、磨棒。骨角器则有骨笄、骨管、骨锥等,数量不多。遗址发掘部分的大汶口文化层较薄,出土器物较少,但器物已较规整并出现彩绘陶器。小山口遗址的龙山文化遗物出土较多,以陶器、骨器为主,石器较少,龙山文化陶器多为泥质灰陶或黑陶,红陶和白陶较少。从小山口遗址出土的新石器早期遗物到晚期的龙山文化遗物,器物的种类和数量不断增加,制作质量和精美程度也不断提高,反映出先民生产技术、生活水平不断提高,社会生活的审美意识和审美情趣也在不断发展、提高。"[②]

小山口遗址遗物的发掘,为研究皖北地区新石器时期文化的面貌和性质提供了丰富的实物资料。截至2015年,经中国社会科学院考古所碳-14实验对出土木炭测定,小山口早期文化分别为前6077—前5700年和前5958—前5650年(均经树轮校正),距今约8000年,是已确定的安徽省最早的新石器文化,暂定为"小山口一期文化"。与之相佐证的是相距10千米处的古台寺遗址(位于埇桥区曹村镇腰庄村),两处遗址新石器时代早期遗存的文化面貌有许多相同之处。2005年,小山口遗址被安徽省人民政府公布为省级重点文物保护单位;2013年3月,被国务院

---

① 宿州市地方志编纂委员会.宿州市志(1988—2007):下[M].北京:方志出版社,2015:1004.

② 同①1004-1005。

公布为第七批全国重点文物保护单位。

2. 石山孜遗址

石山孜遗址位于烈山区古饶镇的石山孜村北面,1984年文物普查时发现,系淮北地区新石器时代早期文化遗址。

遗址处于石山的北侧,中间有一条宽4米东西向的村路穿过,路北沟内切面处文化层暴露明显,厚约1.5米,上距地表1米。五花土层呈不规则状,内含大量的颗粒状红烧土和各种陶片。路南沟内有大量贝壳堆积层,间有少量陶片和手制纺轮,质地多为泥质红陶,也有少数的蛋壳红陶和黑陶,以及加贝砂灰陶。鼎足均为圆锥形,大小长短不一,质松火候低。陶片均无纹饰。

1987年,安徽省考古研究所对该遗址进行复查,确定遗址东西长370米,南北宽350米,实际面积近12万平方米。1988年,安徽省考古研究所对石山孜遗址组织第一次考古发掘,勘察面积达100平方米。1989年,石山孜遗址被安徽省人民政府公布为第三批重点文物保护单位。1992年、1993年又进行了两次考古发掘,发掘面积达350平方米。三次考古发掘共清理灰坑395个、墓葬16座、房屋遗址15处,出土陶、石、骨、角器等文物近500件。

通过对出土文物的碳-14年代测定,石山孜遗址所处时代大约为7000年前。结合考古发掘各类出土文物遗存综合判断,石山孜遗址具有面积大、堆积厚、文化内涵丰富、出土物特征明显的特点,时代明显早于邻近区域所发现的新石器文化遗址,同中国早期的新石器文化代表裴里岗文化遗址时代相近,但是文化内涵与裴里岗文化遗址又相互独立。

石山孜遗址作为皖北区域新石器早期文化的代表,对深入研究皖北地区早期文明的起源具有特别重要的价值。2013年5月,石山孜遗址被国务院核定公布为第七批全国重点文物保护单位。

3. 尉迟寺遗址

尉迟寺遗址位于蒙城县城东北22千米,蒙宿公路南200米,毕集庄东,清水河西沿。尉迟寺遗址是原始社会新石器晚期聚落遗存,是已有五千年历史的前人类文化遗址。该遗址于1985年8月文物普查时被发现。

尉迟寺遗址呈椭圆形,高出附近地面3.5米,东西长约370米,南北宽约250米,总面积约为10万平方米。除东部挖一条清水沟外,其余均保存完好。遗址上曾建有一寺,相传是纪念唐代大将军尉迟敬德在此屯兵而建,故称"尉迟寺",今已不存。

自1989年起,中国社会科学院考古研究所安徽工作队对其先后进行了13次发掘,在1万平方米的范围内,共清理出房迹78间、墓葬300余座及大量的灰坑、祭祀坑等。在前3次发掘中就出土了大批珍贵文物,包括陶器、石器、骨器、玉器四类。发现大汶口文化居址两处,墓葬40余座,其中包括瓮棺葬20座。遗址中的红烧土排房是中国已经发现的最完整、最丰富、规模最大的史前建筑遗存,因而,尉迟寺遗址被称为"中国原始第一村"。

尉迟寺新石器文化遗存丰富,在文化面貌上具有明显的地域特色,对研究黄淮流域新石器文化区系类型有重要的学术价值,被考古专家定位为一级部落。2001年7月,尉迟寺遗址被国家文物局列为第五批国家级重点文物保护单位。

4. 傅庄遗址

傅庄遗址位于亳县城西3千米,北依涡河,南靠亳鹿公路,沿涡河南岸河坡分布,东西长160米,南北宽130米,面积约2万平方米。遗址文化层堆积厚度约5米,遗址表面采集标本有蚌镰、蚌刀、陶鬲足、鼎足、鬹足以及大量的黑、灰、红陶片等。

1982年夏,安徽省文物工作队和亳县博物馆联合对该遗址试掘,揭露面积约110平方米,发现居址、灰坑和墓葬,共清理相当大汶口文化大汶口期墓葬13座,出土各类文物1000余件。

遗址文化堆积大体可分为四层,从上至下为商文化层、二里头层、龙山文化层、大汶口文化层。傅庄遗址大汶口期文化遗物包括陶、石、骨、玉四类。陶器器型有鼎、豆、壶、罐、杯、盉、背水壶、鬹等。随葬器物组合中常见扁平穿孔石铲、有段石锛及獐牙等。墓葬均属土坑竖穴,葬式为仰身直肢,分单人葬、三人葬、五人葬等,死者生前拔过牙的占93%,尤其盛行拔下牙的习俗。这在中国境内已经发现的古代拔牙资料中是很少见的。

经国家文物局文物保护科学技术研究所碳-14测定,遗址中层(相当于龙山期)年代为距今4045±95年;树轮校正年代为距今4460±145年。1989年,安徽省人民政府公布该遗址为安徽省重点文物保护单位。

(二)古城遗址

1. 沈子国故城

沈子国故城又称沈丘古城,位于临泉县城区西0.5千米,北临泉河,东南临流鞍河,三面环水,隔流鞍河与老邱堆遗址相对。城址南北长1.5千米,东西宽约1千米,为长方形台地。现部分夯土城墙和四个城门遗迹依稀可见。

沈子国系周代姬姓诸侯国,始祖为周文王姬昌第十子,周武王姬发胞弟聃季载,姬载受封于聃国,他的子孙被封于沈国,初为侯国,周厉王时被贬为子国,所以后来称"沈子国"。前1043年,沈子国受封建国,中间数经战乱,历尽沧桑,风雨飘摇,履途崎岖,但却一直维持到前506年,才为"郑所灭",共有537年的历史。

1958年在故址上打机井,测得城址文化层厚4.5米。城址未经考古发掘。现探明城址西北500米的泉河南岸有商代至战国时期的墓群;城址的南面和西南面2千米处分别是汉墓群。

城址内历年来出土文物比较丰富,计有商代的青铜铭文戈及瓿、爵、矛、陶簋等;西周的青铜矛、戈陶鬲等;春秋时期的青铜"叶"字矛、"蒙"字戈、鱼腹纹剑等;战国时期的青铜楚式鼎、"鄝爰"金币以及大量的楚铜贝、仿铜陶礼器等；汉代文物有砖、瓦当等。从出土文物看，城址的延续使用时间很长，大约在宋元时期以后废弃。1982年，临泉县人民政府公布该城址为临泉县重点文物保护单位。

2. 蕲县古城遗址

蕲县古城遗址位于宿州市埇桥区蕲县镇，古老的浍水从古城南侧自西向东流过，是安徽省内发现最早的一座古城。

蕲县古城在西周分封制时是一个诸侯国，在春秋末期其地属于宋国管理，战国时期隶属于楚国，秦统一六国时置蕲县。属地有大泽乡，陈胜吴广起兵于此，名震千古；汉袭秦制为县，隶属沛郡，后王莽改蕲县为蕲城；南梁改设蕲城郡，隋朝复称蕲县，元代废蕲县迁至宿州，为集至今。古城墙为秦朝所筑，周长5820米，临浍水，南西有城门通浍水码头。历经两千多年的沧桑，几经风雨侵蚀、兵燹之祸，古城已经不存在了，但古城的夯土城垣大部分尚存，仍蜿蜒在蕲县镇政府西、北、东三面，保留在浍河北岸上。城内屡有战国、秦汉文物出土，秦砖汉瓦，俯首可拾。

"蕲县历史悠久。据考古发现，早在新石器时代，人类即繁衍生息在这方肥沃的土地上。古城址周围区域分布着新石器和商、周、秦、汉时期的古文化遗址，可谓星罗棋布。蕲县古城即夯筑在古文化遗址上，它的南墙既利用浍水北岸，又利用西上航遗址，所谓'西上航'处就是西周先民在浍水北岸的一个生活聚落遗址。从城址南城墙叠压下的浍河北岸剖面采集到网坠、鹿角和鬲、豆、罐等绳纹陶片，再现西周文化面貌。大约到了战国时期，楚东渐略，这里成为楚国疆域而具有重要的战略地位。'西上航'可能始为运输集散物资的码头，随之逐渐繁荣起来，进而成为古代淮北地区一个地方政治、经济、文化中心。"[①]1986年，安徽省人民政府公布其为省级重点文物保护单位。

（三）墓葬遗址

1. 西汉汝阴侯墓

西汉汝阴侯墓又称双古堆汉墓，位于阜阳市区西南1千米原罗庄村、现阜阳师范大学西湖校区西北角广场。封土堆原高20米，东西长100多米，南北宽70多米，双顶。1977年7月，阜阳地区博物馆会同安徽省文物工作队和阜阳县文化局，对墓葬进行发掘清理。根据墓中出土的漆器、铜器上"汝阴侯"铭文和"十一年"纪年，对照《史记》《汉书》，知双古堆为西汉第二代汝阴侯夏侯灶及其妻子的墓。

两墓东西并列，均为长方形积炭木椁墓、单椁单棺，椁室内棺木外划分为享堂（头箱）和边箱几个部分，便于放置随葬物品和祭奠礼器。两墓出土漆、铜、铁、陶及金、银器等文物390多件。漆器中最具价值的是六桂栻盘、太乙九宫占盘和二十八

[①] 宿州市地方志编纂委员会. 宿州市志（1988—2007）：下[M]. 北京：方志出版社，2015：1004.

宿圆盘,后两种为中国考古中首次发现。墓中还出土9000余片竹简和3块木牍,内容包括《仓颉篇》《诗经》《周易》《万物》《吕氏春秋》等近20种古代文献,即"阜阳汉简"。

汝阴侯墓入葬时间明确,随葬器物品类丰富,为中国汉代考古的分区分期研究和其他专题研究提供了不可多得的实物资料。特别是在双古堆1号墓发掘出土的简牍,后经整理编纂分为10多种古籍。因原有书名标题无一残存,今名或用传本原名,或据内容另拟。其中,《仓颉篇》120余片,存540余字,约有40个较完整的小节或句子。残题应包括李斯所作《仓颉篇》、赵高所作《爰历篇》、胡毋敬所作《博学篇》,可能是比较接近秦人原作,为尚未经过汉初"闾里书师"删改修订的本子。这是此书亡佚千年后最重要的一次发现。

2. 闵子骞祠及墓

闵子骞祠及墓位于宿州市埇桥区曹村镇闵贤集闵祠村,是先贤闵子晚年生活的地方。闵子(前536—前487年),名损,字子骞,春秋鲁国人,后居宋相邑(今淮北市)之东,为孔子弟子,以德行和颜渊并称。孔子曾盛赞其孝,"'孝哉闵子骞!人不间于其父母昆弟之言。'不仕大夫,不食污君之禄"①。闵子骞以孝名天下,传为千古佳话。"闵祠之东有骞山,又左为闵子铺,西侧有洗须沟,环境幽雅,交通便利。东邻206国道,南有高大的闵子晒书台,东有一潭碧水,传说为闵子洗砚池。祠北部有闵子骞墓,坐北朝南,高6米,直径40米,近旁北侧有两座中型墓,是闵子骞的两个弟弟闵革、闵蒙,墓高2米,直径24米,总占地面积约6400平方米。墓南建祠,存房屋14间,祠前影壁已不存在。门厅、二堂、三堂各是三间,墓前调为正堂,正堂闵子塑像因破'四旧'被拆除,存历代碑刻8块,嵌于墙壁。祠堂占地1360平方米。桐堂建筑结构特点为清代,祠内有千年银杏和传说闵子手植的千年古柏。祠前有古井,仍使用,名曰'孝泉'。闵子骞祠始建年代无考。明《弘治宿州志》载:'第祠久而毁落于宋元间','闵祠元季段于兵,遗址尚存'。可见明代以前就有闵祠,成化年间重修房屋十间,立石门一座。至嘉靖年间重修正堂五间,门外碑亭两座。门上有匾镌刻'闵子祠'三字。祠东公路旁有牌坊一座,上书'先贤闵子故里'。祠内有历代碑碣108块,均赞颂闵子之孝。闵祠地处宿徐古驿道,为历代交兵之所,许多珍贵文物毁于兵火。"②

闵子骞墓旁植松二百余株,松林茂密、苍松雄劲,故有"闵墓松风"之称,是宿州八景之一。1992年,安徽省人民政府公布其为省级重点文物保护单位。

3. 虞姬墓

虞姬墓位于安徽宿州市灵璧县城东7.8千米处,虞姬文化园内。

---

① 司马迁.史记[M].长沙:岳麓书社,1988:510.
② 宿州市地方志编纂委员会.宿州市志(1988—2007):下[M].北京:方志出版社,2015:1009.

虞姬（出生日期不详—前202年），秦末人，项羽姬妾，貌美性柔，能歌善舞，知书达礼，世称虞美人，常随夫出征。前202年，楚汉决战于垓下（今灵璧县沱河北岸），项羽被刘邦率领的汉军团团围住，四面楚歌。项羽夜饮帐中，悲歌慷慨，虞姬献舞敬酒，和歌一首："汉兵已略地，四面楚歌声，大王意气尽，贱妾何聊生。"歌罢拔剑自刎。后楚兵全军覆灭，败军途中，项羽无奈丢下虞姬的尸体，被来不及突围的楚兵筑冢葬在灵璧城东，宿泗公路南侧，唐河西首。

"原墓区范围较小，南北约20米，东西约100米，墓地有大量汉砖汉瓦出土。"①虞姬墓曾遭到严重破坏，"墓冢封土被挖去一半，墓碑被挖掉砸烂。1979年，县文物管理组覆土增高。1980年，县政府拨款修复墓冢，并将清代和民国时期的三块碑修复后立于墓地，且绿化墓地。1982年，灵璧县又征用土地扩大墓区，筑起围墙，建有门楼，上书方毅题'虞姬墓'三字，墓前石刻横额为'巾帼千秋'，两旁刻'虞兮奈何,自古红颜多薄命;姬耶安在,独留青冢向黄昏'联语，面积扩展为3942平方米。墓区东南建一小型纪念馆"②。1986年，安徽省人民政府公布其为省级重点文物保护单位。

4. 曹操宗族墓群

曹操宗族墓群位于原亳县城南郊、现亳州市魏武大道两侧，主要包括董园汉墓群、曹四孤堆、马园西墓群、袁牌坊南墓群、刘园孤堆、观音山孤堆、张园汉墓、元宝坑汉墓群、薛家孤堆等，分布面积约达10平方千米。

据《水经注·阴沟水》记载，在谯城（今亳州市）南城侧分布有曹腾（曹操祖父）、曹嵩（曹操父）、曹褒（曹腾兄，官颍川太守）、曹炽（曹操从弟曹仁之父，官长水校尉）、曹胤（曹炽弟）等人的墓葬。近年经发掘又发现了曹鼎（吴郡太守）、曹鸾（永昌郡太守）、曹勋（山阳郡太守）、曹水墓（豫州刺史）、曹宪（曹操之女）等人的墓葬以及众多不知名的墓。曹氏家族墓群的形制基本相同，均为砖石结构的多室墓，规模都很大，一般具有前室、中室、后室以及数量不等的耳室或偏室，其中最具代表性的是石结构的曹腾墓和砖结构的曹嵩墓。

曹操宗族墓葬，建筑规模之宏大，雕饰彩绘之精美，历史文物之繁博，令人惊叹，也是考证汉代衣饰、饮食、风俗以及中国墓室文化的标本。1981年9月，安徽省人民政府公布曹四孤堆为安徽省重点文物保护单位。2001年6月，曹氏家族墓群被国务院核定并公布为第五批全国重点文物保护单位。

---

① 宿州市地方志编纂委员会.宿州市志（1988—2007）：下[M].北京：方志出版社，2015：1009-1010.

② 同①。

三、皖北的古迹名胜

皖北地跨六市,面积达 42161 平方千米,历史悠久、名胜古迹众多。除了拥有美丽的山川河湖及村落遗址、文化遗迹之外,还有众多的古建筑物及现代名胜,体现出非常高的历史、建筑、文学和艺术价值。

(一)名城故迹

1. 亳州古城

亳州是淮河流域一座著名的历史文化名城,早在三千多年前,商代第一个王朝成汤就在此建都。司马迁在《史记·殷本纪》中记载:"成汤,自契至汤八迁,汤始居亳,从先王居。"①另据《亳州志》载"州城东北二里凤头村有汤陵",俗称"商汤王墓",也是亳州曾为商都的佐证之一。

古代的亳州之所以能成为商汤都城,首先得益于淮河支流水利资源丰富的区位优势。亳州是古代中原开发较早的地区之一,是皖北的一方沃土,位于皖西北端,西、北、西南三面与河南接壤,东南与涡阳、太和毗邻。

"亳州地处中原要冲,自古为兵家必争之地,历代战事频繁,古城池几经修建毁坏,遗址难寻,有建城资料记载的则从明朝开始。明朝初年有土城,宣德十年(1435年)加砖石,周围九里三十步,开四门:东望仙门,南武胜门,西朝直门,北古庆门。因形似卧牛,别名卧牛城。城内有四条大街贯通四门,十字街口名为大隅首,城内现存地下运兵道多处。这些运兵道由砖砌成,一般离地面 2 米左右,分布于四门大街。每条均为双道并行,间隔 1~3 米,双道间设传话筒;壁间设有小龛,为行军时设灯照明之用,传说为曹操运兵道,但据道内遗物鉴定,为宋元时期所建。"②

"亳州自古以来还是豫、皖、苏、鲁间的重要商埠。据史料记载,光绪时有街巷 120 条,'街市繁荣,以北关及(涡)河北为最'。据《亳州志》载:城西南 20 千米梅城集,为隋城县故集;城南 27.5 千米古城集,为后汉思善侯国故城;城东北 3.5 千米城父集,为古楚公子弃疾古城遗址、方形,现今夯土城垣犹存;城南 31 千米双沟集。上述古代集市,由于历代诸侯不断发生战争,昔日繁荣早成陈迹。"③

2. 寿县古城

寿县位于安徽省中部,淮河南岸。商、周时为州来国地域,春秋战国属楚地。秦王政六年、楚考烈王二十二年(前 241 年),楚"东徙都寿春,命曰郢"。秦王政二

---

① 司马迁. 史记[M]. 长沙:岳麓书社,1988:15.
② 利部淮河水利委员会,《淮河志》编纂委员会. 淮河志:第 7 卷 淮河人文志[M]. 北京:科学出版社,2007:134.
③ 同②134.

十四年(前223年)秦破楚克郢,虏楚王负刍,楚亡;越二年秦划江淮及其以南地区为九江郡,置寿春县,为郡治。汉刘邦更名淮南国,都寿春。隋开皇八年(588年)置淮南行台尚书省,治所寿春。大业三年(607年)改置淮南郡,寿春为郡治所。清初,寿州属江南省凤阳府。同治四年(1865年),安徽置三道,寿州隶于凤颍六泗道(后改为皖北道)凤阳府。民国元年(1912年)废道府,改寿州为寿县,直隶于安徽省。

"郢都寿春古城,包括楚考烈王赐黄歇为春申君所建食邑,楚考烈王迁都寿春后建的新城,绵延曲折三十里,规模宏大。由于地处襟江扼淮的重要位置,千百年来,一直是兵家必争的军事重镇。州城屡遭战火和洪水洗劫,几经兴衰。战国郢都城早已荡然无存。经过宋代太祖、太宗、真宗、仁宗、英宗五世109年,寿春城得以全面修建,至今城内仍可见到印有'建康都统许俊'字样的墙砖。"①

"今天保存下来的寿县古城,是南宋嘉定年间(1208—1224年)重建的,其规模只是楚郢都寿春城西北角的一部分。整个寿县城建筑平面呈方形,面积为3.65平方千米。城墙系砖壁石基,周长7147米,墙高8.33米,顶宽6.67米,厚近7米。城址北依八公山而环东淝河(淝水),西濒寿西湖,东南则掘地为壕。四座城门门洞皆为砖石拱券,各通南北东西两条大街。城周围有角楼八所,屹立于城上。城墙顶外陲有雉堞1000多个,西北角处尚有一座地楼、三座敌楼。原先城西北角有画凉亭、东南角还有文峰塔,均在日寇侵城时遭毁坏。"②寿州城还有一个最大的特点,就是具有设计非常科学的防洪功能的建筑。

寿县历史悠久,文化灿烂,物华天宝,人杰地灵,资源丰富,历来是政治、经济、军事的战略要地,不仅有保存较好的古城,而且还有众多极有价值的名胜古迹。1986年,寿县古城被国务院列为第二批国家历史文化名城。

3. 涉故台

涉故台即陈胜、吴广起义遗址,位于宿州市埇桥区西寺坡镇刘村南2千米处,距宿州市城区约25千米。

陈胜、吴广起义遗址是陈胜、吴广等九百戍卒揭竿而起的首义之地,是中国第一次农民大起义(史称"大泽乡起义")的历史遗存。其主体文物涉故台为土质高丘,呈覆斗形,始筑于秦二世元年(前209年),距今两千二百多年,保存基本完好。根据司马迁《史记·陈涉世家》记载,此台系起义的盟誓台和祭坛(为坛而盟,祭以尉首)。涉故台上原有明代所建的楼台寺。民国初僧人云散,在抗日战争时期,利用空余僧舍设立涉故台小学。新中国成立后尚存大殿三间,钟楼一座,明万历,清道光、光绪、民国残碑四块。

---

① 利部淮河水利委员会,《淮河志》编纂委员会.淮河志:第7卷 淮河人文志[M].北京:科学出版社,2007:134.

② 同①134.

遗址上有柘龙树、古碑、古井等珍贵遗迹。台前70米中轴线上矗立一座陈胜、吴广起义大型雕塑(1986年建成),台东南建有陈胜、吴广起义纪念馆鸿鹄苑(1991年建成),内有名家碑刻数十方,陈列室一处。传说故事遗址如鱼腹天书湾、篝火狐鸣处等多已湮没。

陈胜、吴广起义遗址是中国历史上第一次农民大起义遗留下来的历史遗存,具有较高的历史价值和社会科学研究价值,是历史的载体和见证,是一座伟大的历史丰碑。1961年,安徽省人民政府公布其为省级重点文物保护单位。

(二) 祠寺庙宇

1. 管鲍祠

管鲍祠位于阜阳市颍上县解放北路管仲公园院内,是为了纪念管仲和鲍叔牙而建立的祠堂。

明万历六年(1578年),著名文学家、戏曲作家屠隆(1542—1605年)在颍任知县时,见有管鲍史实而无管鲍之祠,遂广泛征求乡民、诸生意见,作出修建管鲍祠的决定;"捐俸掊金",并作《管鲍祠碑记》以记其事。管鲍祠修建之后,明末毁于战乱。崇祯十二年(1639年),学谕汪廷宏主持重修,清嘉庆年间毁于火灾。道光六年(1826年)万如陵再修。咸丰年间又毁于大火。1933年,县长张鼎泉募资复建。

管鲍祠历遭多次劫难,经历三毁三修之后,祠内当时还存正殿三间,堂内供管鲍两位的牌位。管鲍祠南临大寺塘,沿塘一堤为知县倪焕奎所筑。祠东有九合桥,奠念管仲力辅齐桓公"九合诸侯"之功;祠西有四维桥,昭"礼义廉耻,国之四维"之意。祠西南有管仲衣冠冢墩,当地称管仲墩,前立两块碑。一书"管仲父墓",为明万历十六年(1588年)钦差整饬颍州等处兵备河南按察司副使杨芳立;一书"呜呼大政治家管仲之墓",为1926年县知事倪焕奎立。

历经多次劫难的管鲍祠在20世纪70年代再遭毁坏,九合桥、四维桥毁之不存,其墓被夷为平地。1986年,安徽省人民政府下文将管鲍祠列为安徽省重点文物保护单位,管鲍祠获得新生。颍上县政府极为重视管鲍祠的修建工作,拨款重修管鲍祠。修建后的管鲍祠,在祠前重建三间前门,修复了院墙和大门,建有配房和二进院落,并将管仲墓移到管鲍祠院内,在祠的正殿塑了管鲍像,在墓前重新复制了两块古碑;占地面积也由原来的500平方米扩大到1300平方米。现存管鲍祠有厅堂五间,砖瓦结构,雕梁画栋,巍然壮观。堂中塑有管、鲍全身立像。明柱上书两副对联:相齐桓公一匡天下,友鲍叔牙万古高风;佐霸肇开新政局,分金饶见故人情。1982年,颍上县人民政府公布管鲍祠为颍上县重点文物保护单位。1986年5月,安徽省人民政府公布其为安徽省重点文物保护单位。

2. 华祖庵

华祖庵又名华祖庙,位于亳州市永安街12号,为祭祀东汉时期的医药学家华佗建立的庙祠。因庙内住持世代为尼,乃更"庙"为"庵"。

据考,华祖庵始建于唐天佑元年(904年)。清道光《亳州志》载,乾隆辛巳年(1761年),亳州同知顾登曾加以修缮;嘉庆二年(1797年),安徽巡抚朱珪命知州李廷仪重修,并亲题联额。额曰:"燮理通微";联曰:"五戏转灵枢道本皇轩仙位业;四轮消劫运功参帝释佛菩提"。同治年间又重修。

华祖庵是传统的"三厢两厅正堂屋"结构,以挑檐式建筑为主;占地面积1.3万平方米,有山门、耳房、大殿、东西殿、禅房、元化草堂、存珍斋、益寿轩、课徒馆、自怡亭、五禽戏台、药圃、洗芝池、碑廊等建筑。门前有双狮雄踞,进入庙祠内有东西两座大殿,穿过自怡亭径直进入是元化草堂,元化草堂立于高台之上,回廊联通东西,东厢名益寿轩。元化草堂的西厢存珍斋为华佗的药房和看病的地方,分别系挂着中国历代名医画像和其乡土别传以及国内外专家学者的题词和绘画。整个院落回廊相接,绕过画廊,进入古药园,因地制宜布置水池、小桥、假山、亭榭、树木等。华祖庵的花园小路旁种有芍药、牡丹、白菊、曼陀罗、玫瑰棕榈等名贵中药草及花卉。

华祖庵门前的雌雄双狮建成于明代,20世纪70年代初被运到华祖庵;益寿轩上方悬有清嘉庆二年(1797年)安徽巡抚朱珪题写的"燮理通微"的匾额,益寿轩内供奉着雕塑大师钱绍武为华佗雕塑的铜像,碑廊上镶着为华佗题写的诗文。

1962年,亳县人民委员会拨款对华祖庵进行维修,并设华佗纪念馆,由郭沫若亲题馆名。1980年,亳县政府对华祖庵进行维修。1981年,安徽省人民政府公布为省重点文物保护单位。2008年,亳州市委、市政府在原华祖庵的基础上增设华佗中医药文化博物馆。2010年,华祖庵被全国旅游景区质量等级评定委员会评为3A级旅游景区。

3. 会老堂

会老堂始建于北宋,位于阜阳生态园中南部,是景区核心历史文化景观,为阜阳市唯一保存完好的欧阳修故居。

据史书记载,北宋皇祐元年(1049年),欧阳修自扬州改知颍州。熙宁四年(1071年),欧阳修以太子少师、观文殿学士致仕,退居颍州,寓西湖六一堂。翌年四月,前副相赵概以80岁高龄自南京(今河南省商丘市)来访欧阳修,欧阳修就将六一堂西侧的会客室加以整修,作为接待赵公的场所。时任颍州知州吕公著也前来看望。欧、赵、吕三人会于此堂,饮酒,赋诗,吕公著有感于二老相会为此堂题匾额曰"会老堂"。欧阳修即席赋诗:"金马玉堂三学士,清风明月两闲人。"诗中抒发了他与赵概莫逆之谊及其对赵概不远千里寻访的感激之情。当年,欧阳修便终老于颍州西湖居所。

会老堂在历史上有过几次大的维修,现保留有明清修湖建祠的碑记四块,分别记述了历史上欧阳公祠、西湖亭、西湖书院的修建情况。由于历次黄河水泛滥侵蚀、自然老化,房屋曾破烂不堪,1982年初,省、地(市)、县分别拨款对会老堂进行维修。1991年,亭孜村村民自发集资盖了一层院房,作为欧阳氏宗祠保护起来。2005年,阜阳市颍泉区人民政府在原址、按原貌、用原材料恢复整修。整修后的会老堂为砖木结构，明三暗五开间，梁枋雕刻精美，构图古朴美观，采用柱石斗拱承托，棂门花窗相衬，堂内两月门，题额为砖雕"景贤""尚友"四字，堂内立有欧阳修石刻画像，碑上有清乾隆皇帝题诗和晁悦之、李叔端题字。院内有历代即兴题诗碑刻多块，以及欧阳修与赵概相会的铜雕塑像。

会老堂本体南北长28米，东西宽20.7米，保留建筑五间。保护范围南北长150米，东西宽134.5米，保护区域总面积约2万平方米。

会老堂还是革命遗址。1928年4月7日，魏野畴为主导的中共皖北特委在此召开紧急会议，发动四九起义。尽管起义最终失败了，但会老堂作为皖北革命的见证者，在党的历史上留下了光辉的一页。1959年4月，阜阳县人民政府认定会老堂为县级重点文物保护单位。

4. 刘公祠（刘锜庙）

刘公祠位于阜阳市老城西北隅，也称刘武穆公祠、刘太尉祠、刘锜庙，又称报功祠。它是颍州官民为纪念南宋抗金英雄刘锜，知府陈规，通判汪若海，副将军赵樽、耿训、韩直、许清、阎充和义勇曹成等将士，浴血奋战取得顺昌府大捷而建的专祠。

地方旧志记载：明嘉靖十二年至十四年间（1533—1535年），刘公祠由颍州通判吕景蒙创建于南城"欧阳文忠祠"内；明万历十七年（1589年），颍州按察分司兵备道佥事王之猷，将"刘公祠"迁建于南城迎薰门（南门）瓮城（月城）内；明崇祯八年（1635年）前，颍州官方将位于迎薰门（南门）瓮城内的"刘公祠"（即报功堂）移建于北城西北隅城墙上。

刘公祠在历史上曾多次重修，曾立有多块碑记。清乾隆十六年（1751年）重修后的形制规模：大门三楹、官厅三楹、住持房二楹、厨房二楹。清光绪二年（1876年），清军将领牛师韩（字慕琦，官至归德府总兵）驻军颍州府，其父牛斐然为涡阳县曹市集富绅，也来颍州居住。牛斐然居颍时，率先捐资筹集资金，并得到颍州知府续庆与阜阳知县尹起鸾的赞同，遂共助重修刘公祠，不到三月圆满竣工。1939年秋，刘公祠被拆除，1941年重建。1947年，一位从刘锜老家甘肃静宁到阜阳任职的官员极力倡助重建，当家道士常华庵重兴土木，多方募化，于次年四月初九日刘锜生辰日，在原址上建成正殿和偏房各三间，遂成规模。

新中国成立后刘公祠得到保留。1980年，被阜阳市列入文物保护单位。

5. 淮北青龙寺

青龙寺位于淮北市宋疃镇东青龙山南麓，依山而建，座北朝南。此山为徐州山峰余脉，东与虎山对峙，山有九峰，状若莲花，又名九朵莲花山。青龙寺历史悠久，至今已有一千七百多年历史。传说初为三国时期蒋干后裔祠堂，明洪武年间改建为青龙寺。寺后平地上有10余座坟丘，被称为蒋家林，至今尚有痕迹。

据史料记载：在明代，青龙寺有地10万平方米，房舍29间，神像35尊，经卷5部，法器8件，僧众14人。清乾隆四十五年（1780年）、嘉庆十九年（1814年）、道光七年（1827年）和十五年（1835年）、光绪九年（1883年）、1943年分别重修一次。由于历代高僧衣钵相传,青龙寺戒律严谨,佛教底蕴深厚,清、民国年间相继培育出三位方丈,分别在青龙寺、徐州云龙寺、清江慈云寺为主持法师。

1987年,青龙寺被濉溪县人民政府列为重点文物保护单位。2012年6月,被安徽省人民政府列为第六批省级文物保护单位。

6. 宿州天门寺

天门寺位于萧县县城东南17.5千米的天门山山口,始建于元至正元年(1341年)。原有大殿三间,东西廊房,殿内塑有金身佛像。明永乐年间,寺庙倒塌,但佛像尚存。明宣德四年(1429年),徐州知府杨秘重修天门寺,寺院坐北朝南,佛殿三间,伽蓝院一间,僧房三间,厨房三间,更名为"禅院"。天门寺历经元、明、清各朝,均香火鼎盛。后在日本侵华期间遭日寇炮击,殿宇毁坏,但残垣断壁仍可显现盛时的规模。

新中国成立后,清除神像,先后在此办过学校、林场,殿房终因年久失修毁坏。院内尚存1400多年树龄银杏1株,高35米,胸径1.7米,材积约30立方米;枝盛叶茂,四人方能合抱,其树干既高且直,为淮北稀有珍品。树旁有一清泉,穿石过涧,汇为一池,味甘,四季不竭,水中常见蚂蚁戏游,故人称"蚂蚁泉"。寺周围古木参天,怪石嶙峋,如牛羊虎豹。寺北悬崖之巅,有洞,洞外松柏倒悬,凌空欲飞,游人可望而不可即。

由于该处古松修竹,清雅幽静,明、清两朝常有学者借读于此,留下了许多诗词歌赋,最有名的为清道光至咸丰年间先后两任萧县知县的赖以平于道光二十四年(1844年)所作回文诗《游天门寺》,该诗辞丽句美,清新隽永,正倒读皆押韵,脍炙人口。

7. 太和清真寺

太和清真双寺包含太和清真北寺、太和清真南寺,分别位于太和县城人民中路的西侧和东侧。

太和清真北寺始建于明洪武十年(1377年),建筑面积3074平方米,已有六百年历史。据史载,朱元璋推翻元朝后,为答谢回民的大力帮助,于洪武二年(1369年)下旨,按回族人的生活习俗和信仰,在安徽境内建二十坊清真寺,太和清真寺便属其中一坊。清真北寺于清道光、乾隆年间和民国元年都曾重修。

太和清真北寺规模较大,保存完整,是安徽省建筑悠久、保留完整的寺院之一。该寺百余间厢房布局合理,清式四合庭院,檐廊相连,廊柱对称,青砖灰瓦,雕梁画栋,中西合璧,独具一格。整座寺院建造工艺严谨,雕饰艺术精美,古朴典雅,颇有特色,为研究淮北地区清式建筑艺术和宗教发展史提供了宝贵的实物资料。1998年,被列为安徽省重点文物古建筑群保护单位。

太和清真南寺"始建于明洪武十五年(1382年),清康熙十九年(1680年)间重修扩建,清道光年间、1915年又进行整修。1998年9月经批准,再次筹资全面修复。整个建筑群主朝向为坐西朝东,现存房屋66间,建筑面积2529平方米。大殿内及后池共设立柱26根,下设有石柱础,经多次维修,多有墩接、加箍、加固之举。大殿东有对殿3间,对殿南北各有讲堂3间、水房6间。北讲堂后为一独立四方院,为阿訇居所。对殿前有月台,月台右边6间为女寺。月台东30米有照壁,照壁两侧为券顶圆门"①。清真南寺现保存建筑为清式建筑,也是安徽省保存较好的明清式两代建筑。2004年10月,被列为省级重点文物保护单位。

(三)楼台宝塔

1. 花戏楼

花戏楼位于亳州城北关隅咸宁街,花戏楼路北首路东,是国家级重点文物保护单位。花戏楼原名歌台,是一座建于清康熙年间的专供演戏的建筑,是祭祀山西名人关羽的庙祠,也是明清时山西、陕西的药商在亳州经营药材的联络之地,因此称"大关帝庙",又称"山陕会馆"。花戏楼以其表现数十出戏文、掌故的砖雕、木雕、彩绘闻名于世,因戏楼遍布戏文、彩绘鲜丽,俗称花戏楼。

花戏楼原为关帝庙,始建于清顺治十三年(1656年),为山西商人王璧、陕西商人朱孔领发起筹建。清康熙十五年(1676年),由陕西、山西的药商在关帝庙的基础上增建戏楼;清乾隆五年(1740年),重建。乾隆三十一年(1766年),建新大殿,增置座楼,戏楼增添了许多彩绘和雕刻。乾隆四十九年(1784年),对大关帝庙重修一次。花戏楼分戏楼、钟楼、鼓楼、座楼和关帝大殿等几个部分。花戏楼有"三绝":一是铸铁旗杆,即正门前的两根铁旗杆,每根重12000斤,旗杆高16米多;二是山门砖雕。花戏楼山门是一座仿木结构的三层牌坊式建筑,上面镶嵌着闻名天下的立体水磨砖雕,玲珑剔透,琳琅满目;三是戏楼木雕,分为普通木雕和大木透雕两种。

1979年,亳州市文管局对花戏楼进行了全面落架维修。1988年1月13日,国务院批准花戏楼为第三批全国重点文物保护单位。2008年9月24日,国家文物局批复亳州花戏楼维修方案,安徽省文物局实施维护修缮。2010年9月17日,经全国旅游景区质量等级评定委员会认定为国家4A级旅游景区。2014年3月,亳州市文化旅游局对花戏楼进行扩容提升工程。扩容提升项目总规划面积约7000平方米。2015年4月,花戏楼扩容改造项目一期工程北门墙外场地改造事宜完成,场地内增设了特色花池、绿色草皮砖等。

2. 万佛塔

万佛塔又名插花塔,位于蒙城县城的东南角。万佛塔始建于宋崇宁元年(1102年),最初名为兴化塔,因在塔东侧有座兴化寺。《蒙城县志》记载:"插花塔在城内慈式寺,宋时建。"北宋时其东侧曾建兴化寺。元末其西侧又曾建慈式寺,故又叫兴化寺塔、慈式寺塔。此后一直没有一个确定的名称,当地人俗称之为"蒙城砖塔"。

---

① 阜阳市地方志编纂委员会.阜阳市志:下[M].合肥:黄山书社,2014:1046.

因塔体内外镶嵌佛像8000余尊,俗称万佛塔。

"万佛塔为楼阁式砖结构古塔,8角13层,通高42.6米,底层周长25米,塔基内设地宫。塔体自下而上逐层收缩,每层四向开门,一至七层均开东、西、南、北四向的主门形;八至十一层门每层错置,大约是为了增加塔体的强度;十二层为盲门;十三层为实心体;十三层以上为刹基,上置覆钵,其上有五重相轮,下大上小,相轮之上为宝盖、宝瓶。外檐第二、三层用砖砌作塔檐平座,平座用仰莲莲瓣承托,平座宽可行人。自四层以上只出小平台。塔内结构复杂,有穿心式、回廊式、壁内折上式逐层变换。第四层为方形塔室,俗称'塔中庙',内有塔碑两方、记叙修塔情况。第七层攒尖顶上为刹柱生根处,第八层至第十三层只有梯道而无塔心室。塔壁内外表层嵌砌近3000块红、绿、黄三彩琉璃面砖,每面砖上都有3尊佛像,全塔计佛像8000余尊。塔每层檐角均安装有风铃,共104只。"①

关于塔的修建年代有多种说法。中国社会科学院、国家文物局的古建专家曾对万佛塔进行联合考查,认为其完全符合宋代的"营造法式",因此一致鉴定为宋塔。

在国内的众多佛塔当中,万佛塔的体型和规模并不是很大,但是其造型秀丽,结构富于变化,保存亦较完整,为中国南北方造塔技术融合的作品典范,是一处重要的宋塔实物。1961年7月、1981年9月,安徽省人民政府两次公布万佛塔为安徽省重点文物保护单位;2006年5月25日是,万佛塔被国务院公布为第六批全国重点文物保护单位。1979年,万佛塔作为安徽省唯一的典型宋塔实例,载入《中国古代建筑技术史》。

3. 文峰塔

文峰塔位于阜阳市阜临路东端南侧文峰公园内,建于清康熙三十五年(1696年)。

文峰塔为砖结构,七层八角,通高31.8米,底层直径6.83米,周长22.91米。各层有塔心室,一层独为一室,北门为阶梯入口,有盘旋梯道贯顶;一、三、五、七层四面有四券形门,二、四、六层南、西、东三面各有一门。塔为密檐楼阁式,每层叠涩出檐,有仿木结构砖雕斗拱承托。顶部起脊桃角,三叠珠式宝刹由铁制五叉杆贯穿攒尖,全塔造型质朴典雅。

《颍州志》载:原城东南有奎星楼一座。因为不高,文星不太显露,阜阳文人不多,即建文峰塔,使文星显露,多出文人。文峰塔位于旧城东南,属堪舆学所云"巽方",故建塔镇之。按儒学家说法,"巽"为文章之府,塔有卓笔之形,故称文峰塔。文峰塔先后被列为阜阳县、市重点文物单位。1981年,阜阳市人民政府予以修缮加固。

文峰塔在旧时属于风水塔,富有道教色彩,一些砖雕上有表示吉祥如意的长寿

---

① 阜阳市地方志办公室.阜阳地区志[M].北京:方志出版社,1996:1004.

鹿、灵芝草、龙、凤,有文人祈求的鲤鱼跳龙门,还有阴阳鱼图案。这对研究当时人们的思想意识、审美心理和阜阳历史等提供了形象生动的宝贵资料。1998年5月4日,文峰塔被认定为安徽省级文物保护单位。

4. 蚌埠望淮塔

望淮塔位于蚌埠市张公山境内,始建于1987年,塔高35.33米,七层八角,建筑面积达820平方米,主体结构为钢筋混凝土结构。塔名由原全国政协副主席、中国佛教协会主席赵朴初先生题写,登塔可鸟瞰珠城全貌,千里淮河尽收眼底。望淮塔是蚌埠市的标志性建筑,2018年10月列为蚌埠首批历史建筑。

无疑,文化的发展与传播具有连续性特征,一些历史遗址以及具有丰富文化内涵的遗存,在传递着文明发展信息的同时,也不断彰显时代价值。随着社会的发展进步,人类文明也随之进入现代和当代社会,山水园林、历史遗存似乎是静态的存在,虽然它们不会说话,但其中隐含的文化信息是活着的,它们无声地记录着先民们改造世界、推动文明的历史进程以及无声地传递着先贤的思想情感。进入当代社会,皖北的山水景观以及丰富的历史遗存因其文化价值而被开发利用,绝大多数均成为地方名胜和旅游景点。如依托山水景观和历史遗址而建设的各类主题公园——淮河文化公园、隋唐大运河遗址公园、颍州西湖公园、蚌埠龙子湖公园、淮北相山公园、淮南八公山公园、皇藏峪国家森林公园、阜阳文峰公园、亳州汤王陵公园、曹操公园等等,它们均散发着鲜活的时代气息,在传播中华优秀传统文化的同时,给当代的人们带来优质的文化享受,陶冶着人们的情操,不断提升着人民群众的满足感、获得感和幸福感。

第二节 皖北的民俗文化

民俗是特定区域或民族的人们在长期共同生产生活的基础上发展形成的民间民众风俗生活习惯的统称,包含生产劳动民俗、日常生活民俗、社会组织民俗、岁时节日与游艺庙会、民间观念与民间文学、人生礼仪与婚丧嫁娶、宗教及巫术等,概言之,民俗包含百姓生活日常的衣食住行、婚丧喜庆、节日时令、礼仪习俗等主要内容。基于民俗而形成的民俗文化,则是传统文化的组成部分,是民间民众的风俗习惯及生活文化的统称,泛指一个民族、地区中集居的民众所创造、共享、传承的风俗与生活习惯。由于民俗文化所具有的集体性特征,对于特定民族而言,民俗培育了区域社会的一致性,民俗文化则增强了民族认同,有助于塑造民族品格、强化民族精神。虽然民俗文化具有民族或区域内的集体性特征,但不同区域、不同民族的民俗则有明显的差异性,《晏子春秋·问上》中就有"百里而异习,千里而殊俗"的记载。皖北历史悠久、文化底蕴深厚,皖北先民在长达数千年的共同生产生活中,逐步形成了具有本地区鲜明特色的风俗习惯。皖北六市的民俗虽然不完全相同,但大同小异。现主要依据皖北一些县乡的民俗作简要介绍。

一、衣食住行

文化是由人创造的。可见人类的历史有多长,文化的历史就有多长。但人创造文化的前提是必须生存、繁衍。1883年3月,恩格斯《在马克思墓前的讲话》一文中指出:"马克思发现了人类历史的发展规律,即历来为繁芜丛杂的意识形态所掩盖着的一个简单事实:人们首先必须吃、喝、住、穿,然后才能从事政治、科学、艺术、宗教等等。"①恩格斯的这一著名论断,不仅揭示了马克思主义历史唯物史观的基本原理,同时指出了文化形成的基本逻辑,那就是:特定人类群体在特定的地理环境中,基于长期的生产生活所形成的生活方式、行为规范、价值观念以及在生产劳动中创造的各种物质的和精神的成果,都是"文化"。而特定区域特定人群的衣、食、住、行等行为方式、生活方式以及在此基础上形成的行为规范和价值观念,都属于民俗文化的范畴。

(一)衣着服饰

皖北地区衣服的基本形制是"上衣下裳",统称褂裤为衣裳。清代盛行长袍马褂,将明代以前的宽衣大袖改为紧身窄袖、改衣带为布扣。辛亥革命后,在城乡殷实人家,男性穿长袍马褂,袍长至踝,两侧摆长1尺左右(约33厘米)。马褂袖窄、对襟,襟前有五扣;女性穿绲边衣裤,多系绸缎为之;女性青年爱穿旗袍,男性青年穿大褂、戴礼帽,亦有穿中山装和西服者。处于社会底层的劳动人民,在冬季,男性穿对襟布衫,外穿大襟长袄或短袄,腰束长带,下穿棉裤或叉裤。穿棉裤一般不着衫裤或罩裤。裤腰肥大,扎裤带时将裤腰折起,裤脚扎布带。女性穿肥大棉袄,右襟,棉裤与男性同。在夏季,男性上身穿对襟褂或无袖汗衫,下穿短裤或大裤头(又称裤衩);女性穿右襟单褂、长裤。穿衣的讲究是:"男不露脐,女不露皮。"

新中国成立之初,劳动人民的夏服装依旧,干部、工人、学生时兴的服装是:男性穿"中山装";女性穿两边开兜、中束腰带的"列宁服"。20世纪六七十年代,全国学习解放军,男女青年爱穿上下有四个口袋的草绿色军服。男女服装多以黑、蓝、灰、黄四色布为主。

改革开放以后,服装出现根本性变化。大风衣、小风衣以及大翻领、燕尾领、连帧领、小圆领等名目繁多的夹克衫在男性中普遍推广,以穿西服配领带最时髦。女性衣服的样式更多,如百褶裙、背带裙、西装裙、迷你裙、鱼尾裙、套裙、美人裙、大摆

---

① 马克思,恩格斯.马克思恩格斯选集:第3卷[M].3版.北京:人民出版社,2012:1002.

裙、小摆裙、旗袍裙、一步裙等,不下百种之多。多种颜色(蓝色居多)的牛仔服则在年轻男女中最为流行。

首饰多随发型变化而变化。民国时期,妇女绾纂,其头饰有簪、钗、针等。簪有如意钩式、五福捧寿式、金鱼卧莲式、荷叶式、孔雀式等等。钗用两股金属物合成,上镶红绿翡翠。耳有耳环,腕佩手镯。首饰有金、银、铜、铁之分。富人佩戴金银饰物,一般人家佩戴铜铁饰物。新中国成立后,妇女绾纂者已不多见,但因在一段时间里对金属实行统一管理,耳坠、手镯也逐渐消失。改革开放以后,作为文化象征的各种发型相继出现,种类繁多的头花、耳环、胸花、项链充斥市场,女性青年佩戴的多是黄金戒指、耳环、项链;男性青年除佩戒指外,还佩戴不同款式的领带,工薪阶层特别是工商业界的精英人士则喜好戴高档手表。

进入21世纪以来,各地经贸往来促进人员流动频繁以及社会发展和文化交流导致观念的变化,皖北民众的衣着服饰、穿衣戴帽等,越来越趋向于国内的大众化并逐渐融入国际化潮流,且风格各异、式样繁多。

(二)饮食习惯

民间主食主要有小麦、红芋、高粱、黄豆、豌豆、绿豆等。阜阳群众习称麦面为"好面",把麦面以外的面粉称为"杂面"。

1. 主食

皖北地区的传统面食种类较多,如卷子、蒸馍(发酵面做成圆形馍)、锅巴、蛋卷、烙馍、油饼、菜馍、千层咸馍、油馅馍、水烙馍、大卷馍、蛋合子、菜合子、糖角、焦馍、油香、烫面角、面条、面叶、回锅面、肉丝面、炒面、热干扣、卤面、炝锅面、凉拌面、格拉条、刀削面、酸辣面、油炸面、荤饺、素饺、糁头馍、荤包、素包、汤包、懒豆腐、马糊汤(有咸、淡两种)、烧饼、油条、面汤、粉丝汤、八宝粥、玉米粥等,有百种之多。

新中国成立后,皖北逐渐改变种植结构,大量种植红芋。1978年后,再次调整农业产品结构,把种植小麦作为主攻对象。城乡居民的主食皆以麦面为主。沿淮的阜南、颍上、凤台等县还广种水稻,一部分居民的主食以大米为主。家常饭有卷子、菜馍、荤饺、素饺、蛋饼、烙馍、油馍、锅贴、米饭、面条、稀饭、咸马糊、玉米粥、油茶等;家常菜有咸鸭蛋、酱豆、豆腐、辣椒、豆腐卤及各类青菜,殷实人家每周加鸡鸭鱼肉等荤菜数次。

2. 宴席

请客设宴一般是8个碟(4荤4素),再加10~16个烧、炸、炖、炒菜。领头菜是皮丝的称皮丝席,领头菜是海参的则称海参席。禁忌狗肉、兔肉、无鳞鱼(黑鱼、鲇鱼、鳖等)入席。界首筵席的小碟,有"小五称""大五称"两种规格。小五称是一个果盘、两荤碟、两素碟;大五称是五盘糕点、两荤碟、两素碟。主菜统称"三整四合十碗菜":三整是整鸡、整鱼、猪肘子;四合指四个合碗;十碗菜中除三整是必不可缺之外,包括四合在内的其余菜谱、则按筵席规格高低调配,好的席面有海参、鱼肚、鱼翅等。阜南筵席还流行十碗菜,其上菜次序为"头碗鸡,二碗鱼,三碗萝卜菜,四碗开花皮(油炸虎皮肉),五碗腰子汤,六碗圆子席,七八九碗烧杂碎,十碗添个压轴的(红烧肉)"。亳州的筵席,农村是先上四小碟:两荤两素凉拌。城里是先上六中盘:两荤两素两甜。十大碗常有虎头鸡、家常鱼、元宝肉、虎皮肉、四喜丸子、八宝饭等。

  阜阳地区招待亲友一般安排4～10个菜,但不少于4个。皖北民间有"4个菜待客,3个菜待鳖"之说。传统的筵席一般使用8个盘、10～16个菜;主菜通常是10个菜,俗称"十大碗"。若遇婚丧寿诞等重要场合,宴席中菜品数量会适当增加。从阜阳地区筵席的菜谱看,阜阳南北的"十大碗"都把鸡和鱼摆在首位。因鸡谐音"吉",象征吉祥如意;鱼谐音"余",寓意年年有余。这表达了人们对生活和人生的美好向往,也是传统文化和社会心理的长期积淀。[1] 1978年之后,随着经济发展和人民生活水平的提高,人们不再仅仅追求吃饱,开始注意营养价值,开始把清蒸鲇鱼、炖烧甲鱼(鳖)推向宴席,盛馔内容已不拘传统了。到了21世纪,物流的畅达以及人们观念的变化,宴席安排多有趋同之势。

3. 饮酒

  在皖北地区,请客吃饭一定有酒,且都有"敬酒"的习俗。每当客人到来,则邀数人作陪,数人轮番向客人敬酒,似乎客人不醉不足以表示主人的盛情厚谊。20世纪八九十年代,临泉、界首等地方在劝酒时,还有"走盅"的习俗,酒过三巡之后,甲斟一杯(或几杯)酒敬乙。乙喝过甲敬的酒后不能马上回敬甲,这叫"热敬",有报复之嫌。乙将甲的空杯和自己的本杯斟满,再敬丙。走盅时,还可以"带一个",即甲敬乙时,可以邀丁同时敬乙。喝酒、斟酒、敬酒时,酒杯都要捧在手里,不能放在桌上,否则叫"落杯",落杯则罚酒。走盅的习俗往往在短促的时间内使某一个人连饮十盅或八盅,酒量小的往往经过一轮就招架不住。此外,还有跟、随、碰、遇、拉等酒规。也有个别地方在喝酒时,还有全桌共用一个酒杯的习惯,即将全桌酒杯收起,留一个空杯置于桌中间高处(下垫反扣的茶杯),以便监督输酒的人是否少喝或未喝干。[2] 也有晚辈走到年尊辈长者身边、双手端起两杯酒敬给长辈或领导喝,这是另一种敬酒方式。

  皖北民间喝酒喜好猜拳行令,形式多样,一般不行文字酒令,主要包括划拳、压指、老虎杠子、猜有无等。压指是指两人行令时各出一个手指,以拇指胜食指、食指胜中指、中指胜无名指、无名指胜小指、小指胜拇指的规则进行游戏。其中隔一指或两指则无胜负。老虎杠子是酒桌上的另一种猜拳游戏。游戏时甲乙两人握手或用手拍着桌沿或用筷子敲着桌子,同时口里喊着老虎、杠子、鸡、虫四个令名中的一个。游戏规则依据老虎吃鸡、鸡吃虫、虫蛀棒子、棒子打老虎的相克规律,中间隔一个或两个则不分输赢,要重新开始。输赢喝酒事先定好,一般是输者被罚酒。猜有

---

[1] 刘奕云. 中国酒文化[M]. 合肥:黄山书社,2018:78.
[2] 同[1]76.

无一般以火柴杆为道具,可两人或多人参加。两人进行游戏时只需准备一根火柴,然后由甲放在一只手里,由乙来猜。准备猜拳前甲的左右手均举出桌面且火柴必定在其中一只手里,这时乙便猜测火柴在甲的哪只手里:猜对则甲喝,猜错则乙喝,猜毕甲须亮出左右手掌,对照罚酒。

至于喝酒划拳,在北方民间均很流行。这里介绍阜阳地区比较盛行的划拳"打通关"。宴席上坐8~10人,通常由设宴者(或者任意一人)率先发起,按顺时针或逆时针逐个开始猜拳,从第一个轮流到最后一个,一个不漏。规则是两人同时出拳,伸出手指并喊数目,所喊之数刚好是两人伸出手指之和者胜,负者罚饮。所喊数字,均含吉利之词,如"一定中(高升)""两相好""三星高照""四季发财""五子登科""六六大顺""七星高照""八仙过海""九九归一""十全(福)十美";或"一心敬""哥俩好""三桃园""四季财""五魁首""六六顺""七巧枚""八匹马""九仙寿""十全福""宝拳一对"("空拳"或"都不出")等,不一而足。猜拳中有冒拳、闷拳的说法。冒拳就是喊的数大于自己伸出手指数加5的和;闷拳就是喊的数小于自己伸出手指的数。猜拳时喊的数可以与手指数不符,如喊八出三根手指。猜拳规矩也比较多,但可现场商定。猜拳前的规则有"开门见山""一个帽"和"两个帽"等。"开门见山"就是划第一拳就分胜负;"一个帽"就是第一拳喊"俩好",第二拳时才分胜负;"两个帽"就是先喊两个"好",划第三拳时再分胜负。① 需要注意的是,在饮酒划拳出指时,若出一指只能出大拇指,象征着佼佼者,忌出其他任何一指;若出两指只能是大拇指和食指并出,或大拇指和小拇指并出,大拇指对人,小拇指对己。最忌食指和中指并出,那被认为是不礼貌的行为。

阜阳地区"酒文化"比较特殊之处,除了"走盅"、猜拳行令之外,就是喝"鱼头酒"。一整条鱼端到宴席之前,有经验的服务员会把鱼头对准主宾。主宾一般是年尊辈长者或领导,也可能是业界精英,鱼头一般不对着设宴者——除非设宴者本人即前三类中的一种。这时,熟悉阜阳地区"酒文化"的客人一般会主动先喝两杯"鱼头酒"——取好事成双之意,酒量小也可以喝两次代表两杯,称"鱼头酒",不喝则为失礼。如果谁转动鱼碟的方向,就要罚谁酒。鱼尾朝向谁,谁就要陪饮一杯,称"鱼尾酒"。因鱼尾是双叉的,所对的两人须各陪饮一杯"鱼头酒"。鱼头、鱼尾酒喝过后,主宾先用筷子点点鱼头或取下一块鱼,叫"剪彩",这时大家才可以跟着取鱼吃。在主宾未"剪彩"前,谁先取鱼就罚谁(三杯)酒。

为了让主宾或尊贵的客人顺利喝"鱼头酒",阜阳地区各大饭店的服务员均是训练有素的劝酒行家,她们一边给主宾斟酒,一边舌灿莲花,如"鱼头一对大富大贵"或"(第)一杯鱼头酒财气年年有",这时主宾就须喝一杯;"鱼头二对年轻十岁",这时主宾就须喝第二杯;"一杯金二杯银三杯喝个聚宝盆",这时主宾就须喝第三杯……如果主宾酒量很大且不知道婉拒,那么服务员就会一直劝酒,词儿更加丰富,

---

① 刘宏,张文波.阜阳民俗文化研究[M].合肥:合肥工业大学出版社,2018:63-64.

甚至一条鱼的鱼头就可让主宾喝下超过半斤的"鱼头酒"。

主宾喝过鱼头酒后，往往也不会罢休，并不急着吃鱼，他要想出题目来让别人陪饮。如夹起鱼眼，朝甲食盘中一放，称"高看一眼"，甲就得喝一杯。主宾心中盘算着，又夹一片鱼唇，朝他选定的第二个目标乙面前一放，称"唇齿相依"，乙也得喝一杯。夹一片鱼鳍（亦称翅）给丙，称"展翅高飞"，丙也得喝酒。夹一片鱼背，称"倍感亲切"；夹一片鱼腹，称"推心置腹"；夹一片鱼尾，称"首尾呼应"。鱼肉放在谁食盘内，谁就得喝酒。直到主宾认为该喝的对象——喝过酒后，便用筷子插入鱼口捅一捅，叫"通通都喝"，于是，全桌人共同干杯[①]，"鱼头酒"环节遂告一段落。

（三）特色食品

皖北地区自古盛产美酒，盛传魏晋名士刘伶携诸友行至颍州（今阜阳）城外，循酒香来到一小巷，恰逢杜康后人在酿酒，于是古道热肠的阜阳人呈上佳醇供刘伶品尝。连喝数碗，刘伶酩酊大醉，三天未醒，便有了"杜康酿酒刘伶醉"的典故。不仅如此，皖北的水土条件以及种植业和养殖业的传统，导致知名水果和特色食品以及流行的名菜、名小吃非常多。现择其要者介绍如下：

1. 古井贡酒

古井贡酒是我国八大名酒之一，产于亳州市古井镇。古井贡酒用古井泉水酿造而成，其井系三国时代遗迹，据传其渊源始于建安元年（196年）曹操将家乡亳州产的"九酝春酒"和酿造方法进献给汉献帝刘协。由于井水天然味甜，酿成的酒颜色清澈如水，香纯如兰，入口甘美醇和，回味经久不息。1988年，巴黎第十三届国际食品博览会上，该酒是唯一荣获金奖的中国名酒。

2. 口子酒

口子酒产于淮北市濉溪县，系浓香型白酒。口子酒酿造历史悠久。据传，战国时期，宋国迁都相山，就大量酿造。口子酒历时千年，素有"名驰冀北三千里，味占江南第一家"之誉。口子酒入口味道甘美，酒后心旷神怡，素有"隔壁千家醉，开坛十里香"的美誉。

3. 萧县葡萄酒

萧县葡萄酒盛产于宿州市萧县。该酒营养丰富，醇香浓郁，柔和爽口，含有多种维生素和氨基酸，并具有药用价值，长期饮用，可增进食欲，活络筋骨。该酒品种繁多，主要品牌有味美思、白兰地、十全大补、干红葡萄酒、干白葡萄酒等。特别是"夜光杯"牌葡萄酒在全国享有盛名，并远销东欧、日本及东南亚国家和地区。1983年，萧县干白葡萄酒荣获国家银质奖；2016年，获得"中国·安徽旅游必购商品"称号。

---

① 刘奕云.中国酒文化[M].合肥：黄山书社，2018：79.

4. 特色美食

近年来,安徽省文化和旅游厅与安徽省商务厅、安徽省机关事务管理局一起,谋划推出"皖美好味道·百县名小吃"美食品牌打造工程,挖掘、传承并弘扬安徽美食文化。在各市认真推荐的美食菜品中,评出最具代表性的 200 道特色美食并于 2022 年 1 月在"安徽网"及"安徽发布"微信号予以公布,人民网也予以转载。其中,皖北六市有 59 道特色美食入选(表 3.1)。

表 3.1 皖北六市入选"皖美好味道·百县名小吃"美食

地区	特 色 美 食 名 称
淮北 (8 道)	临涣酱培包瓜、榴园地锅鸡、濉水红鲤、临涣培乳肉、南坪响肚、淮北周氏面皮、淮北石板街油茶、濉溪老街壮馍
亳州 (11 道)	亳州牛肉馍、亳州华祖焖鸭、涡阳干扣面、亳州华佗十全汤、蒙城油酥烧饼、涡阳贡菜、阚疃板鸡、义门熏牛肉、亳州曹操鸡、高公糖醋蒜、义门羊肉汤
宿州 (9 道)	符离集烧鸡、宿州䐃汤、萧县鱼咬羊、砀山酥梨盏、灵璧霸王别姬、萧县羊肉汤、皇藏峪蘑菇鸡、埇桥八大碗、埇桥栏杆牛肉
蚌埠 (8 道)	老蚌埠红烧蚂虾、沱湖螃蟹、怀远地锅鸡(五岔烧全鸡)、河蚌烧粉丝、老任桥牛肉、沿淮小合菜、烧饼夹里脊、蚌埠雪园汤圆
阜阳 (13 道)	枕头馍、格拉条、太和板面、阜南卤鲫鱼、八里河生态鱼头汤、临泉水晶羊蹄、太和贡椿炒蛋、阜阳粉鸡、界首黄牛肉、阜阳老虎菜、荆芥拌腐竹、临泉芥菜、方集馓子
淮南 (10 道)	刘安点丹、淮南牛肉汤、寿县大救驾、瓦埠湖银鱼蒸蛋、白玉豆腐饺、老寿州羊肉、焦岗湖小鱼贴馍、菊花豆腐盅、焦岗湖神仙豆、一品豆腐花

其中,享誉已久、盛名在外的特色美食亦有不少。现择其要者简介如下:

其一,八公山豆腐。八公山豆腐产于淮南市八公山一带。八公山上有百眼泉水,其中城北山下的大泉水最佳,含有多种矿物质。相传在西汉时期,淮南王刘安为求长生不老药,在八公山下用八公山泉水、黄豆和盐卤制作灵丹妙药,结果仙丹未得,却无意中发明了豆腐,称之为"八公山豆腐"。其特点洁白细腻、鲜嫩可口、汁厚味重、营养丰富。豆腐托于手中晃动而不散塌,掷于汤中久煮而不沉碎,红烧、凉拌俱佳。2018 年 9 月,八公山豆腐被评为"中国菜"之安徽十大经典名菜。

其二,符离集烧鸡。符离集烧鸡是宿州市埇桥区的特色传统名菜,因原产于符离镇而得名,是中国地理标志产品,也是中华历史名肴,其制作工艺十分讲究。精制而成的烧鸡,香气扑鼻,色佳味美肉质雪白,肥而不腻,肉烂有丝连,嚼骨有余香。1956 年,在全国食品工业会议上被评为中国名菜;2008 年,符离集烧鸡被评为省级非物质文化遗产。

其三,淮南牛肉汤。淮南牛肉汤是淮南市的一道特色小吃,属于徽菜系;该菜品是苏北豫鲁皖一带家喻户晓的名小吃。淮南牛肉汤具有鲜醇、清爽、浓香的特色,有咸汤、甜汤之分。咸牛肉汤肉肥汤鲜,特别是加上葱段后,更加鲜美,喝多不上火,嗓不干,再配以粉丝和干丝;甜牛肉汤是指没加盐的牛肉汤,或者加少量盐的牛肉汤,其味清爽,滋味醇厚。2011年6月,由中国工商总局商标局批准,淮南首个集体商标"淮南牛肉汤"成功注册。2013年6月,淮南牛肉汤的制作技艺被淮南市收录为市级非遗名录,并已通过安徽省地方标准的审查。2022年2月,淮南牛肉汤入选国家《地标美食名录》。

其四,阜阳荆芥。"荆芥是安徽省阜阳地区栽培历史较久的一种夏季绿叶香辛蔬菜,其柔嫩茎叶可作凉拌菜,具有清凉薄荷香味,既可防暑,又可增进食欲;炒食鱼、肉、虾时,放入荆芥可祛除腥味。荆芥在医学上也有一定价值,取其花穗入药,可祛风利咽,解热发汗,消除咽肿、火眼等。"①

荆芥的吃法很多,生食能体现清爽可口的特点,开胃消食,增进食欲。阜阳的多家饭店的菜谱和餐桌上,常有一道经典名菜,其菜名为"老虎菜",即由荆芥、洋葱丝、黄瓜丝和花生仁,加上蒜泥、麻油、酱油、醋等佐料凉拌而成;也可变化成荆芥拌黄瓜、荆芥拌洋葱、荆芥拌腐竹、荆芥拌木耳、荆芥拌粉丝、荆芥拌莴笋、荆芥拌皮蛋等凉菜,这些都是当地人们餐桌上的常见美食。

阜阳农业技术推广中心的技术员尚玉侠在《阜阳荆芥》中还强调了食用荆芥的地域性。荆芥作为蔬菜食用,主要种植区域为皖西北地区的阜阳、亳州,豫东南地区的周口等地。荆芥在这些地区作为蔬菜食用较多,其他地区以荆芥为蔬菜食用的则相对较少。国内其他地方的一些饭店里也有"老虎菜",食材虽然都差不多,但唯独没有荆芥。虽然近些年淮河以南的一些地方亦种植有荆芥,但入口其味大异于阜亳之地的荆芥,印证了"橘生淮南则为橘,生于淮北则为枳"乃为至理。

5. 特色水果

皖北地区的特色产品和果蔬品种丰富,几乎各县均有自己的品牌,除了临泉芥菜、太和贡椿外,还有涡阳苔干、颍上粉丝、阜南会龙辣椒、邰台板鸭等等。此外,皖北特有的土质、气候条件以及种植传统,培植的石榴、梨等水果也享誉国内外。

其一,怀远石榴。怀远石榴产于蚌埠怀远县。古人曾赞其"子白莹澈如水晶,果实大如碗,皮黄而透红,粒精赛玉米,明洁如珍珠,肉肥核细,汁多味甘","一粒入口,甜如含蜜"。怀远石榴为我国五大名贵石榴品种之一,而怀远玉石籽石榴名列首位,明清时期即被作为贡品送入宫廷。怀远石榴以其独特的品质畅销国内各大中城市,并远销欧亚。

其二,砀山酥梨。砀山酥梨简称砀山梨,盛产于宿州砀山县,被誉为"优梨之冠"。其果实大,色黄亮,皮薄、肉多、汁丰富,味甘甜、脆酥,入口无渣且核小。主要品种有金盖酥、白皮酥、青皮酥等,以金盖酥品质最佳。砀山梨营养丰富,含有多种维生素及糖、矿物质,并有一定的药用价值,可润肺止咳、去热消炎及解酒毒等。除

---

① 尚玉侠.阜阳荆芥[J].中国蔬菜,1984(1):3.

能鲜食外,还可以加工成梨酒、梨汁、梨膏、梨脯、梨罐头等。

(四)宅居出行

皖北地区在居住方面尚存氏族遗迹。有的村庄、街巷以姓氏命名,如张家胡同、李家巷、王家庄等。民国时期,居民住所多是草顶土墙的平房。一些富户家,住所多是砖木结构的瓦房;富商大贾、豪绅官宦之家,方住砖木结构的楼房。清代武科探花林方标(宿州)的府第,即为砖、瓦、木结构。程文炳(阜阳)官至长江水师提督,建造的也只是两层砖木结构的楼房。建房时,有条件的人家先邀风水先生选定宅基和动工日期。称为堂屋的正房,全系南向。住宅旁多植椿、枣、槐、柏、梓等树;忌宅前栽桑、宅后种柳。

改革开放以后,随着经济的发展,城乡居民的居住条件得到改善,楼房和砖木结构的瓦房逐渐代替了土草房。仍旧南向居多,其缘由是,"建房要建门向南,冬季暖、夏季凉";而且,在一些农村仍有请风水先生选择宅基之说。随着城镇新建公寓和楼房越来越多,这些楼房所在的社区多以地命名,如莲花新村、二里井新村等,各小区居住着五色杂姓,即使居住同一幢楼,楼上楼下亦不相识,氏族遗风逐渐消失。特别是前些年国内房地产业繁荣,各地商品房开发而建成的居住区,名称更是各式各样,如香樟花园、易景国际、蓝堡城、维也纳小区等,皖北地域色彩已经荡然无存。

在外出行走方面,民国时期一般是富人骑马、坐轿,普通老百姓则主要步行。物资交流或运送货物,重者靠四轮木制太平车、木制红车,轻者则肩担背驮手提。民国后期出现汽车,车少而票价昂贵,极少有人乘坐。

新中国成立后,特别是在社会主义改造基本完成之后,小板车、自行车逐渐进入广大群众家庭,铁路运输发展迅速,汽车和各种机动车也大量出现,人们的社会交往和经贸往来已不再是徒步出行、肩担背驮了。改革开放后,不少农民从土地上解放出来,与国家、集体一起办运输,城市街道出现了公共汽车、机动三轮车、脚踏三轮车以及"面的"——当时对出租车的称谓;农村则有长途汽车、机动四轮、机动三轮车,风雨无阻,出行已经十分方便。进入21世纪,特别是我国全面建成小康社会以来,皖北社会见证了全面建成小康社会的伟大成就,在外出或出行方面,长途差旅可选择飞机、动车或高铁,中程距离可自驾,近距离则可乘坐城市公交、出租车、网约车、共享单车。而且,当前有许多人从锻炼健身的角度出发则更愿意徒步行走。

在20世纪八九十年代的阜阳地区,还存在一类特殊的脚踏三轮车——当地称之为"倒骑毛驴"。一般的脚踏三轮车是拉车者在前面蹬车、乘客坐在拉车者后面同向前行,而"倒骑毛驴"则是拉车者坐在乘客后面蹬车、乘客坐在拉车者前面同向前行。这种"倒骑毛驴"在20世纪90年代东北的一些城市中也随处可见。随着科学技术的推动,交通事业的快速发展,人力车逐渐被机动车替代。进入21世纪后,阜阳加强城市文明建设,整治市容市貌,曾一度禁止脚踏三轮车在市区载客骑行,人力脚踏三轮车包括"倒骑毛驴"作为交通工具最终退出了历史舞台。

二、节日时令

我国古代的一些节日,大多和天文、历法、数学以及后来划分出的节气有关,这从文献上至少可以追溯到我国最早的农事历书《夏小正》,《尚书》中也有一些记载。到战国时期,一年已划分为二十四个节气,后来的传统节日,都和这些节气密切相关。节气为节日的产生提供了前提条件,大部分节日在先秦时期,就已初露端倪,但是其中风俗内容的丰富与流行,经历了一个漫长的发展过程。到汉代,我国主要的传统节日已基本定型——后人多认为这些节日起源于汉代,因为汉代是中国统一后第一个大发展时期,经济繁荣,政治稳定,科学文化也有了很大发展,这些都为传统节日的最后形成提供了良好的社会条件。到唐代,节日已经从原始祭拜、禁忌神秘的气氛中解放出来,转为娱乐礼仪型,成为真正的佳节良辰。从此,节日变得欢快喜庆,丰富多彩,许多体育、享乐的活动内容开始出现,并很快成为一种时尚流行开来,这些风俗一直延续发展,经久不衰。可见,节日的起源和发展是一个逐渐形成、完善并慢慢渗入社会生活的过程,是人类社会发展到一定阶段的产物。

我国的传统节日有很多,这些传统节日在皖北地区均得到继承并发展。

(一)春节

春节是我国民间传统节日中最隆重的节日。

古时以农历正月初一为一年之始,称为"元旦"。中国历史上"元旦"一词最早出现于《晋书》,"元旦"是指"正月一日";在民间,称"元旦"为"年"或"新年"。辛亥革命后,提出"行夏历(农历),所以顺农时;行西历(公历),所以便统计",各省督都府代表在南京议定:夏历西历同用,把西历1月1日叫作"元旦",把夏历正月初一叫作"春节"。春节是我国民间最盛大、最热闹的古老传统节日,它紧挨除夕,辞旧迎新,喜庆相连,所以民间往往把它们合在一起,统称为"过年"。

俗语说,"吃了腊八饭,就把年货办","腊八祭灶,新年来到,小闺女要花,小小子要炮,媳妇儿要穿新褂子,老爷们要戴新礼帽"。在旧时,城乡居民生活大多不富裕,穷苦人家辛劳一年,平时省吃俭用,过年时总想把年货办得丰富些,让一家老小开开心心过个好年。出门在外远离家乡的人一定要在除夕前到家。在家的人们为迎新年要置办年货、清扫房屋、写春联、买门神和年画等。改革开放以后,城乡居民生活水平普遍提高,皖北民间一般从腊月初八就开始筹办"过年":忙着张罗蒸、煮、烹、炸,清扫屋宇,购办用、吃、看的"年货"。涡、淝、颍河沿岸的大户人家,大多在农历腊月初十之后就开始杀猪宰羊。磨面是家家必不可少的活动,一般人家磨面50~100千克,炸出大篓馓子,蒸出大笼蒸馍。腊八之后的市场特别繁荣,商家准备充足的年货,农家也把土特产品拿到市场上出售。各家则根据各自的经济状况,买布料、备新衣,买红纸、备春联,买海鲜、备食用,买香表、备祭祀,买鞭炮、备燃放。农村集市也不再是隔天逢集,而是天天热闹非常,一直持续到腊月二十九上午。旧时,在宿州等地把腊月二十九上午称为"光蛋集"——年前只剩下这半天集了,一般人家年货已置办好,所以商家把剩余货物在此时降价处理,也算照顾一下穷人,买年货的人大多是"穷光蛋",故称"光蛋集"。

春节前一天,民间俗称"年三十"。旧时的年三十,富裕人家贴春联、扎彩棚(俗称"天地棚")、设香案、摆供果;贫苦人家贴门神(类似挑符的刻版纸画)、摆香案、插辞岁杆(阜阳一带用黄表、柏叶、芝麻秆制做,太和一带用黄表、麻秸制做)。贴春联也有许多讲究,家庭和商铺的春联内容是不相同的。年三十那天,全家老少要共进最重要的一顿饭,即"团圆饭"或"年饭",宿州地区的不少地方以及阜阳地区的少数地方是在中午吃年饭,年夜饭则是吃饺子;大多数地方则在除夕夜吃年饭。年饭菜肴丰盛,要有鸡,表示来年吉利;要有鱼,表示年年有余;要有圆子,表示团团圆圆。吃年饭前,全家人在鞭炮声中祭天地、接灶君、拜祖宗。吃年饭后,晚辈给长辈辞岁,长辈分发压岁钱;年轻人和小孩到街上去玩,其他家人则围在桌子或炉火旁,忆过去、想未来,彻夜不眠守岁;或打牌,或下棋,也可讲故事、猜谜语、做游戏,欢声笑语。有了电视后,多是看春节联欢晚会等电视节目。凌晨12点开始,到处爆竹声声,震耳欲聋,寓意新年到了。

春节这天,即农历正月初一,黎明开门,放开门炮,燃接年鞭,长辈带领晚辈在香火前拜天地、拜灶君、拜祖宗。早餐多是素饺,传说如吃荤食家,养畜禽不兴旺。有些地方的家长会在饺子中包藏钱币或麦麸,吃到这种饺子的人被认为是财气好或有福气。早餐后,晚辈陆续给长辈拜年,然后走出门同左右四邻互拜,互相祝福。这一天,忌喊叫,忌打骂,忌泼水,忌扫地,忌动刀杖,忌说不吉利的话。正月初二起,亲戚间相互拜年,初二多是女婿到丈人家、外甥到外婆家、侄儿到姑姑家拜年;此后便是拜其他亲戚及其他亲朋好友,大抵在正月初十前后结束。一般在正月初五白天开始舞龙、舞狮、踩高跷、扭秧歌等活动,锣鼓咚咚,管弦和鸣,活动丰富多彩;城镇各社区、农村各庄大都组织文艺演出队,走村串户,巡回演出。有时还组织多支队伍在一起比赛,看谁演得精彩、吸引人,称为"赛会"。活动持续多天,大多到正月初十以后就少了,最迟到正月十五日结束,称为"收会"。

1949年12月23日,国务院颁布《全国年节及纪念日放假办法》,规定春节放假3天(正月初一、初二、初三)。这一规定让人民群众真切感受到了党和国家政策的温暖。改革开放以后,农业实行家庭联产承包责任制,工商企业也着手进行改革,广大群众生活日渐富裕、吃用有余,在除夕,全家老少吃边乐,一边收看中央电视台春节联欢晚会一边守岁,一些传统的习俗恢复盛行,一切禁忌如旧。

1999年9月,国务院对1949年12月第一次颁布的《全国年节及纪念日放假办法》(以下简称《办法》)进行了修订,修订后颁布的《办法》规定新年、春节、劳动节、国庆节为"全体公民假日",其中,春节放假3天(农历正月初一、初二、初三);《办法》第六条还规定,这四个节日属于"全体公民假日",如果适逢星期六、星期日,应当在工作日补假。

从2000年国庆节放假开始,我国对国庆、春节和劳动节这三个节日的休假时间进行了统一调整,移动节日前后的两个周末4天和法定假期3天集中休假,共计7天时间。

(二)元宵节

农历正月十五夜是传统的元宵节,又叫"上元节"(道教将它视为三元节之首,中元节为七月十五,下元节为十月十五),为天官赐福之辰。传说,元宵节是汉文帝刘恒所定,因刘恒正月十五登基当皇帝。此后,每年正月十五夜他便走出皇宫"与民同乐"。宵即夜,刘恒便定这天为"元宵节"。东汉明帝刘庄信佛,下令元宵节一律燃灯,之后又演化为"元宵放花灯"的"灯节"。唐宋时期的元宵灯会繁盛,明清以至近代,灯会规模虽不及前朝宏阔,但其张灯时间更长,灯具品类更多,灯具设计更精巧,元宵张灯的习俗也更为丰富多彩。元宵灯会热闹非凡,火树银花,星群灿烂,观灯者人山人海,欢声笑语,人声鼎沸,正是"车马纷纷白昼月,万家灯火暖春风"。猜灯谜是元宵节重要的游戏方式。人们将谜条系于五彩缤纷的花灯上,称作"灯谜"。猜中者可获得巾扇、香囊、果品、食物等奖品。除了观灯、猜灯谜之外,元宵节还有放烟火、玩龙灯、玩旱船、舞狮、踩高跷等形式多样的民间表演活动。

民国时期,民间除悬灯外,还有吃元宵的习俗。元宵又叫"汤圆",多用糯米面作皮,红、白糖作馅,以示外洁内甜。新中国成立后,人们仍然爱在元宵节吃元宵,除红、白糖馅外,还有荤馅、辣馅、酸馅。在宿州地区还有蒸灯的习俗。正月十五前,人们把豆面掺小麦面和成面团,捏成各种形状的面灯,如龙形、凤形、元宝形、圆形等,放在锅内蒸熟。元宵节晚上,在蒸的面灯里加入香油,放上棉花捻子,即可点亮。孩子们打着面灯去找小伙伴赛灯,大人们则把面灯放在桌上或粮囤上,观看面灯的灯花形状、大小以及多少来预测当年各种农作物收成的好坏,这种面灯点过之后,仍可食用且更香,一举两得。

(三)青龙节

农历二月初二,俗称"龙抬头",故称"青龙节"或"龙抬头节"。民间传说,天王对武则天胡作非为非常不满,命四海龙王不得向人间降雨。有个管天河的龙王看到人间灾情严重,便偷偷行起雨来。天王大怒,把这龙王打下凡间来,并告诫:待金豆开花才许回来,但百姓们都为龙王鸣不平。有一年二月初二,有个婆婆的口袋破了,玉米撒了一地,她想到:"黄色的玉米正像金豆,把玉米爆成花,岂不就是金豆开花?"于是大家爆起玉米花来。太白金星耳聋眼花,一看遍地金豆开花,便要求天王把龙王召回宫去。天王明知不是金豆开花,因顾及太白金星的面子,便把龙王召回宫去。这个传说虽属无稽之谈,但若干年来,人们养成了在这天爆玉米花、炒糖豆、蒸菜角子的习惯。此外,这天也是男孩剃头的日子。在龙抬头这天剃头,取剃"龙头"吉语之意。

20世纪30年代,在涡河、颍河等黄泛较重的地区,农历二月初常有群雁起落。太和一带谣传:"五更闻雁叫,老人遭劫数。"于是女儿为父母、侄女为姑姑送雁馍(重1~1.5千克,内包荤、素馅)。这风俗很快蔓延到颍河两岸,此后每逢二月初二,晚辈就为长辈送雁馍以消灾免祸。新中国成立后,随着科学知识的普及,人们已不相信有关青龙的传说了。但有一些人还愿意在这天理发,在一些地方还保留着送雁馍的习俗。

(四)清明节

清明既是农时节令,又是我国民间传统节日,因我国大部分地区都是"春和景明"的景象,故曰清明。传说介子推不愿做公侯,背着母亲隐匿在绵山。晋文公为报答介子推"割股以啖"之恩,派手下到绵山寻他。手下遍寻不见,便用烧山的办法赶他出来。满山着了火,仍不见介子推出来,最后发现介子推同母亲一起抱着一棵柳树被烧死,这天正是清明。人们为纪念这位高风亮节的贤士,主动在清明这天禁火、寒食,进行祭扫活动。民国时期,阜阳民间仍流传着"清明不插柳,死了变黄狗"的顺口溜。在宿州地区,每到清明,不但家家门前要插柳,而且还要把柳条插在井边,"井井有条"这一成语即由此而来。在皖北还流传着"清明不戴柳,红颜成皓首"的谚语。清明节这天,女孩子把柳条去骨做成团花卡在发际,尤为别致;男孩子则把柳条的外皮完整地从柳条上旋拧下来,做成柳笛,吹奏小曲。

清明有人在门前插柳,也有人在坟头上压柳,开展扫墓活动。有钱人家扫墓时,还备上丰盛的供品。清明扫墓还有添坟(为坟培土)的任务,其他时间上坟则只化纸钱,不能添坟,即使坟有损坏,也要等清明才能添,所以,人们特别重视清明上坟扫墓。新中国成立后,机关干部、学校师生等在清明节为革命烈士祭扫坟墓、敬献花圈,开展革命传统教育或红色教育,使清明节的活动内容更加丰富和有意义。民间仍沿旧习,只是祭扫时不在坟前摆供品了。

从农时节令的时间来看,(农历)三月清明,春回大地,自然界到处呈现出一派生机勃勃的景象,正是郊游的大好时光。在清明节前后踏青(探春、寻春),在皖北非常盛行。人们外出踏青,或观赏梨花、桃花、杏花,或郊游野炊,或采集花草,或郊外放风筝,怡然自得,其乐融融。

(五)端午节

农历五月初五称"端午节"。端,初也,初五本名"端五",或称"重五""端阳",因而,端午节在中国传统节日中叫法最多,除了叫重五节、端阳节外,别称还有五月节、夏节、菖节、蒲节、龙舟节、浴兰节、粽子节等。据说,唐玄宗生于八月初五,宋景为讨好玄宗,避"五"字的讳,把"端五"改为"端午"。又传端午节与屈原有关。周赧王初年,楚怀王不采纳屈原联合抗秦的主张,被张仪骗到秦国监禁起来,逼他割地献城。楚怀王忧愤死去后,屈原复上书新即位的襄王,劝他近忠远奸、选将练兵,以雪国耻。襄王不听,反将屈原流放。秦国举兵来伐,侵占楚国大片土地。屈原一见国家受辱,于周赧王三十七年(前278年)五月初五投汨罗江而死。百姓为纪念这位爱国诗人,把粽子、油糕、油角投到江里,免得鱼鳖伤害屈原的尸体。自此,人们便在端午节炸起油糕、油角,包起粽子,但不再投入江中,而是自己吃掉。由于皖北地区不比皖南地区有丰富的竹叶,因而皖北地区的粽子多数是用芦苇叶包裹的。现代社会物流畅达,竹叶或芦苇叶包裹的粽子都很常见。

民国时期,人们在这天不仅要吃粽子、油糕、油角,还有捉蛤蟆、泡制雄黄酒、给小孩子手腕佩戴五彩线(也叫端午索)的习俗。传说屈原投江后,有人把雄黄酒倒进江里,有一蛟龙喝了雄黄酒从江底浮了上来,嘴里还衔着屈原的衣片。大家把蛟龙拉到岸上,剥了皮,抽了筋,并把龙筋缠在小孩的手腕上,免得再伤害下一代。后来,这龙筋便用五彩线代替了。由于雄黄有除毒的功效,因此,每逢端午节,人们会把房屋打扫干净,洒上雄黄水。家人团聚时,喝雄黄酒,并用雄黄酒在小孩子的额头上写个"王"字,以避邪防病。

此外,端午节这天还有在屋檐下或门框上插艾条,姑娘们戴香荷包,小孩子穿黄鞋、戴"五毒"(蝎子、蜈蚣、蛇、蟾蜍、壁虎)图案肚兜等习俗。谚语有"清明插柳,端午插艾"一说,由于端午节时在初夏,多雨潮湿,细菌繁殖快,人们易生病,借助于艾的气味,可驱除邪气,清洁空气,故人们插艾戴艾。端午节又称女儿节,姑娘们佩戴装有雄黄、苍术、香草与香料的香荷包,可作为驱虫的佩物。小孩子在端午节还要穿母亲亲手做的黄布鞋,男孩的鞋上绣虎头,女孩的鞋上绣石榴花。外祖母要为小外孙制"五毒"红肚兜。新中国成立后,小孩子的手腕上佩戴五彩线、捉蛤蟆、泡雄黄酒已不多见,但吃粽子、插艾条、戴香荷包的习俗仍旧沿袭并得到传承。

(六)六月一与六月六习俗

农历六月初一,是中原民间比较重视的节日。皖北一带,有"六月初一过小年"的说法。宿州地处皖北,农村都比较重视六月初一这个节日。人们把农历六月初一当作庆祝丰收、祈求丰年的节日。因这时年已近半,麦子收过打下不久,丰收的喜悦洋溢在农民的心头和眉梢。人们在屋中、院内、麦场里摆上供桌,放上馒头、枣山(一种带枣的圆形饼)和桃、李等五种瓜果,用斗盛满新收的小麦,上贴红色"福"字,然后焚香燃炮,祭祀神灵,祈求秋季风调雨顺,五谷丰登。然后,人们高高兴兴地吃上一顿用猪肉、青菜、粉条、海带做成的"杂烩"菜,或包饺子吃。大人们在麦场上猜拳行令,孩子们边吃边玩耍,共同享受丰收的喜悦,十分热闹。

六月初六,中原民间称"炒面节""望夏节""闺女节"等。农村各家各户,在农历六月初六都要把出嫁的姑娘接回家,款待后再送回婆家。俗语有"六月六,请姑姑""六月六,叫了大姑叫小姑"等。

宿州一带还把六月初六称为"天中节"。人们认为,六月初六太阳重入中天,是晒书、晒衣的好日子。故有"六月六晒龙衣,湿了龙衣烂蓑衣(主年成涝)"的民谣。因为梅雨即将来临,曝晒书籍、衣物,防霉度夏,所以又称"晒书节""晒衣节"[①]。

(七)七夕节

七月初七,传说是织女会牛郎的日子,又因相会在晚上,故称"七夕节",是我国传统节日中最具浪漫色彩的节日。旧时,妇女们爱在这天晚上设瓜果、香案,向织女学养蚕、抽丝、织布,故又称"乞巧节"。

皖北一带的乞巧风俗,一般是在每年的农历七月初七晚上,未出嫁的姑娘七人凑成一组(以应"七仙女"之数),每人兑面兑物,为织女准备供品。还有的人买葡萄、石榴、西瓜、枣、甜瓜、桃等七样瓜果,烙七张油烙饼或糖烙饼,包七碗小饺子,做七碗面条等。除此之外,还要单独包七个大饺子,饺子馅由七样蔬菜做成,除了菜馅外,还要包进用面做成的七样东西,即面针、面织布梭、面弹花、面纺花锭、面剪刀、面算盘子等。七位姑娘把供品摆在瓜棚下或清静的地方,跪在月下向织女祈祷。然后分吃水果和七碗小饺子。七张油饼和七个大饺子则放在竹篮内,挂在椿树上。晚上,七个姑娘一起守夜,看守竹篮,称为"守巧",是防止爱开玩笑的男孩偷吃,把"巧"(大饺子)偷去。当晚夜半近子时许,七个姑娘闭着眼睛,在竹篮内各摸一个大饺子。谁摸出的饺子内包有面针、面剪刀等物,谁就是未来的巧手。

新中国成立后,妇女们知道这故事来自神话,不再摆香案向织女学巧了,但一些人还爱在这天晚上讲织女牛郎相恋的故事。因七夕节的来源与爱情有关,又富有浪漫色彩,此后逐渐发展成为中国的情人节。

(八)中元节

农历七月十五称"中元节"。它源于道教,说是中元地官的生日。据此,人们便在这天开展祭扫活动。民国时期,境内的一些道士在这天说道场、放河灯。新中国成立后,皖北地区的中元节渐渐淡化,很少有人在这天扫墓了。

(九)中秋节

农历八月十五日称"中秋节"。中秋之夜,月明星稀,气候凉爽,为赏月之最好时节。中秋节还是家人大团圆的节日。根据古代天人合一的观念,月圆之日应是亲人团聚之时,所以,人们又把中秋节叫作"团圆节"。

---

① 宿州市地方志编纂委员会. 宿州市志(1988—2007):下[M].北京:方志出版社,2015:976-977.

中秋节原是庆丰收的日子，俗语有"八月十五定穷富"之说，年成丰欠，大致成形。在我国的农业社会，农民在丰收的季节里，总是要庆祝一番。中秋节夜晚，各家陈瓜果、月饼于庭中，全家老幼烧香拜月、放鞭炮、吃瓜果、赏明月，尽享天伦之乐。随着生活水平的提高，过节越来越讲究。外出或在外工作的人一般要回家团聚。亲友之间相互馈赠中秋礼品，如小公鸡、大鲤鱼、月饼之类。家家烤糖火食（圆形，用面包芝麻拌糖）。改革开放以后，老百姓普遍富裕起来，在中秋节这天，女婿（尤其是未婚女婿）要给岳父母送厚礼。月饼逐渐演化为商品。中秋节前，大、小食品厂家争相竞做，有苏式月饼、广式月饼、京式月饼等，品种多样、花色繁杂。

此外，在宿州等地还有"摸秋求子"的习俗。在中秋节这天，久婚不孕或想要孩子的妇女偷偷地潜入别人的菜园瓜地里，摸摘到一个瓜，当即带回家，以为得子之兆。因为中秋时节瓜熟籽成，且瓜的种籽繁多，人们认为这是多子的吉祥征兆。再者，田园里瓜藤绵绵，瓜果累累，这便也有了"瓜瓞绵绵"、传宗接代的象征意义。

（十）重阳节

农历九月初九是"重阳节"。《易经》云，"以阳爻为九"，将"九"定为阳数，九月九日、两九相重是为"重九"，日月并应、阳阳相迭，是为"重阳"。

重阳节活动丰富，有登高、赏菊、喝菊花酒、插茱萸、放风筝、吃重阳糕等。登高除了可健身之外，也有步步高升的含义，这就是旧时人们非常重视重阳节登高的一个重要原因。登高特别受老年人重视的另一个重要原因是，"高"有高寿的意思，因此，人们又称农历九月初九为"老人节"。

（十一）下元节

农历十月初一或十月十五称"下元节"，源于道教。《唐六典》卷四《祠部郎中员外郎》曰："斋有七名……其四曰三元斋。"唐李林甫注："正月十五天官为上元，七月十五地官为中元，十月十五水官为下元，皆法身自忏愆罪焉。"可见，中元节是一个以祭祀历代宗亲尤其是已故父母为主的节日，故又称"鬼节"。由于武则天生于农历十月十五日，她对这"鬼节"很忌讳，当上皇帝后，她下令将"鬼节"改在农历十月初一。群众对此感到不满，就把扫墓时间推迟到初十左右。皖北民间把"十月初一"说成是"十来一"，至今也还有"早清明晚十来一"的说法，意思是：不听武则天的，把扫墓时间推迟。人们仍在下元节进行一年中最后一次扫墓。在太和以北地区，称这次扫墓是"送寒衣"。

在宿州地区还保留秋收后祭祀祖宗的习俗，以示孝敬、不忘本。像古人一样，也在农历十月初一用新收的谷物祭祀祖先，有家祭，也有墓祭，南北方都是如此。有些地区还有农历十月初一祭新坟的习俗。所以，农历十月初一又称"祭祖节"。

（十二）冬至节

冬至,是我国农历中一个非常重要的节气,也是一个传统节日。冬至过节源于汉代,盛于唐宋,相沿至今。清代笔记《清嘉录》中甚至有"冬至大如年"之说。皖北地区有冬至宰羊、吃饺子、吃馄饨、喝老母鸡汤的习俗,南方地区在这一天则有吃冬至米团、冬至长线面的习惯。个别地区在冬至这一天还有祭天、祭祖的习俗。

（十三）腊八节

在远古时期,"腊"本是一种祭祀。人们在辞旧迎新时,用猎获的禽兽和一年的收获来祭祀祖先、祭祀众神,称为"腊祭"。秦以后,称农历十二月为腊月。汉朝以后,人们把冬至以后第三个戌日作为腊祭的日子(即冬至后干支纪日第三个逢戌的日子,距冬至25~36天)。到南北朝时,腊祭才固定在腊月初八。

腊八节源于佛教。据说释迦牟尼舍弃王族的豪华生活,出家修道。一天,他来到尼连河的附近,因劳累饥饿过度昏倒在地。有一位牧女看见了,便把身边带着的杂粮加些野果,用清泉水煮熬成乳糜状的粥,一口一口地喂他。释迦牟尼吃了粥饭,顿觉精神振奋,就在尼连河里洗了澡,然后静坐在菩提树下沉思,最终大彻大悟,得道成佛。按佛历折算成农历,正是腊月初八,所以佛家把腊八称为"成道节"。

腊八这天,佛寺里除诵经外,还效法牧女做粥。腊八粥已有一千多年的历史。佛家在庆祝"佛成道节"时,常于腊八诵经,并效仿牧女在佛成道前献一种"乳糜"之物的传统做法,煮粥敬佛,这便是腊八粥的来历。民间也争相效仿,于是喝腊八粥开始流行。用小米(或大米)、花生米、大豆、红枣、红豆、糖、豆腐(或豆腐皮)、蔬菜等做成粥,俗称"腊八粥",有庆丰收之意。人们常将腊八粥抹在枣树上,传说来年能多结枣。明代,腊八粥成为皇帝赏给大臣的美食。清雍正以后,所有人家都煮起腊八粥来。如今,皖北地区的百姓仍保留吃腊八饭的习俗。

（十四）小年

我国春节一般是从腊月二十四揭开序幕的,俗称"小年",民间有"祭灶神"的习俗,又叫"祭灶"。皖北的小年时间有两个:一是农历腊月二十三晚上,一是腊月二十四晚上。淮河以北的民间多数流行"官祭三,民祭四",宿州地区还流行"官祭三,民祭四,帝王家祭二十五"的说法;淮河南岸也有一些地方是在腊月二十三晚上,但不包括淮河流域的淮河以南地区,基本上都是在腊月二十四晚上。"官祭三,民祭四"是旧时的贵族统治者们为划清与劳动人民的界限,把祭灶君的时间提前一天,以示显贵;也有一些平常百姓在农历二十三晚上祭灶,乃是因为农民处在社会的最底层,一年到头饱尝饥寒,把祭灶提前一天,以期提前结束一年的劳作之苦。

祭灶又称"送灶神",多在黄昏入夜时举行。人们把灶神像贴在厨房灶前的墙上,两边还有对联:"上天言好事,下界保平安。"多数地方灶王像是一个人,宿州地域的灶王像一般是雕版套彩印刷,印的是男女两人,男的是灶王爷,女的是"灶王奶奶"。腊月二十四黄昏时,先在灶王像前摆张桌子,放上供品,最重要的是要供上用麦芽糖和面做成的糖瓜,意在让灶王爷甜甜嘴,或者说是用糖塞住灶王爷的嘴,让他别说坏话。因为灶神从大年三十晚上来到人间,腊月二十四上天汇报,一年都在凡间,每家的家长里短都是瞒不过他的。所以人间百姓都希望他上天向玉皇大帝汇报时,能为自家说好话,以便来年有好运。在祭祀完毕后,就将灶君像揭下连同纸马和草料点火焚烧,一家人则围着火叩头,边烧边祷告,送灶王升天。新中国成立后,人们祭灶时不用麦芽糖涂抹灶门了。不少地方还放鞭炮,喝祭灶酒。俗语有"吃过祭灶酒,扫帚拿在手"。过完小年后,家家户户清洗家具,拆洗被褥,扫除尘埃,干干净净迎接新年。

总之,我国是一个由56个民族组成的统一的多民族国家。中华民族各民族的先民们在几千年的生息繁衍中创立了许多民俗节庆,既包括生产方面的,也包括生活方面的,既有饮食文化,也有礼仪文化,更有朴素而神奇的科学思想蕴含其中,都给后人们留下了宝贵的文化遗产,并得到不断传承和发扬。

三、婚丧喜庆

我国传统的婚丧礼仪及生诞寿庆仪式,世代相传,直接影响人民群众生活的方方面面,不仅体现出悠久的历史和深厚的文化底蕴,也构成当代社会独特而宝贵的精神财富。

(一)婚嫁

婚嫁风俗是指与结婚有关的风俗,各国各族人民按照自己的习俗,相亲结婚并举行各具特色的婚礼,体现出独特的民族风采。可以说,婚嫁风俗最能代表各民族的文化特色。

旧时的皖北地区,主要实行"父母之命、媒妁之言"的封建婚姻制度。男女婚配皆由双方父母做主。孩提时订婚,称作"娃娃媒";成人订婚,要聘请"大红媒"。无论是娃娃媒还是大红媒,必须门当户对,履行"合年命"、下允贴、送聘礼等程序。此外,在旧社会还有以下特殊婚姻形式:① 小女婿。在一些偏僻地区(主要在太和县北部),经过媒妁作伐、父母做主,将成年姑娘嫁给奶腥未脱的孩童。说是"媳妇进门可干活,全家老少饿不着"。② 童养媳。娃娃媒订约后,女方将幼女送到男家收养,待成年后结婚。③ 指腹婚。双方父母出于情谊,在孩子未出生时就立下婚约。④ 抢婚。男方通过暴力手段,将女方抢走,强占为妻。⑤ 亲缘婚。表兄娶表妹、姨兄娶姨妹,称为亲上加亲。⑥ 纳妾。男子依靠权财,娶数个妻子,在第一个妻子之后的就算"妾"。

当地有俗语"新娘进了房,媒人跑断肠"。在男女婚约订立之前,媒人来往传递生辰八字,由双方父母求卜问卦,进行所谓的"合年命"。若年命相合,双方父母皆无异议,媒人则将男方所备聘礼送到女方家,谓之"求允"(或称下允)。女方父母收下聘礼,给予回柬,谓之"应允"。结婚日期由男方选定,通过媒人向女方征求意见。经过媒人往返撮合、双方皆无异议后,男方忙于打新床,女方忙于制妆奁。婚典前,男方宴请"四大红媒"(不足四人需临时增聘),约来亲友作陪。富裕人家还要邀请若干亲友当"执客",委托执客操办喜宴,张罗仪仗,雇用鼓乐、经营喜筵,直至送往迎来。阜阳、亳州、界首、蒙城等地的富豪士绅,为比气派,迎娶之时,除有彩轿车马外,还有鼓乐、旗、幡、伞、扇、酒坛、礼盒组成的仪仗队跟随。在沿泚、颍河一带,迎娶队伍中还有一名背鸡和席(芦席或竹席)的跟从。"鸡"取谐音"吉","席"取谐音"喜",有吉喜之意,专司起轿、落轿、过沟越轿时燃放鞭炮。任何陌生人皆可向背鸡、席之人索要鞭炮(俗称抠炮筒),即使戏谑也不可气怒。结婚时,女方也要带给男方家很多财物,叫"陪嫁",但多数是娘家给女儿女婿准备的。

新轿来到女方家,交出带来的衣物(富人为凤冠霞帔),由同辈女性为新娘梳洗打扮,而后哭哭啼啼上轿。一说新娘啼哭是因为不忍离开生身父母,另一说新娘啼哭是因为要嫁给一个素不相识的丈夫。相沿成俗,认为新娘不哭是不吉的兆头。女方陪嫁妆奁,贫富不一:富者有8件、16件、32件;贫者只有简单的箱桌。一切妆奁均随彩轿抬去。彩轿回去忌走原路(意思是不走回头路),吃得酒足饭饱的轿夫,转了些弯子,把新娘抬了回来。落轿后,两名迎新少女为新娘戴上耳环,把锁、钱交到新娘手里,搀扶头顶搭巾的新娘到天地桌前。在司仪的呼叫声中,同披红挂彩的新郎拜天地、拜父母和夫妻互拜。然后男抱斗、女抱瓶入洞房。"斗"谐音"抖",有"抖起来"发迹之意。斗中有镜子一面、秤一杆、如意一只,象征相敬相爱、称心如意,示意新娘守口如瓶、免得招来妯娌之间的是非。"瓶"谐音"平",有"平平安安"之意。

入洞房后,新郎为新娘挑下搭巾。阜阳城西一带也有表兄弟为之挑搭巾的,挑时唱道:"新娘进了屋,心里热乎乎,想把新郎看,眼睛被遮住,新娘你别急,俺来给你挑搭头……"继之,饮合卺酒(交杯酒),因新娘多不会饮酒,改酒为荷包蛋,称作"吃交心果",新娘坐帐,由表兄弟端着红枣、花生、栗子(取谐音早、生、贵、子)撒床,边撒边唱:"一撒金,二撒银,撒得新娘进了门,新娘进门脸含笑,好像仙女下凡尘,仙女下凡配董永,男耕女织治家勤。"也有说:"一撒银,二撒金,撒得新娘进了村。村上老幼门前看,像是当年王昭君,昭君出塞美名传,天涯海角结秦晋……"撒床结束,上客(又称"送亲人")到来,由专人迎接入席。新郎走出向上客行礼致谢。酒过三巡,当上甜菜时,上客离席,看望新娘公婆。后在鞭炮欢送下离开。新婚夜,同辈分亲友与新郎新娘一起喝喜酒,称之"洞房酒"。开始,由新郎、新娘共同把壶酌酒,继之饮命题酒,由亲友出题让新郎新娘做,如"二龙戏珠"(让新郎新娘同时咬一枚钱)、"高山流水"(新郎背着新娘酌酒)等,能闹个通宵。婚后第3日,娘家来接,叫作"回门";周月来接,叫作"住对月"。办过"回门",婚事结束。童养媳结婚,选吉日拜堂即成,称作"小磕头";寡妇改嫁,称作"走一步",皆无上述礼仪。

旧时,回、汉民族男女一般不通婚,回、汉族男女坚持通婚者,必须得到阿訇许可。皖北地区回族居民较多,一般情况是:回女不嫁汉男;汉女嫁回男者,必须信奉伊斯兰教,履行入教洗礼。回族的男女婚配,多系自主,父母不加干预。订婚不索聘礼,结婚不择黄道,按约定日期用彩轿(车)接过新娘。

1951年《中华人民共和国婚姻法》颁布后,废除了包办婚姻及"童养媳""小女婿""抢婚""纳妾"等封建婚姻制度,党、政企事业单位的职工率先实行,订婚自主,不合生时,不要聘礼,结婚时到民政部门履行结婚登记手续,举行简单仪式即可成婚。农村偏僻地区的婚姻,虽有媒人介绍,但只是牵线,双方职业、人品、经济状况等均在接触中自行了解。订婚时虽然征求父母意见,但起主导作用的仍是本人。

(二)生诞

皖北地区素有生诞庆贺的习俗,无论是老者生日还是小孩出生,都是值得庆贺之事,家人和亲戚均以不同的方式来庆祝。中、青年人的生日,没有请客庆贺的习俗。俗谚云"不三不四",是说20岁、30岁、40岁不庆寿,逢这样的年庚,只增加一些荤菜而已。40岁不做寿,还因"四"与"死"谐音,做寿不吉利。寿庆通常从50岁开始,50岁为"大庆",60岁以上为"上寿",两老同寿为"双寿"。儿女们在寿辰日要给父母做寿。谚云:"三十四十无人得知,五十六十打锣通知。"又有"做七不做八"之说。80岁寿辰多沿至下年补行,俗称"补寿""添寿",也有提前一年庆寿的。凡成年人寿庆,男子"做九不做十",不计足龄;女子则"做足不做零";有的地方是男女皆"贺九不贺十"。旧俗还因百岁嫌满,满易招损,故不贺百岁寿。

1. 老者寿庆

民国时期,财主和官宦之家的老人逢生诞之日,扎棚结彩,鼓乐吹奏,大宴宾客。一般人家,多在老人66岁、73岁、84岁时,子女和晚辈送肉送鱼为其祝寿,俗有"六十六,吃块肉""七十三,猛一窜"之说。旧时凡大办寿庆,多是富庶且有社会地位之家,贫穷人家则不做寿。新中国成立后,随着生活条件的不断改善,子女对长辈的生诞日渐重视起来,63岁、73岁时,子女(多数系女儿)送鱼,期望父母顺利度过一生中的嶙峋岁月;还有人在父母生日时,在电视台上点歌为其祝寿。

寿宴一般先招待鸡蛋、茶点、长寿面。有不少地方,请全村、全族吃寿面,未到的还送上门。吃寿酒时,寿星本人一般不在正堂入座,而是找几个年龄相仿的老者作陪,在里屋另开一席。菜肴多多益善,取多福多寿之兆。寿宴过后,寿翁本人或由儿孙代表,向年高辈尊的亲族贺客登门致谢,俗称"回拜"。旧时的一些富有人家还于生日当晚请戏班坐棚清唱(不化妆、不表演、不登台),但有鼓乐伴奏,大多唱喜庆戏文,如《打金枝》《九锡宫》等。

2. 小孩生日

民国时期,大凡婚后第一胎子女,都要以红鸡蛋为喜庆物,向孩子外婆和主要亲友报喜。若所送红鸡蛋系单数,即表明所生是求配的男孩;若所送红鸡蛋系双数,即表明所生是不愁婚配的女孩。外婆和主要亲友于生后第8日或第12日送礼祝贺,外婆家的礼物(多系襁褓和鸡鱼肉蛋之类)称为"粥米"(俗称"送中米"),亲友的礼物称为贺礼。待孩子周月(俗称"满月"),要请送礼的亲友喝"满月酒",以示回谢。一些富裕人家,每逢孩子周岁时,还要邀集亲友庆贺,称为"过生",一直庆贺到孩子12周岁。旧时的劳动人民日出而作,日入而息,既无时间也无条件每周岁"过生";经济条件稍好的人家也只是给孩子添件衣服,抑或走邻串友讨点碎布,给孩子做件"百家衣"。新中国成立后,在开展的增产节约运动中,群众自觉地破旧立新,大多数家庭废掉了为孩子"过生"的习俗。

皖北地区居住有不少回民,回民不祝寿,认为"人之命,真主定"。若做了坏事,即使乞求,真主也不饶恕。生男育女,只请阿訇念经、吹手、摸耳、起经名。孩子出生12天,外婆家送粥米(鸡、鱼、红糖、芝麻盐之类),但一般不宴亲友。

(三) 丧葬

汉族旧时的丧葬传统是讲究重殓厚葬,并且夹杂着许多迷信的习俗。人死了,要先沐浴,然后入殓。"殓"的仪式分为小殓和大殓。小殓是给尸体裹上衣衾,大殓是把尸体装进棺材。棺材要尽量做得好,有的富贵人家是用珍贵的木料(如楠木)做棺材,还要油漆彩画。丧事要办得隆重,举行数日甚至十几日的吊唁祭奠活动,还要请和尚或道士念经,为的是让死者的灵魂早日升天。但是,穷苦百姓连起码的温饱尚且达不到,自然也就谈不上"重殓厚葬"了,有时甚至只能用一片席子包裹一下尸体,草草埋掉。

皖北民间有修孝讲悌之遗风。一般人认为"父母在,不远游",尽子女赡养之道;父母亡故,"丧事不敢不勉"(《论语·子罕》),但是,"礼与其奢也,宁俭,丧于其易也,宁戚"(《论语·八佾》)。不能追求奢侈,贵在对父母离开这个世界的哀戚。鉴于这种心理,很多人在父母生病时,晨夕守在身边,端汤扶持;父母绝气前,要亲为沐浴、穿衣;父母绝气后,要敞头、赤脚,号啕哀悼,逢人磕头,以表失去亲人的悲痛心情。待至亲全部来到,则将遗体移到棺内。棺木厚薄以贫富而定,厚者称"四、五、六"——地厚4寸、墙厚5寸、天厚6寸;次者为"三、三、四"——地3寸、墙厚3寸、天厚4寸;再次为"一、二、三"——地厚1寸、墙厚2寸、天厚3寸;入不了档次的称匣子,全系薄板组成。上档次的棺木油漆成紫红色或黑色,匣子不着油漆。遗体入棺后,背下置几枚铜钱,称为"垫背钱",口里放一枚铜钱,称为"噙口钱"。然后进行"分金"(在棺木前后正中拉一根系有铜钱的线,以绳遗体的偏正)。一切停当,而后盖棺。在颍、淝、茨河流域,多用3根钉扣棺的3角,另1角不扣钉,用意在于使亡魂可以出来转世。扣钉时全场大哭,高喊"躲钉"。棺前放一盏灯,称作"长明灯";放一个馍,一说是为亡魂准备的,免得在阴曹地府饥饿,另一说是为恶犬准备的,免得亡魂去阴曹的路上遭狗咬。富裕人家棺木在家停放5～7日,请来和尚、道士或斋公诵经超度,接受亲友吊唁;一般人家棺木在家停放3日,焚烧冥物,张罗埋葬。无论棺木在家停放几日,子孙们都要跪于棺道守灵(子孙多的轮流守灵)。颍上等一些地方,遗体殡葬前,每在天黑时,子女们要列队到十字路口送面汤和焚烧冥物,说是给亡魂送路费,让亡魂吃饱带着盘缠上路。有的称此种举动为"送汤",或称"送浆水"。

丧事期间,死者亲属要穿孝服,在灵堂守灵。我国古代礼制,根据与死者血缘关系的亲疏,将孝服分为五等,在现代汉语里还有"五服"这个词,表示血缘关系的远近。孝服用白布做成,这与西方民族穿白衣做礼服的习俗大不相同。在古代,出殡时有人唱挽歌,晋代大诗人陶渊明生前就为自己写过《挽歌诗》三首。后世的挽联、挽幛就是从古代的挽歌演变而来的。孝服有亲疏之分,儿子的孝帽孝衣孝鞋上缀有麻绊(人称披麻戴孝),女儿头扎拖地白布条,孝服、孝鞋与儿子同,孙辈头戴白布折成的孝帽,孝帽、孝衣、孝鞋缀有线辫。旁系侄辈的孝服同于直系孙辈的孝服,婴儿的孝帽缀有红缨。

殡葬前,长子摔老盆(即瓦盆,死者嫡系子女在盆底上各钻一孔。据说每人一生用水都有定数,若生前不知节约用水,死后阎罗王会罚他将浪费的水全部喝掉。子孙们顾虑喝水太多会撑破老子的肚皮,在盆底上钻了许多孔,让过多的水漏去),打幡引棺,其余人等护棺随后。妇女忌入坟地。殡后第三日,儿女们前往包坟,称作"圆坟"。以后,7天一祭。直至第五个7天(俗称"五期"),丧事结束。此种风俗延续至民国。尊长死后,子孙要在家守27个月,其间停止交际和娱乐,做官的也必须离职回家守孝,以表示对尊亲的哀悼。

新中国成立后,群众自觉革除了过去丧葬中的一些迷信成分,如以黑纱代替孝服,以花圈代替冥物等。

皖北地区有不少回族居民。按伊斯兰教教义规定,回族丧事从速从俭。亡人绝气前,请阿訇念《台斋》经,以求真主宽恕;绝气后,儿女为之沐浴。若系亡男,用白布单3件(称为"大楷帆""小楷帆""坡而黑")①包裹。而后放入"他布(无底棺木)",他布板厚2.5寸(约8.33厘米)至2.7寸(9厘米)不等。殡时,让亡人面向"长而的"②,阿訇念(下土经)后,遗体入墓穴,盖棺掩土。新中国成立后,回民对过去的丧葬礼仪自觉地进行了改革,如用黑纱代替孝服,吊丧多送花圈挽联等。③

总之,民俗文化伴随人类的产生而产生。它一经产生,就规范了特定的生产方式与生活方式,并呈现出群体性、传承性、地域性、寄托性和形象性的特征。就皖北

---

① 回语。——编者
② 回语,意为圣地、正西方向。——编者
③ 阜阳市地方志编纂委员会.阜阳地区志[M].北京:方志出版社,1996:1025.

的民俗文化而言,特别是春节、元宵节、清明节、清明节、端午节、中秋节、重阳节、腊八节等传统文化节日以及其他一些风俗习惯,和我国多数地方的民俗基本相同或相似,这从一个方面体现出中华民族有着基本相同的民族心理、思想感情与文化认同,也表明我国各民族基于共同的文化心理和思想观念而紧紧凝聚在一起。

当然,民俗还具有变异性和时代性特征。风俗习惯并不是一成不变的。在历史发展过程中,生产力和生产方式的重大变革,成为影响风俗习惯的重要因素。此外,风俗习惯的变化,也与自然环境、重大历史事件的发生或重要人物的影响有关。然而,随着时代的发展以及文化交流的扩大,中华优秀传统文化的传承与发展也存在令人忧思的地方。一是受外来文化特别是西方文化的影响,一些"90后",特别是"00后"的青少年群体似乎对传统节日缺乏记忆而推崇或者更愿意过西方社会的情人节、圣诞节等"洋节";二是随着经济社会的发展变革以及生活节奏的加快,城市居民乃至一些乡村社会逐渐淡忘了小年节或祭灶节;三是城乡社会加大了环境治理力度,如普遍禁放烟花鞭炮,致使传统的"年味"淡了很多。如何协调环境治理与传统民俗"年味"之间的关系,是值得思考的问题。事实上,在此起彼伏的鞭炮声中、在绚丽灿烂的烟花幕中,传递的不仅是噪声和硫磺气味,也传递出一片盛世繁荣、衬托出一片祥和安宁的景象。透过烟花和鞭炮,能够折射出城乡居民奋斗一年而收获的满足感和幸福感。因此,文化建设的重要使命之一,是要积极吸纳借鉴传统文化中的有益成分,有效推动其创造性转化、创新性发展,在不断赋予其新的时代内涵的前提下,进一步彰显中华文化的魅力。

思考题:

1. 如何理解景观文化的内涵?
2. 皖北新石器时期的村落遗址主要有哪些?
3. 如何理解民俗文化的内涵?
4. 皖北民俗文化最明显的特点有哪些?

第四章　皖北的武术与军事文化

甲骨文中的"武"字,从止从戈,表示人持戈行进、运用武力去解决问题。"术"是"術"的简体字,《说文·行部》释之为"术,邑中道也"。本义为城市中的道路,指达到一定目的的行径和方法,引申为技艺。"武术"两字连用成为一词,《辞源》释之为"犹言军事。文选南朝宋颜延年(延之)皇太子释奠会作诗:'偃闭武术,阐扬文令。'后多指强身、自卫等技击之术"①。这里的"偃武阐文"是指停止武战、发扬文治,说明武术已不仅仅指技击,还泛指军事。从会意字"武"的本意来看,它最早与技击或军事有关,甚至与战争密切相关,且与"文"相对。东汉许慎在《说文解字》中采用了楚庄王"止戈为武"的说法,将其释之为:"夫武,定功戢兵。故止戈为武。"这更容易理解为"停止战争"之意,是形而上层面的解释,体现了以"武""止戈"的理想和武术文化精神。至于"武术"以文化形态而存在,当以春秋战国时期武术意识的发展到两宋时期武学繁荣,再到明代武术流派的形成以及《纪效新书》《武备》等一批武术典籍的形成为标志。"武术"一词在清末民初开始作为强身之术的专门术语而广泛使用,亦称"国术"、武艺,别称"功夫"。当然,人类不可能一直处于战争状态,在军事之外其技击的本义遂逐渐演变成人类的运动形式。随着人类社会军事行为的数量与频次日渐减少,特别是随着冷兵器时代的结束,到民国时期,武术逐渐以体育运动项目的形式存在并发展。历史上,皖北发生过著名的大泽乡起义和垓下之战,是"三曹"及后梁朱温的故里、明太祖朱元璋的龙兴之地,到近现代更是成为捻军"反清"的主战场,而淮海战役等诸多著名战役甚至改变了当代中国的命运。战争在给皖北大地带来灾难与动荡的同时,也留下了丰厚的文化遗迹,滋养着皖北的军事与武术文化,塑造着皖北大地豪爽、乐天、侠义的民风。

第一节　中国武术的历史发展与流变

中国武术历史悠久,最初是因为华夏祖先的生产劳动和生存繁衍需要。在生产劳动以及与动物的搏斗中发展的劈、砍、刺等技能,构成了中国武术起源与发展

---

① 何九盈,王宁,董琨.辞源[M].3版.北京:商务印书馆,2015:2219.

的基础。远古时期,先民们在生产生活中不仅要与恶劣的自然环境作斗争,还经常面临猛兽的威胁。如《山海经》中提到"尧之时……封豨(大野猪)、脩蛇,皆为民害",《淮南子·览冥训》中有"往古之时,……猛兽食颛民,鸷鸟攫老弱",这些传说都反映了远古先民的生存境况。加之狩猎的需要,先民们必须进行搏击并逐渐学会运用器物辅助搏斗。在与各种动物打斗过程中所产生的劈、推、踢等技巧,再配合当时用木头和石头制作的简单武器,产生了一系列的格斗和防护技巧,这就是武术的最初形态。

一、中国武术的历史起源与发展

中国武术作为一种社会文化现象,它与中华文明是同步产生的。在漫长的历史发展进程中,中国武术集技击、艺用和体用于一身,并赋予深刻的道德情感和思想,成为一种独特的人体文化形式;同时,它还涵盖了中国哲学、伦理学、医学、兵学、美学等传统文化的各种成分和要素,渗透着中国传统文化的精髓。武术已发展成为中华民族优秀的传统文化。1997年,担任国家体育运动委员会(1998年改组为国家体育总局)主任的伍绍祖在《中国武术史》的序言中指出:"几千年来,在物竞天择、适者生存的自然和社会环境中,武术能滋生繁衍、长青不衰,有其自身的存在价值。它不仅是种技艺,而且是一种文化现象,是经过千锤百炼凝聚而成的一种优秀的传统文化。武术是我们中华民族的国宝、国粹,与文、史、哲、理、医诸学科有着相互渗透的关系,成为人体科学的一个重要组成部分,同中医、气功等都是人体科学的一个不同的侧面,是一种高层次的文化现象。"[1]

(一)中国武术源于原始搏击

中国武术的起源可以追溯到原始社会。在原始社会时期,自然环境恶劣,兽多人少,在人与自然斗争的过程中,逐渐总结出指抓掌击、拳打脚踢、跳跃翻滚等攻防手段,从而产生的使用器械以及徒手的搏斗捕杀技能就是武术的萌芽。同时,原始人群之间经常为争夺食物、领地或是争夺异性等而发生争斗,特别是原始社会末期部落与部落、氏族与氏族之间有组织的战斗,加速了原始武术的形成。为适应原始战争的需要,原始人群自然要进行战斗的演习训练,基于这类作战演练便萌生了原始的武舞或战舞。"在现今存留的我国各地原始岩画中,也可看到一些原始武术的图像。如云南沧源原始岩画中有一幅画面,战士成横列状,右手高举短戈,傲然挺立。画中多人一手执方盾、一手执两端粗中间细的武器,双腿弯屈(曲)呈马步下蹲式。"[2]据测定,沧源崖画产生于三千多年前的新石器时代晚期,其中描绘的手持兵

---

[1] 国家体委武术研究院.中国武术史[M].北京:人民体育出版社,1997:3.
[2] 同[1]4.

器、战争凯旋的画面,记录了原始人群的战舞场面。这是现代社会回望历史时能够观察原始武术的一个生动例证。此后,历经夏、商、周至春秋战国时期,这类技击便由远古的武术萌芽发展为武术形态的雏形。可见,中国武术自原始社会萌芽之始就和搏击、战斗密不可分,其根本的特征是技击性。

"古籍传说黄帝与炎帝的战争、黄帝与蚩尤的战争、夏禹伐九黎、三苗的战争等等,这些战争有力地促进了器械的制作及技击技术的发生、发展。众多传说中,蚩尤成为最为著名的'战争之神',原始武术的许多故事都发生在他身上。蚩尤是炎帝的后裔。《史记》说黄帝'与炎帝战于阪泉之野,三战,然后得其志。蚩尤作乱,不用帝命。于是黄帝乃征师诸侯,与蚩尤战于涿鹿之野,遂禽杀蚩尤'。蚩尤是非常勇猛的,黄帝打败他付出了巨大的代价。古代传说把许多武器的发明归功于他。《世本》载:'蚩尤作五兵:即戈、殳、戟、酋予、夷予。'这表明战争促进了武器的创造与发展。蚩尤不仅是兵器的发明者,还是徒手搏斗的英雄。《龙鱼河图》说他'铜头、铁额'。《述异记》载:'蚩尤氏耳鬓如剑、戟,头有角,与轩辕斗,以角抵人,人不能向。'这也表明原始战争对徒手的擒、拿、摔、打等战斗技能的产生,亦有着巨大的促进作用。"[1]根据历史文献及史料分析,可以推断早在商周时代就已形成了具有一定技巧的拳击搏斗之术。虽然"在甲骨文中还没有见到'拳'字,但有'鬥'(斗)字,意为二人徒手相搏,互击对方头部。《说文》释为'两士相对,兵杖在后,象斗之形'。古人作战、狩猎,虽主要凭借武器,但武器不在手边而只凭手足战斗的情况,还是时有发生的。同时,故意不用器械而徒手搏斗、角力,更成为一种武艺竞赛显示力量的方式。传说夏桀、殷纣这两个末代帝王都有非凡的勇力。《史记·律书》载:'夏桀、殷纣手搏豺狼,足追四马,勇非微也';《史记·殷本纪》还说殷纣王'材力过人,手格猛兽',都是以他们能徒手与猛兽相搏来称赞其勇力。后来,西周借'田猎'活动来习武练兵。郑康成《诗笺》曰:'田猎,搏兽也'。"[2]当然,搏击最初发生在人与野兽之间,后来更多的是发生在人与人之间。这种人与人之间的徒手搏斗,逐步发展为拳搏技术,即早期武术。

(二)中国武术的器械与套路

徒手搏斗是原始武术的最初形态,但在猿人向现代人进化的过程中,人类逐渐学会了使用工具从事生产和劳动,并在狩猎和部落战争中利用工具(武器)与野兽及他人搏斗。由于利用棍棒、骨头、石块等辅助搏斗,能够有效提升战斗力,这时,武术便逐渐地由单纯的徒手搏击而演变成了手脚与器械结合运用的技击形式。

1. 武术与器械

最初的工具和武器是棍棒、石器以及一些猛兽的骨骼即骨器。从考古发现中

---

[1] 国家体委武术研究院.中国武术史[M].北京:人民体育出版社,1997:3.
[2] 同[1]16.

可以看到，在旧石器时代，已经出现了尖状石器、石球、石手斧、骨角加工的矛；到新石器时代末期，又出现了大量的石斧、石铲、石刀和骨制的鱼叉、箭镞，甚至还有铜钺、铜斧等。这些原始生产工具和武器，后来大部分成了武术器械的前身。在原始社会末期，部落战争频繁发生，却有效促进了武术的发展。在部落战争中，远距离将使用弓箭、投掷器，近则使用棍棒、刀斧、长矛，凡是能用于攻击搏击的生产工具都可成为战斗武器。随着生产力的发展，古人发明了青铜冶铸技术。到商周时期，中国的青铜器得到了大力发展。相比于石器而言，青铜的可塑造性很强，不仅可以打造锋利的生产工具，还可以用青铜器铸造铜刀、制造箭镞等武器。特别是青铜箭镞的出现，不仅极大地提高了武器的杀伤力，还促进了射箭术的发展。"甲骨文表明，殷代有专管射事的官吏。军中射手是重要的组成部分。至周代，习射成为武士的重要标志，成为人们日常生活中的重要内容。如家中生了男孩，便在大门左边挂上一张弓；还要向天地四方射六支箭，以象征男孩将来成为守卫四方的勇士。人们心目中的英雄都是善射的能手。《诗经·猗嗟》是这样歌颂鲁庄公的：'巧趋跄兮，射则臧兮！''舞则选兮，射则贯兮；四矢反兮，以御乱兮。'意思是鲁庄公跳舞是高手，射箭穿靶子，四箭都射到中心，真是御敌的英雄。"①而且，周朝对各地武士的选拔，主要的选拔考试就是射箭术。诚如恩格斯所指出的："弓箭对于蒙昧时代，正如铁剑对于野蛮时代及枪炮对于文明时代一样，乃是决定性的武器。"②在青铜器时代，除了铜刀、箭镞之外，还陆续制造了锥、戈、矛、斧、头盔等青铜武器，并被大量使用。

随着生产力的进一步发展，西周晚期已经开始大规模冶炼铁器并将其运用到生产生活中。正是铁器的应用和普及，推动了春秋战国时代社会经济的飞速发展，兵器不断改进，武术也进入一个新的发展阶段。因为铁器坚硬锋利，远胜木石工具和青铜工具，极大地提高了作战双方的战斗力。可见，铁器时代的到来，标志着进入阶级社会后社会生产力的显著提高，有力地促进了中国古代社会由封建诸侯联盟制王国向中央集权制帝国的变革。在这一历史进程中，武士及武术起到了一定的历史作用。"春秋战国时期，以个体性为特征的武术有极大发展，这是社会日常生活中对武术的需求增多的结果。商周时期，贵族子弟均受武士教育，习武是为了从军参战，三代之士，皆武士也。至春秋时代，文士兴起、文武分途后，社会上出现了凭武艺本领立足为生的武士。此时的武士已非贵族子弟而多来自平民，亦被称为'侠士'。"③在春秋战国之时，诸侯争权，各国豪门贵族竞相培植家族武装势力，以维护宗族利益。像齐国的孟尝君、赵国的平原君、魏国的信陵君、楚国的春申君等都广罗门客，扩大政治力量。其中就包括众多勇武效忠的侠士，他们武艺出众、

---

① 国家体委武术研究院.中国武术史[M].北京：人民体育出版社，1997：18-19.
② 马克思，恩格斯.马克思恩格斯文集：第4卷[M].北京：人民出版社，2009：34.
③ 同①32.

重义轻生、视死如归,或作谈判后盾,或为谋杀刺客,或为血亲复仇,或作护卫保镖,其动人事迹,在西汉史学家太史公《游侠列传》中可窥见一斑。其中,著名的侠士,如鲁国的曹沫执匕首强逼齐桓公归还侵鲁之地,吴国专诸藏匕首于鱼腹而刺杀吴王僚,聂政执剑刺杀韩相侠累,荆轲行刺秦王不中而壮烈牺牲……故韩非子指出:"儒以文乱法,而侠以武犯禁……为人臣者,聚带剑之客,养必死之士,以彰其威。"①几句话反映出战国时期的侠士盛行,武术,特别是侠士的武艺已开始大受世人推崇。同时也反映出,剑、匕首等铁制武器已被频繁地使用。《周礼·考工记》:"郑之刀、宋之斤、鲁之削、吴粤之剑,迁乎其地而弗能为良,地气然也。"除了刀、剑、匕首之外,戈、戟、予、钩、铁椎、斧钺等武器均纷纷出台亮相。经历漫长的发展演变,到清代,最终形成了刀、枪、剑、戟、镋、棍、叉、耙、鞭、锏、锤、斧、钩、镰、扒、拐、槊、环、杵、弓箭、流星锤等所谓的"十八般兵器"——主要是铁制武器。当然,就数量而言远不止十八种武器。

2. 武术与套路

一般认为,武术套路起源于古代的猎捕文化,和军事搏击技术的发展密切相关。"在军事格斗术用于战争的同时,统治者们在各种祭祀与庆典活动中,为了炫耀武力和渲染气氛,经常组织士兵组成阵势,演练编串起来的格斗技术。随之,为了表演的效果与气势,加进一些'花法',或使动作程式化。这可以说是武术套路表现的最初形式。"②考证发现,早在两千多年前,我国就已有较为成熟的技击理论记载,并曾提出内外合一、形神兼备的见解。秦汉以来,盛行角力、击剑,并逐渐形成"宴乐兴舞"的习俗,手持器械的舞练时常在乐饮酒酣时出现,如《史记·项羽事纪》记载的"鸿门宴"中,"项庄舞剑,意在沛公",便是这一形式的反映。汉代是武术大发展的时期,在宫廷的酒宴中常出现剑舞、刀舞、双戟舞等单人的、对练的或集体舞练的套路运动。徒手的拳术表演和比赛也深受统治者重视。这类武术形式虽具一定的娱乐性,但从技术上更近于今天套路形式的运动。即当时的武术已由过去单纯的攻防动作逐步发展成可以单独演练的套路形式。

在古代,"套"与"路"是分开的,到宋代时出现了"套子"形式。南宋《梦粱录·卷二十》中记载:"先以女㚘数对打套子,令人观睹,然后以膂力者争交。"这里的"女㚘"就是女相扑艺人;"对"就是一对一;"套子"就是动作组合;"路"则指个人练习,如宋代戏文《张协状元》第八出中就出现了"使几路棒"的说法。③若依据历史文献推定,"套路"应由宋代的"套子"发展而来,即至少在南宋时期武术"套路"已经形成了。到明代时,出现了拳术、器械、套路的图、谱、诀,以及套路的运行路线,对练套

---

① 《韩非子·五蠹·八奸》。
② 《中国武术百科全书》编撰委员会.中国武术百科全书[M].北京:中国大百科全书出版社,1998:3.
③ 马文友.套子武术最早出现在宋代的社会学阐析[J].浙江体育科学,2008(5):3.

路的结构、运动形式有了明确的规定,有单练与对练两种演练形式。从中国武术的发展演变来看,明清时期是中国武术发展的重要时期,武术从战争中分离出来自成体系,形成了军事武艺与套路武艺两大类;同时,各种结社组织纷纷兴起、诸多门派逐渐形成,基于徒手的拳术、腿功、身形变化等而练成的各类武术套路均应运而生,与各类冷兵器结合而练成的棍术、剑术、刀术等也逐渐成体系化。因此,武术套路起源于史前文化时期,最早出现于宋代,也形成于宋代,到明清时期脱离军事武艺自成体系,而后蓬勃发展。现在所说的武术套路,是以一连串含有技击和攻防含义的动作组合,是以技击动作为内容,以攻守进退、动静疾徐、刚柔虚实等矛盾运动的变化规律而编成的整套武术动作和演练形式[①],它是众多习武者和几代武术家研究揣摩的心得结晶,也是在实战中不断改进的成果显现。武术套路是中国武术明显区别于世界其他技击术的重要特征之一。

中华武术博大精深。武术的套路运动经过数千年的发展,按其运动形式通常可分为拳术套路、器械套路、对练套路、集体演练套路等四类。其中,拳术套路是最基础的一类,以拳种的不同而形成各种不同的拳术,如太极拳、长拳、南拳等;根据使用的武器不同,器械套路可分为枪术、剑术、刀术、棍术等;对练套路则注重技巧性和协调性,通常由两人或多人完成,如对拳、对刀、对枪等;而集体演练套路则注重整体配合和节奏的把握,通常由多人共同完成,如集体刀术、集体剑术等。武术套路不仅具有不同的动作特点和攻防作用,还具有观赏性和健身性。其观赏性主要体现在各种招式动作的连贯性和美观上。以拳术套路而言,如长拳多起伏、多跳跃、节奏分明;南拳则多气力,运动特点是重拍,势如破竹,起伏明显;太极拳则讲究"用意不用力,意到、神到、拳到";而少林拳则是以实战为主,强调力贯拳锋,一招一式都以制敌为目的。其健身性主要体现在套路运动的动作组合上,如腾跳起伏、发力闪避等过程,这些运动形式能够全面锻炼身体的各个部位,如心肺等内脏、关节肌肉力量、神经系统,也可增强身体的协调性和灵活性。中国武术还因自身的健身功能和表演观赏性,凭借并依据武术套路这一形式发展成为体育运动项目。

二、体育强国背景下的中国武术

武术源于攻战搏杀,为抗击野兽和军事战争服务,但在军事训练中发展了"搏刺强士体"的体育功能。如果说,远古人类在狩猎之余手拿武器庆贺表演尚不能表现武术的体育性质,那么,商周的武舞也许是初步展示了武术的体育功能。商周时期的武舞既是一种思想情感的表达,体现出一定的娱乐性,也有习武健身的实用性,其动作组合与武术套路还存在许多一致性。到秦汉时期,"讲武之礼,罢为角抵",是指先秦习武之礼仪活动向着戏乐方向转化;汉哀帝"时览下射武戏",说明武

---

① 蔡仲林,周之华.武术[M].北京:高等教育出版社,2015:17.

术表演已成为一种常见活动。至魏晋南北朝时,武术的娱乐性得到进一步发展。当然,这种娱乐性与其竞技性和健身功能密不可分。特别是,随着冷兵器时代的结束,武术的功能逐渐演变为以健身、修身、娱乐和竞技为主。至清代,中国武术已集技击、艺用和体用于一身,具备了体育项目的共性。"武术作为体育项目,主要是以套路和对抗的形式表现。套路运动把技击方法合理地串联起来,并根据人们的审美情趣加以美化,注重韵律节奏的变化;还根据人的体能状况,充分考虑到运动量与强度的关系,在演练中既体味到传统技击术的攻防含义,又得以强身健体。另外,武术还采用诸如散手的对抗形式来表现其实际运用的能力。"①从这个角度来看,武术又称"武艺",逐渐发展成为以技击为主要内容,以套路和搏斗为运动形式,注重内外兼修的中华民族传统体育项目。

(一) 从武术表演与健身到现代体育

中国武术是中华民族在长期生产劳动、与大自然搏斗以及冷兵器时代战争中逐步形成与发展起来的一种运动形式,具有搏击、护体、防敌、制胜、健身等作用。中国武术自形成之始,就天然地具备健身与表演等体育功能。早在1936年,中国武术队就曾赴柏林奥运会参加表演。新中国成立后,中国武术得到了蓬勃发展。1987年,在日本横滨举行了第一届亚洲武术锦标赛,标志着武术走进了亚运会。2020年1月,武术套路列入第四届青年奥林匹克运动会正式比赛项目。

1. 武术表演与健身

商周时期出现的武舞,主要用来训练士兵、鼓舞士气,武舞的出现意味着武术可以以舞蹈的形式来演练。周代设"序"(学校的名称),序的主要功能是学习"射"这门技艺,即周代学校中已把射御、习舞列为教育内容之一。春秋战国时期,各诸侯国都很重视格斗技术在战场中的运用。齐桓公就曾经在春秋两季举行"角试"来选拔天下英雄。秦、汉、三国时期,社会的经济、政治和文化发展迅速,在这一社会环境中,武术从之前单纯的军事技能衍生出了竞技功能,并开始朝着武术表演的方向发展。魏晋南北朝时期,时人多痴迷丹道,武术的发展受到了影响,但在武术中融合进了养生的元素,促进了武术与养生、健体相结合。隋唐时期,武术有了进一步发展。在隋末就以武功闻名于世的少林寺,在唐武德年间(618—626年),因助李世民铲平隋末割据势力王世充有功,而更加声名大振,官府许其自立营盘、演练僧兵,僧徒一度达2000余人,练武之风日盛。唐朝推行"武举制",以考试的办法选拔武艺出众的人才,这从政策上促进了民间和官方的练武活动。宋元时期,以民间组织为主体的民间练武活动兴起,出现了很多以习武卖艺为生的武士,促进了武术向表演方向的发展。明清时期,中华武术发展到高潮,众多武术流派崛起,各路武

---

① 《中国武术百科全书》编撰委员会.中国武术百科全书[M].北京:中国大百科全书出版社,1998:2.

术高手层出不穷,如一代宗师黄飞鸿、八卦掌创始人董海川、以半步崩拳打遍天下的郭云深等。"到清代末年,广大民众深受帝国主义列强的欺压凌辱,意识到'强国强种'的重要性,习武之风更是盛行。民国之初,人们深刻认识到武术在'富国强兵'中的重要作用,一方面提倡习练武术以强健体魄,另一方面培养勇敢锐进的意志品质和'勿忘我族'的爱国主义精神。当时,许多学校均开设武术课程,积极倡导尚武精神。政府成立了中央国术馆,一些地方国术馆亦纷纷建立,出版武术刊物,组织武术国考,推广武术纲目与教材,为弘扬中华武术作出了重要贡献。此刻的武术已明显地向体育归属。"①

随着火器的使用和现代军事工业的发展,武术在军事上特别是实战中的作用逐渐弱化。历经时代变迁,中国武术仍旧保留着技击动作的内容、套路和格斗的运动形式,在更加注重内外兼修的同时逐渐增加了强身健体、修心养性的功能,在此基础上日渐发展成为中国传统体育项目。一方面,习武者通过练习武术、拳术、气功等来增强身体素质,提高健康水平;另一方面,人们还通过太极拳、八段锦等舒缓的运动进行体育锻炼,调节身心,以达到修身养性的目的。这种融合了强身健体和修身养性的中国体育传统,不仅在当时受到人们的喜爱,还对后世产生了深远的影响。到民国时期,中国武术在柏林奥运会上的首秀,标志着武术由"竞技"到"表演"的转变。1935年9月,体育协进会收到柏林奥运组织委员会函复的申请、准予武术以表演性质随队参加,意味着中国武术最终确定以"表演"而非"竞技"的形式参与柏林奥运会,从而实现了中国武术与现代奥运会的首次对接。

2. 武术与民族传统体育

民国时期,因为社会的发展和火器的普遍使用,武术的健身作用更为明确,它更主要是以体育运动的形式出现在社会生活之中。1923年4月,中华全国武术运动大会在上海举行,来自上海、北京、天津等地的20多个武术社团选手参加了中国体育史上第一次武术单项运动会。1924年,"民国第三届全运会"首次将武术套路列为表演竞赛项目。这一时期,武术已被国人正式认同为"中华武术"或"中国武术",同时又被誉为"国术"。1927年,国术研究馆在南京成立,隶属国民政府,经费由政府拨助。建馆之初,馆长之下除设秘书和事务人员外,教务方面分设武当、少林两门,门下设科。1928年7月,国术研究馆改称中央国术馆,取消两门制,设立教务、编审、总务三处;教务处下设教授班和练习班。中央国术馆是民国时期最早设立的统一管理全国武术的政府行政机构,曾于1928年和1933年举办两届国术国考,并为武术步入现代体育竞赛进行过尝试。中央国术馆成立后,于1929年发布了《省市国术馆组织大纲》《县国术馆组织大纲》等,规范国术馆的运行和武术的发展。日本发动侵华战争以后,中央国术馆及所属各级国术馆停止了活动。

---

① 《中国武术百科全书》编撰委员会. 中国武术百科全书[M]. 北京:中国大百科全书出版社,1998:4.

1949年，中华人民共和国成立后，党和政府关心人民健康，重视优秀民族文化遗产的继承和发展，不仅定期举行武术汇报表演，还在高等师范院校及体育学院开设武术专业，组织专业人员在继承传统拳术的基础上，广收众家之长，整理出简化太极拳、中组长拳、初级长拳以及器械套路。这些措施极大地推动了武术的普及和研究工作，使武术运动得到长足发展。为加强对武术工作的领导，国家体育运动委员会设立了武术科，后改为武术处、国家体育运动委员会武术研究院、国家体育运动委员会武术运动管理中心等，对全国武术工作实行统一管理，如制定武术的各种规章制度，组织武术竞赛，开展武术的挖掘整理及武术的研究工作，编印武术竞赛套路，制定与执行武术在国内外推广的计划，等等。1958年成立了中国武术协会，其后各地方乃至基层单位、体育院校与各行业也先后成立了武术协会一类的组织。1959年，国家正式颁布《武术竞赛规则》。1961年出版的《体育学院本科讲义·武术》是我国首部全面讲释武术的权威性教材，它将武术概念表述为："武术是以拳术、器械套路和有关的锻炼方法所组成的民族形式体育。它具有强筋壮骨、增进健康、磨炼意志等作用；也是我国具有悠久历史的一项民族文化遗产。"[1]但该概念并未提及武术的技击特点，烙有20世纪50年代末批判"唯技击论"的印迹。1988年12月，中国体育科学学会武术分会在北京召开全国武术学术专题研讨会，就武术的概念、武德规范和武术运动发展方向等问题展开了研讨。会上，武术界对武术的概念有了一个明确、统一的认识，将武术的概念表述为："武术是以技击动作为主要内容，以套路和格斗为运动形式，注重内外兼修的中国传统体育项目。"[2]1982年、1992年、1996年，国家先后三次召开全国武术工作会议，制定了武术进一步发展的方针政策。1987年，国家体育运动委员会还专门发布了《关于加强武术工作的决定》。1984年，国务院正式确立武术作为一门学科，批准招收硕士研究生；1996年又增列了博士学位授权点，武术教育逐渐进入我国学位授予的最高层次。

通常认为，我国的传统体育项目主要包括武术、棋类、摔跤、舞狮、空竹、射箭、蹴鞠、龙舟、马球、捶丸等。其中，射箭、武术等项目均已进入奥运会比赛项目之列。2017年1月，中共中央办公厅、国务院办公厅印发《关于实施中华优秀传统文化传承发展工程的意见》，明确提出要"发展传统体育，抢救濒危传统体育项目，把传统体育项目纳入全民健身工程"，并要求"支持中华医药、中华烹饪、中华武术、中华典籍、中国文物、中国园林、中国节日等中华传统文化代表性项目"走出国门、向世界传播，突显了中华武术在民族传统体育项目中的重要地位。

---

[1] 《中国武术百科全书》编撰委员会.中国武术百科全书[M].北京：中国大百科全书出版社，1998：4.

[2] 同[1]5.

（二）武术在体育强国建设中的作为

武术是中华民族文化的瑰宝。立足"体育强、中国强"思想发展并发扬中华武术，有助于体育强国战略目标的实现，有助于我国传统文化在世界范围内的传播。新中国成立以来，党和国家高度重视发展体育运动，倡导全民健身、着力提高全民健康水平。党的十八大以来，全民健身和健康中国成为中国的国家战略。中共第十九届中央委员会通过《中共中央关于制定国民经济和社会发展第十四个五年规划和二〇三五年远景目标的建议》，提出要"建成教育强国、科技强国、人才强国、文化强国、体育强国、健康中国"，"国家文化软实力显著增强"。党的二十大报告中强调要"广泛开展全民健身活动，加强青少年体育工作，促进群众体育和竞技体育全面发展，加快建设体育强国"。这为新时期我国体育工作指明了前进方向，提供了根本遵循。作为中华民族传统体育项目，武术在体育强国建设中必定大有作为。

1. 中国武术与体育强国建设

体育强国是新时期我国体育工作改革和发展的目标与任务，通过体育强国建设力争实现体育大国向体育强国的转变。而武术作为一种集强身健体、竞技和表演为一体的民族传统项目，在我国已有悠久的历史，蕴含了中华传统文化的精髓。中国武术强身健体、修身养性等功能以及其竞技表演的性质，使其在体育强国建设中占有重要的一席之地。

首先，发挥武术健身的独特功效，弥补群众体育发展不足，提高人民健康水平。武术作为中国固有的、提升生命力的艺术，在数千年的演进中，健身已成为其最为重要的功能。在武术健身、防身、修身的三大功能中，又以健身为基础。倘若身体不健，防身与修身便无从谈起。以形意拳为例，有"练拳先站三年桩"之说，不仅要通过站桩改变身体架构，将身体各机能"整合"起来，更要以此固本培元、增强身体素质——是谓健身，为后续的五行拳等武术训练奠定基础；太极拳正式练习前的浑圆桩训练也是要达到类似的目的。而且，太极拳、形意拳、八卦掌等很多拳种的健身功效均经过了科学实验的验证。有实验数据表明：武术对神经系统、心肺功能、运动系统、内分泌系统均有很好的锻炼作用。武术运动对于机体生理、生化方面的影响是全面的。除以上几个方面外，武术对维持内环境因素的恒定，加强酶的活性以及改善消化、排泄系统都有着积极的作用。[①] 可见，武术具有很高的健身价值是毋庸置疑的。

中华武术源远流长，历经数千年的传承而经久不衰的主要原因，乃是武术具有悠久的文化传统和深广的群众基础。无论在战乱时期民间社会的习武健身、防身，还是和平时期人们自发地习武修身、养性，这类民间性、群众性的武术活动都构成群众性体育运动的重要历史传统。特别是在新中国成立后的社会主义建设时期，

---

① 全国体育院校教材委员会. 武术理论基础[M]. 北京：人民体育出版社，1997：199-201.

武术活动有效弥补了体育活动器材、设施及场地等条件的不足,成为群众性体育活动的主要方式之一。因而,要积极开展大众武术健身运动,充分发挥武术在全民健身中的作用,弥补群众体育发展之不足,早日实现《体育强国建设纲要》所提出的到2035年,"经常参加体育锻炼人数达到45%以上,人均体育场地面积达到2.5平方米,城乡居民达到《国民体质测定标准》合格以上的人数比例超过92%"的目标,不断提高人民群众的整体健康水平。

其次,推广武术教育,凸显民族传统体育教育优势,培育和弘扬中华民族精神。武术是中华民族文化和传统价值观念的独特载体,作为民族传统体育的典范代表,武术包含了中国传统体育的优秀基因,不仅可以使修习者的身心得到全面而深入的锻炼,而且能让修习者的思想经受中华传统文化的浸润与洗礼,在增强体质的同时传承了中华优秀传统文化,提升了民族凝聚力。在体育教育中开展武术教育并在全社会推广,对于培养民族精神和提升民族的凝聚力具有十分重要的作用。所以,建设体育强国,要充分发挥体育文化的凝聚力和影响力,不断增强中华文化的民族凝聚力和国际影响力,这是建设体育强国的题中应有之义。

毋庸置疑,实现体育强国的目标,离不开群众体育的普及开展、竞技体育的不断突破;离不开体育产业的快速发展、体育文化的繁荣兴盛;离不开体育法治的不断完善、体育外交的交流互鉴。从体育教育体系的构建而言,其中最根本的、起基础性作用的是青少年体育的发展,包含在青少年中开展并推广武术教育。"少年强则国强",武术的发展要从青少年抓起,使体育成为青少年学生的必修课,以促进中华武术的传承。2004年,中宣部、教育部曾联合发布《中小学开展弘扬和培育民族精神教育实施纲要》,明确提出"体育课应适量增加中国武术等内容",强调了武术在国民教育中的重要性。2010年,教育部体卫司和国家体育总局武术运动管理中心联合组织编创了"武术健身操",并积极向全国各中小学推广。就大学教育来说,从20世纪50年代开始,国家就组织编写体育系科武术通用教材并开展专业化教学。到1994年,国家体育运动委员会所属的北京体育大学以及上海、武汉、成都、沈阳、西安体育学院都开设了武术专业。2021年4月,中华人民共和国教育部经研究决定成立教育部中国武术教育指导委员会,旨在发挥专家对武术教育工作的研究、咨询、评估和指导作用,切实加强中国武术教育工作,进一步传承发展中华优秀传统文化。党和国家的一系列重大举措,对在各级各类学校中推广武术教育发挥了积极的指导和引导作用。同时,要在全社会推广武术教育和武术文化,扩大武术文化的民族凝聚力。武术在民国时期即被认同为"国术",是其承载我国数千年民族传统文化的现实表征。新中国重视发展民族传统体育运动,早在20世纪50年代就编制、推广简化太极拳及拳械套路,在全社会倡导通过习武等方式开展健身,加强体育锻炼,体现出对具有悠久历史的民族传统文化的教育与传承。因而,开展武术教育并推广武术文化,有助于推动全民健身、增强体质,有助于传承传统文化、弘扬民族精神。

再次,改革竞技武术表现形态,突出竞技武术民族特色,提高武术国际影响力。历经数千年的发展,中国武术逐渐演变并分化为传统武术、武术表演和竞技武术三大主要流派。其中,竞技武术已经成为竞技体育的重要组成部分。新中国成立以来,竞技武术在武术体系中从无至有,茁壮成长,竞技武术的国内赛事已发展成为一个较为完备的竞赛体系,裁判员、教练员与运动员队伍已形成层次与梯队,武术套路散打锦标赛、冠军赛等武术比赛的赛事制度日趋规范化、标准化,并取得了突出的成绩,在成为亚运会等各种综合性运动会的正式比赛项目后,其国际影响力日益提升,直至2020年1月成为奥运会竞赛项目。然而,随着西方竞技体育运动及体育运动思想在我国的传播,受其影响,中国武术的技击性和实战性被分割开来,竞技体育发展迅猛而传统武术则有没落之势。在西方竞技体育的审美观和价值观以及中华武术文化传统的双重视野中,需要认真审视中国武术在体育强国建设中的积极作为;要探索改革竞技武术的表现形态,突出竞技武术的民族特色,传承传统武术的优秀因子,不仅要强化其技击性特征,更要深度融入中华优秀传统文化内涵;同时,传统武术也需要守正创新,吸纳竞技武术的长处,适应时代发展,走上科学化发展道路。

凡是民族的就是有特色的,有特色才能彰显国际影响力。一直以来,太极拳、长拳、咏春拳等传统武术在国外广泛流传并拥有一大批武术爱好者和练习者,具有广阔的海外发展空间。从中国武术的国际传播情况来看,一些影视和文学作品,如李小龙主演的系列电影和《少林寺》《卧虎藏龙》《英雄》等中国武侠电影,以及金庸先生所著的数十部武侠小说(其中大部分已改编为影视作品),在国际影视界获得巨大成功的同时,有效提升了中国武术的国际影响力。其中所蕴含的"武之道""君子之争""止戈为武""和合共生"等传统伦理及民族精神,亦随着影视艺术等文化传播而被全世界的武术爱好者广泛接受。特别是近几年,中国武术由亚运会项目成功进入奥运会,极大地促进了武术在世界范围内的推广,不断提升了中国武术在世界范围内的影响力。

最后,规划并建立武术产业融合发展机制,促进武术文化产业高质量发展。当前,我国的武术竞赛表演、健身休闲、培训研修、用品制造、武术旅游、影视动漫等产业链条不断完善,武术产业发展规模持续扩大,并呈快速发展态势,有力地推动了体育强国建设步伐。2019年7月,国家体育总局、发展改革委、教育部等十多个部门印发了《武术产业发展规划(2019—2025年)》,其中指出,"武术产业是以武术运动为载体,以参与体验和教育为主要形式,以促进身心健康和传承中华传统文化为主要目的,向大众提供相关健身休闲产品和服务的一系列经济活动的总称",并明确到2025年的具体发展目标:成功打造10个武术竞赛精品项目,扶持培育不少于5个专业武术装备和服务业企业品牌,推出100位武术明星和武术名师,打造100个武术示范俱乐部,以达到与体育强国建设相适应的水平。

为此,一要完善项目体系,普及推广群众项目,强化示范引领作用。宜推广适合大众广泛开展的各式太极拳、器械等项目,大力发展长拳类、南拳类等普及性广、关注度高、市场空间大的群众性健身休闲项目;实施武术产业重大项目推进计划,培育一批带动能力强的武术产业项目,推进全国武术之乡、武术示范街道、示范小区建设,打造一批以武术运动为主题的体育产业示范单位和示范项目。二要建立武术产业融合发展机制,促进武术与养生、旅游、文化、传媒、教育培训等深度融合。要大力推动武术影视产业发展,不断完善武术影视产业链条;鼓励国内旅行社和旅游景区设计开发包括武术体验内容的赛事观摩、运动体验、遗产观光、节庆会展、研学旅游线路产品;积极发挥武术在运动康复、健康养生等方面的特色作用,提倡开展健身咨询和调理等服务;要加强武术文化传播,大力发展武术文化产业。三要大力发展重点项目,打造区域特色项目。建立完善国家武术重点项目名录,以培植、发展、推广武术搏击项目为突破口,以散打、对练、短兵、竞技武术套路等为重点,支持具有消费引领性的武术项目发展;依托各地资源条件和文化传统,挖掘整理具有区域民族特色的武术项目,鼓励和引导地方拳种、地域性武术健身休闲项目的发展。尤其是,鉴于太极拳在我国具有悠久的历史文化传统,《武术产业发展规划(2019—2025年)》就"太极拳健康工程"作了专栏规划,提出要以中国武术协会为龙头,以各省(区、市)武术协会为主线,以各县(市、区)武术协会为基点,对全国100个武术之乡实行动态管理,构建群众身边的武术健身组织网络;积极推广由太极(八法五步)、24式简化太极拳、42式太极拳、各式太极拳竞赛套路以及太极推手等共同组成的太极拳健康工程技术体系。同时,要着力打造国际、国内两大赛事交流平台。鼓励河南焦作、河北邯郸、湖北武当山、四川峨眉山等地方组织具有地方特色的太极活动,打造大型国际太极拳系列品牌赛事,积极举办世界太极拳健康大会,树立太极文化的世界品牌,让太极文化走向世界。

2. 中国武术的"入奥"之路

早在1936年,由民国政府的中国武术协会主席郑怀贤等人组成的"国术表演队"就曾赴柏林奥运会参加表演,第一次通过奥运会向世界展示了独具魅力的中华传统武术,在国际社会产生了很大反响。从此,中国武术"入奥"踏上了漫漫长征路。新中国成立后,武术得到了蓬勃发展。1956年,中国体育协会建立了武术协会、武术队等,出现了空前广泛的群众性武术活动热潮,为中国武术的发展开拓了广阔的道路。1982年,全国武术工作会议正式提出将武术推向世界的设想。1985年,在西安举行了首届国际武术邀请赛,并成立了国际武术联合会筹委会,这是中国武术发展史上的重大突破。1987年,在日本横滨举行了第一届亚洲武术锦标赛,标志着武术走进了亚运会。经过十余年的发展,在亚洲、欧洲、美洲以及大洋洲等地纷纷建立了各洲的武术联合组织,并于1990年成立了国际武术联合会。同年,武术首次被列入第十一届亚运会竞赛项目。1994年,国际武术联合会被世界单项体育联合会正式接纳为会员。1999年,国际武联被吸收为国际奥委会的正式国际体育单项联合会成员,这是武术发展中的又一历史性突破,意味着武术在不久的将来将成为奥运项目。2008年,在北京奥运会上,武术套路成为特设项目。

2015年6月22日,在日本东京都召开的"2020年东京奥运会东道主城市提议候补比赛项目选择大会"组委会工作会议上,有8个项目被选为2020年东京奥运会的候补项目,其中就包括武术;同年9月28日,"2020年东京奥运会"组委宣布了他们将向国际奥委会提交的新增项目提名名单,武术未在5个被提名的项目之中,最终与2020年东京奥运会失之交臂。此前,在2016年的国务院春节团拜会上,国家体育总局相关领导向党和国家领导人汇报武术"入奥"事宜时得到了肯定和支持;随后,首届世界杯武术套路比赛拉开了全民、全行业、全生态助力武术"入奥"的序幕。2019年8月10日,国务院办公厅颁布《体育强国建设纲要》,强调要提升中国体育国际影响力。《体育强国建设纲要》提出,"实施中华武术'走出去'战略,对标奥运会要求,完善规则、标准,力争武术项目早日进入奥运会"。在印发的《武术产业发展规划(2019—2025)》中,明确支持武术国际化,支持推动武术项目早日进入奥运会。经过不懈的努力,2020年1月8日,在国际奥委会第135次全会上,国际奥委会执委会会议通过武术列入(2022年)第四届青年奥林匹克运动会正式比赛项目。几天后,新华社客户端发出了记者在洛桑的报道:"国际奥委会主席巴赫10日在此间表示,武术列入青年奥林匹克运动会正式比赛项目,在于其受欢迎程度以及拥有会员协会的数量,同时印证了青奥会在新增项目上扮演的'实验室'角色。"①这标志着武术首次成为奥林匹克系列运动会正式比赛项目。

总之,作为强身之术的专门术语,"武术"一词在清末民初开始广泛使用。中国武术在漫长的发展历程中因其历史悠久的武术套路和招式,逐渐实现了强身健体与修身养性的融合。曾担任中国武术协会第六任主席、参编《中国武术百科全书》的张耀庭认为:"长期以来,华夏民族在其独特的文化环境中,以自己特有的思维方式、审美情趣、价值取向、民族习性,历经历代习武者的揣摩研究,千锤百炼,方才形成了富有民族性格的技击术——中国武术。"②作为我国民族体育的主要内容之一,武术多以套路和对抗等运动形式存在并发展,有的已列入现代竞技运动项目,如长拳、太极拳、南拳、剑术、刀术、枪术、棍术等。从世界范围来看,第二次世界大战后,国际社会试图用竞技体育方式来消除第二次世界大战余下的戾气,竞技体育因此得到了极大的发展。中国为顺应国际形势,大力发展竞技体育,武术归入传统体育运动项目并以"入奥"为目标,乃是势之所趋。然而,由奥林匹克精神所推动的竞技体育,其使用的规则与中国传统武术"止戈为武"的价值理念迥然不同,两者之间难以磨合,能否互补,或许是导致当今中国武术以表演和竞技并举以及我国民间

---

① 苏斌,杜洋.巴赫:武术加入印证了青奥会的"实验室"角色[EB/OL].(2020-01-13)[2024-02-26].http://sports.cri.cn/20200113/1723239e-f922-2f66-164013191952e.html.

② 《中国武术百科全书》编撰委员会.中国武术百科全书[M].北京:中国大百科全书出版社,1998:2.

以传统功夫为主这一局面的主要原因。可喜的是,随着我国城乡群众性武术运动的广泛开展,近年来的武术套路在技术风格、质量和难度上都有很大的提高和突破,都预示着武术运动将具有广阔的发展前景,在体育强国建设的伟大实践中必将大有作为。

第二节　皖北的武术发展与传统体育

"武"既是一种打斗技术,也是消停战事的技术,经过人类的世代演习与传播,以一种文化形态不断得以继承与传习,融入中华优秀传统文化的历史长河。作为特定的传统文化,武术在中华大地上形成、发展了数千年,它和中华文明几乎同步生成。就地域空间而言,皖北的区域或区划概念虽然出现较晚(在清代初期),但地理空间的皖北开化非常早,其文明起源可追溯到距今 6500—4500 年的大汶口文化年代晚期。从中国武术的起源来看,皖北的武术起源和皖北区域的文明起源亦当同步。随着现代竞技体育运动的蓬勃开展,皖北武术逐渐汇入民族传统体育的河流之中,在"体育强省"建设中作出了独特的贡献。

一、皖北代表性拳械及人物简介

武术是在徒手搏斗、角力的基础上发展起来的,既体现出敌对双方的搏击技能,又带有明显的艺术性(如暴力美)和表演性,故亦称为武艺。《诗经·巧言》中就以"拳勇"一词代表男子汉的勇力与搏击技艺,《管子》中亦以"拳勇"代表武艺。到春秋时代,文士兴起、文武分途后,社会平民中出现了凭武艺立足谋生的武士,亦称"侠士";唐朝推行的"武举制",其核心内容是通过考试选拔武艺出众的人才。经过发展演变,至清代,中国武术已发展为集技击、艺用和体用于一身,具备了体育项目的共性,其搏击的技艺性受到现代社会大众的广泛接受并认可。

(一)皖北代表性拳械及套路简介

中华武术博大精深,历史悠久。作为博大的文化体系,中华大地上任何区域的武术均为其分支;从武术的源流来看,中华武术是源,其他各分支区域的武术是流,它们共同构成了融搏击进取、尚武任侠、强兵卫国、强身健体诸功能为一体的独特武术文化。皖北地区开化较早,其历史文化源头与中华大地各区域的文明发展主体上保持一致,且由于淮河文化的兼容与包容性,皖北文化与中华文化体系中其他区域亚文化基本上存有同步发展的关系。从皖北地区武术形成的历史轨迹来看,由于皖北武术的形成和中国武术的形成总体上是步调一致的,并随着中华武术文化的发展而不断发展,因而,中国武术是源,皖北武术是流,中国武术文化为皖北武术文化的形成与发展提供了鲜活的历史源头与底蕴深厚的土壤。基于社会历史的发展与变迁,皖北武术在漫长的发展历程中,流传或形成了若干享誉武林的代表性拳械和武术套路。以阜阳为例,在20世纪80年代的挖掘整理工作中发现,在阜阳地区流传的武术拳械有30多种,"主要有:心意六合八法拳、五家八拳、晰扬拳、岔拳、玄女剑、罗汉拳、螳螂拳、太极拳、形拳、八卦掌、水浒拳、八卦拳、鹰爪拳、两仪拳、查拳、劈挂拳、脱铐拳、猴拳、春秋大刀、双刀、双钩、四季枪、八仙剑、八卦太极拳、鸭形拳等"①。在蚌埠,清末武举王凤仪在王家营收徒传授武术,主要练功项目有石担、石锁、刀枪、射箭等。民国前期来蚌埠传授武术的拳师,主要有马忠歧传授查拳,尚金奎传授心意六合拳,宋国宾传授弹腿及心意六合拳,李保和传授大洪拳、八卦拳;1918年,胡德山由河南经正阳关来蚌传授大洪拳;1936年,山东汶上县人房英龙定居于蚌,传授岳王拳,从学者甚众;还有山东人李学义曾在蚌传授八卦拳和少林拳,等等。至新中国成立前夕,蚌埠武术形成了不同的门派,较有影响的是以马忠歧为代表的查拳门(主要在回民中流传),以胡德山为代表的大洪拳门,以宋国宾为代表的心意六合拳门,以房英龙为代表的岳王拳门。此外,在皖北地区流传的还有通背拳、地趟拳等。现摘其部分代表性武术拳法予以介绍。

1. 心意六合八法拳

心意六合八法拳又称水拳,为亳州人陈抟(871—989年)所创,距今流传已逾千年,因陈抟曾受封华山,故在亳州以外流传时名为华岳六合八法。该拳内涵丰富,功法独特,以心中意念为指导,六合的"静"为体、八法的"动"为用,内以养心益气、外以修形健体。其拳势运行如水势翻滚,内劲如海纳百川,以整劲为核心(发展为形意拳),以步伐为转移(发展为八卦掌),以轻柔为变化(发展为太极拳),堪称中华内家拳的始祖。六合八法拳主要以养身、养性、养心为主,习练人群的年龄跨度比较大。心意六合八法拳的演变进步是经过数代前辈高人的不断努力、探索、精练的结果,在进化的过程中吸取了太极、八卦等各派拳种中的优势特长,把它糅合于自身,融化于自身,这才是心意六合八法拳能长久不衰、发扬光大的真谛。六合八法拳在流传过程中逐渐演化为两支,一支为老祖心意六合八法拳,在陈抟故里亳州地区传承不绝;另一支为华岳心意六合八法,代表人物是民国时期著名武术家吴翼翚。②

吴翼翚(1887—1958年),满族人,原籍辽宁省铁岭市。自幼喜好习武,先后拜师闫国兴、陈光第、陈鹤侣练习心意六合八法拳,终成华岳心意六合八法拳一代宗师。前中央国术馆张之江馆长仰慕其文武全才,诚聘他为中央国术馆教务处长兼

---

① 阜阳市地方志编纂委员会.阜阳地区志[M].北京:方志出版社,2015:982.
② 本段引自:陈抟老祖心意六合八法拳[EB/OL].[2024-04-31]. https://fy.szu.edu.cn/fyxm/xmlb/wsl/ctlzxylhbfq.htm.

编纂委员会主任,并将八法拳列入中央国术馆必修教材之一。

新中国成立后,心意六合八法拳得到国际武联和中国武协历届领导的关注和武术名家的大力支持,李梦华、徐才、何振梁、霍震寰、张耀庭、张山、蒋浩泉、张文广、陈玉和、吴江平、郭瑞祥、黄乾量、陈培、李荣基、宋光华等先生曾给予高度评价。到20世纪后半叶,心意六合八法拳不仅在广东、上海、陕西、河北、山东、东北、湖北、江西、河南、江苏、香港、台湾等地流传,还在世界各地拥有众多爱好者,新加坡、马来西亚、美国、德国、英国、法国、日本、俄罗斯、丹麦、澳大利亚、巴西、爱尔兰、加拿大、瑞典、意大利等国均有心意六合八法拳研习机构。因此,心意六合八法拳入选"中华武术展现工程"。在各级部门相关领导的重视下,为了更深入地挖掘、整理、研究心意六合八法拳,进一步普及提高、走向世界、造福人类,吴翼翚之子吴英华申报成立了淮南市八法拳研究总会。2010年5月,又在香港注册成立了吴翼翚八法拳国际联盟总部,旨在弘扬八法拳术,构建八法拳国际交流平台,传播中华优秀传统文化。

2014年,陈抟老祖心意六合八法拳、吴翼翚华岳心意六合八法拳均被安徽省人民政府列入第四批省级非物质文化遗产名录。

2. 晰扬掌

晰扬掌即亳州晰扬掌,也称西凉掌。元仁宗延祐年间(1314—1320年),亳州清真寺伊玛目沙阿訇为了宣传伊斯兰教,创编了"清真古兰健身术",晰扬掌即在此基础上发展而来。经过数十年的努力,沙阿訇摸索出把中国汉语言、哲学、武术、文学、武术术语与伊斯兰经文(清真言)、阿拉伯字母、礼拜动作、《古兰经》章节相结合的一整套伊斯兰武术体系。此拳能强身健身,陶冶性情,打击、技击又能延年益寿,对五脏六腑各种机能起到绝妙的调节作用;有助于提高肺活量、加大呼吸,使全身各个关节强劲有力、调节全身肌肉以及腹腔内各种机能;能加速身体自身的血液循环,促进身体内部及其各部位的吐故纳新。在沙阿訇82岁那年,因身体不适,将这一体系传给其孙,汇集成书,署名"古兰健身术——晰扬掌"。

晰扬掌中的"晰"是清晰之意,"扬掌"是指在该拳种每套动作开始时都有一个"扬手"的动作(回族礼拜者,在礼拜时的第一个动作是"台克米尔"扬手),因而称之为晰扬掌(别名棋势功),即清晰明了的掌法。相关资料记载,晰扬掌共有365个动作,强调柔、烈、凶、猛、威;步法有随、快、退、碾;劲力刚而不僵,柔而不松,以内合为基础,以外合为根本,达到劲、力、体一致。

晰扬掌原本作为穆斯林的护寺拳术,当时严禁向本教以外的人传授。因晰扬掌是以秘密的方式传授,传世秘谱对晰扬掌的传人只记姓氏,不记名字,因此,对晰扬掌的传人尚没有更多的了解,只能知道晰扬掌得名之后,直至1908年,传至蒋至诚之手后,晰扬掌不仅传到了安徽各地,还传到了江苏、山东、河南、河北、甘肃、青海、宁夏等省区。当时除蒋至诚之外,亳州当地还有一批比较有成就的拳师。

随着时代的发展,拳术作为护寺的功能已经弱化,逐渐演变成一种文化。2021

年,西凉掌(亳州晰扬掌)被列入国家级第五批非物质文化遗产名录。

3. 永京拳

永京拳源于东晋时期葛洪(约281—341年),字稚川,自号抱朴子,丹阳名容(今江苏省丹阳市)人,系东晋时期道教理论家、炼丹术士、医学家、文学家。葛氏家族历来多重武,武师辈出。葛氏后人葛锦贵(1861—1947年),字季林,山东人,自幼习武,后移居安徽淮南,以茶、蚕、山货通商于上海、杭州、扬州等地,并遍访当地名师与技击高手,专心研究拳学,吸取各家之长,逐渐将其家传养生为主的"神仙导引养生术"改造为御敌于外的技击术。葛锦贵第三子葛怀天(1903—1991年)得其父真传,被指定为葛家拳第二代传人,在上海、杭州、黄山、扬州、淮河流域传授葛家拳。

永京拳由我国著名武术家、一代宗师葛永志先生创于20世纪70年代末。葛永志自幼随叔父学习家传葛家拳、易筋经、柔拳及丹道内功心法,得益颇深。他在20世纪80年代初涉足行伍,曾任军中武教;先后任内蒙古形意拳研究会首席会长、北京中意武馆名誉馆长、国家级武术功法教练员裁判员、国家级健身气功教练员裁判员、国家级社会体育指导员、中国永京拳淮南市研究总会会长、安徽省武学研究会会长。

永京拳又称徽拳,是集练养、技击为一身的内家拳学,讲究拳法自然意真、周身协调为和、整体混元一气、主动连续进攻、打化灵变技击方法,主张性命双修、练养结合,其拳势或纵逸不拘、锋芒毕露,或烟云舒卷、流水行地,皆出自然。永京拳具有朴实秀美、厚重自然、轻灵如猿、经典实用等特点,它因全新的武术理论、武术思想及丰富的审美情趣而具有鲜明的徽州文化特色。2010年,永京拳被收入安徽省第三批省级非物质文化遗产名录。

4. 五音八卦拳

五音八卦拳是流传于安徽阜南民间的一个濒临失传的传统拳术,相传源于清朝乾隆年间豫州陈州(今河南省周口市淮阳区)人刘怀(字道元,号南木老人)编创的伏羲八卦拳。五音八卦拳第一代创始人罗体贤,深得伏羲八卦拳的精髓,根据五行相生、阴阳相合、天人相立的思想理念,结合中华武术流派之长,创立了五音八卦拳。罗体贤于清咸丰年间出任清宫御前侍卫,后因附送皇贡不力而获罪,避难来到当时豫州西南与颍州交界处的方集镇。为了谋生,罗体贤在这里招收徒弟,开馆教武。由此使五音八卦拳在阜南方集乃至洪、淮流域民间流传至今。罗体贤在方集传习五音八卦拳期间,先后招收了30余名弟子,其中较优秀的有乡绅冯老良之子冯介臣、汪家大公子汪崇华和自己的儿子罗宾甫。罗体贤去世后,罗宾甫在方集继续开馆传艺,所传弟子遍布洪、淮流域,其中最著名的属方家二公子方端臣。

方端臣,1894年出生于方集镇。由于他博采众家之长,内修外炼,很快成为江淮武林高手,轶事很多,人称"江淮大侠方端臣"。方端臣于1959年去世,他一生德艺双修,解囊济贫,除恶行善,威震江淮,名扬海内外。当今所传的五音八卦拳,便是由方瑞臣传袭下来的，后流传于安徽西北部的阜南、阜阳、临泉、亳州等地。

五音八卦拳的功法体系分拳械和套捶排打两个系统。拳械套路主要有三十六趟八卦拳和六十四慢劲功等。套捶排打有老劲捶、五音捶、靠八方等。五音八卦拳是相对较新的武术门派，虽然只有两百多年的历史，但因功法独特而成为中华民族武术的一部分。2014年，五音八卦拳被列入安徽省第四批非物质文化遗产名录。

5. 心意六合拳

心意六合拳起源于明末清初，为武术家姬际可所创，距今约有400年的历史。

心意六合拳是我国一种古老的传统拳术，在中国武术史上占有重要地位。其以形取意，取龙、虎、熊、马、猴、蛇、鹰、鹞、鸡、燕十种动物的特征创造出各种拳式，该拳简练实用、易学易练，具备修身养性、益寿延年、陶冶情操、强身健体等功能。其理论体系严密、技术体系严谨，拳法特点鲜明，具有强大的生命力，几百年来，经久不衰，传承不息。

自明末清初开宗创派以来，历经数百年的进程和十余代人的承袭和传播，心意六合拳已逐渐形成了比较明晰的具有广泛代表性的五大主要流派，即河南派、安徽派、上海派、河北派、山西派。安徽的心意六合拳在20世纪初由第七代传人宋国宾大师在蚌埠市传授，弟子众多。现经近百年的历史沿袭，几代习武人的努力，拳种在安徽省乃至全国及世界各地均有习练者，对促进人民群众的身体健康、开展全民健身运动，都起到了积极的作用。2017年，蚌山心意六合拳被评为安徽省第五批非物质文化遗产代表性项目。

6. 太和武当太极拳

太和武当太极拳是一个直接承传于道门的古老的太极拳的门派，其拳理拳法、功理功法与社会上流行的太极拳有很大差别，由于道门秘传的原因，在传代上有严格规定——一甲子为一代，一代传二不传三，故在民间所传极少，濒临失传。

自太极拳由道门传入民间以后，出现了以姓氏命名的太极拳门派，流传于太和境内的太极拳，也因此被称为太和武当太极拳。后人根据此拳内含真意的特征，又称其为意合太极拳。太和武当太极拳有三步练法（易筋、易骨、易髓）、五种功法（坐、站、行、动、用）和内外五行十大练法（精、神、意、气、力、筋、骨、皮、毛、肌）；它是形体与意识的合一修炼法，是人体内外、阴阳五行的统一修炼法。

道门技艺历尽沧桑，来之不易，凝聚着历代传承人的心血，闪耀着中华文化博大精深的光彩。它的传承和保护对促进传统武术的继承与发展是十分有益的。2017年，太和武当太极拳被评为安徽省第五批非物质文化遗产代表性项目。

7. 玄女剑

玄女剑，亦称九天玄女剑，属少林门派中濒临失传的优秀传统剑术套路。在1984年全国武术观摩交流大会上，安徽代表队的赵静轩老拳师（时年79岁）将这套剑术展现了出来，受到了与会者和行家们的一致好评，荣获金牌一枚。赵静轩老拳师系河南鄢陵人，出生于武术世家，7岁开始习武，曾在原安徽阜阳国术馆任教长达10年,时任阜阳市武术协会副主席。赵静轩老拳师说:"这套剑术乃家父所传。家父的尊师为清朝光绪年间河南开封信昌镖局的掌柜(即总镖头)。这套剑术流传至我,动作尚未改动过。"①

玄女剑的特点是套路古朴典雅、动作简洁明朗、姿势工整大方。演练时,要求招式稳健,节奏明快,身灵步活,飘逸洒脱。其剑法大致有劈、刺、抹、挑、推、拦、托、撩等。行步动作较多,起、收势均右手握剑,是一套较典型的传统行剑套路。

赵静轩老拳师所传的玄女剑和历史上传说的道家九天玄女所用的玄女剑应该不是同一套路,因为赵静轩老拳师所传的玄女剑明确归属"少林门派中濒临失传的优秀传统剑术套路";而传说中的九天玄女简称玄女,俗称玄牝氏、九天娘娘、九天玄女娘娘、九天玄母天尊等,是中国古代神话中传授过兵法的女神,在道教神仙信仰中的地位极高。在中国古代的神魔小说《封神演义》中,即说九天玄女剑是由九天玄女所铸造的,剑身通体黑色,剑锋呈弯月形,极为锋利。

此外,在淮北地区还流行淮北六步架大洪拳、淮北李氏射艺,在蚌埠地区还流行陈氏太极拳、胡门少林大洪拳,它们都于2022年被安徽省人民政府列入第六批省级非物质文化遗产代表性项目名录。

(二)皖北代表性武术及军事人物

远古人类为了生存需要,必然要运用人体的自然之力,"武"便在与各种动物搏斗过程中自然产生并日渐发挥出巨大的社会功能。同时,不同部落或氏族之间因利益冲突会频繁发生战争,又使"武"和军事战争紧紧联系在一起。因而,甲骨文中的"武"字,即从止从戈——上部分是"戈",下部分是"止"。在古汉语中,"止"是"趾"本字,指脚趾;"戈"是一种兵器,戈下有脚,表示人持戈(兵器)行进,运用武力去解决问题。将其本意进行延伸,意即打斗时要把脚站稳、摆好打斗的姿势,这样才能取胜。即"武"的原本意思是站稳脚以持兵器进行打斗,"武"从其行为之始就和军事相伴相生,《辞源》据此解释为"武术:犹言军事",亦是顺理成章的。可见,武术是古代军事战争的一种常用技术,既可以进击对方,又可以防御敌人进攻、强身护体。所以,中国历史上的武术人物和军事人物时常是合为一体的。

1. 两汉及南北朝时期

这一时期有明确史料记载的武术人物是西汉时期素有"淮南第一剑客"之称的雷被,但其具体生卒年不详,出生地亦无可考。雷被本为江湖游侠,后被淮南王刘安招入门下。他参与编纂《淮南子》,与苏飞、李尚、左吴、田由、伍被、毛被、晋昌七人,合称为"淮南八公"。雷被以剑艺闻名,淮南王太子刘迁听闻此事后不服,便和雷被较量。由于雷被失手击伤刘迁,从此刘迁怀恨在心,处处为难他。后来雷被自知难以待在淮南国,于是向淮南王刘安请求跟随大将军卫青去打匈奴。但刘安听

---

① 赵静轩.玄女剑[M].顾正瑞,刘勇,整理.合肥:安徽科技出版社,1987:1.

信太子刘迁之言,认为雷被起了叛心而将其免职。心怀怨恨的雷被索性逃出淮南王府,跑到长安城状告刘安。汉武帝顺水推舟,剥夺了刘安的封地。不久后刘安因谋反满门被诛,雷被也死在苛吏张汤手里。

曹操(155—220年),字孟德,一名吉利,小字阿瞒,沛国谯县(今亳州市)人。东汉末年杰出的政治家、军事家、文学家、书法家,三国时期曹魏政权的奠基人。

熹平三年(174年),20岁的曹操被举为孝廉,入京都洛阳为郎。不久,被任命为洛阳北部尉。光和元年(178年),曹操因堂妹夫濦强侯宋奇被宦官诛杀,受到牵连,被免去官职。其后,在洛阳无事可做,回到家乡谯县闲居。光和三年(180年),曹操又被朝廷征召,被任命为议郎。光和七年(184年),改任骑都尉,随皇甫嵩镇压颍州黄巾军,迁为济南相。中平六年(189年),曹操与袁绍讨伐董卓兵败。后镇压黄巾军,队伍日益壮大,于建安元年(196年),迎汉献帝都许县,封为大将军、武平侯。从此,曹操大权在握,以汉天子的名义征讨四方,对内消灭二袁、吕布、刘表、韩遂等割据势力,对外降服南匈奴、乌桓、鲜卑等,统一了中国北方,并实行一系列政策以恢复经济生产和社会秩序,奠定了曹魏立国的基础。

曹操早年就表现出对武艺的爱好以及在武艺上的才能,他曾经潜入张让家,被张让发觉后,手舞着戟越墙逃出,全身而退。曹操博览群书,尤其喜欢兵法,曾抄录古代诸家兵法韬略,还有注释《孙子兵法》的《魏武注孙子》著作传世。这些经历为他后来的军事生涯打下了稳健的基础。曹操在世时,担任东汉丞相,后为魏王。建安二十五年(220年)正月,曹操还军洛阳。当月,病逝在洛阳,终年66岁,谥曰武王。临死前曹操留下《遗令》,根据其遗嘱,他于二月廿一丁卯日(4月11日)被安葬于邺城西郊的高陵。同年十月,魏王曹丕取代汉朝,自立为皇帝,国号魏,追尊曹操为武皇帝,庙号太祖。

吕蒙(178—220年),字子明,汝南富陂(今阜南县)人,东汉末年孙权的谋士与将领。

吕蒙一生屡建战功。少为孙权别部司马,治军有方、士卒操练娴熟,得到宠任。建安十三年(208年),从孙权征灭刘表将领黄祖,升横野中郎将。是年,又随周瑜、程普大破曹操于赤壁。建安十九年(214年),跟从孙权征皖城(今潜山市),功劳最大,拜庐江太守。翌年,奉命西取长沙、零陵等地。后升左护军、虎威将军。鲁肃卒后,吕蒙代督其军,屯于陆口,与关羽为邻。建安二十四年(219年),孙权采吕蒙计,令其称病还建业,由威名未著的陆逊代守陆口,以此麻痹关羽,使其不以吴军为患,调大军北攻曹军。吕蒙则乘其后方空虚之际,率精兵攻取南郡。入城后军纪严明,抚恤老病,优遇关羽将士家属,瓦解了关羽部众斗志,从而斩关羽,定荆州。升南郡太守,封孱陵侯。建安二十四年(219年)年末(220年初),因病去世,享年42岁。

吕蒙是东吴攻灭关羽的最早倡议者。吕蒙针对关羽所督的荆州,于建安二十年(215年)夺取三郡,建安二十四年(219年)再夺三郡,最终使得东吴国土面积大增,实现了"全据长江"的夙愿。其发愤勤学的事迹,成为中国古代将勤补拙、笃志力学的代表,相关典故有"士别三日""刮目相待""吴下阿蒙"等。

曹丕(187—226年),三国时期魏国君主、文学家。字子桓。沛国谯县人。魏武帝曹操次子。

曹丕少时好弓马。初平三年(192年),曹操认为时下兵荒马乱,教曹丕学射箭、骑马;曹丕6岁学会射箭,8岁学会骑马,10岁便开始随父曹操征战南北。东汉建安十六年(211年),为五官中郎将、副丞相;建安二十二年(217年),曹丕运用各种计谋,在司马懿、吴质等大臣的帮助下,在继承权的争夺中战胜了弟弟曹植,被立为太子。建安二十五年(220年)正月,曹操逝世于洛阳,曹丕从邺城至洛阳继承丞相位,称魏王,改年号为延康。当年十月,迫汉帝禅位,自立为帝,国号魏,改元黄初,将都城由许昌迁至洛阳。

曹丕在位期间,平定边患。击退鲜卑,和匈奴、氐、羌等外夷修好,恢复汉朝在西域的建置;坚持独揽大权,设立中书省,其官员改由士人充任,与西汉用宦者充任中书不同。原由尚书郎担任的诏令文书起草之责转由中书省官员担任,机要之权渐移于中书省。

黄初七年(226年)正月壬子,曹丕回到洛阳的宫殿。五月丙辰(6月28日)曹丕病重,诏令镇军大将军陈群、中军大将军曹真、征东大将军曹休、抚军大将军司马懿受领遗诏,共同辅佐嗣主曹叡。让后宫淑媛、昭仪以下的都各自归其家。五月十七日(6月29日),曹丕去世,时年40岁,庙号高祖(《资治通鉴》作世祖),谥号文皇帝。按其生前文告,不封不树,葬于首阳陵。

2. 唐及五代十国时期

这一历史时期历经无数次战争,各类武术人士和军事人物层出不穷。皖北地区具有影响的代表性人物包括朱温、陈抟等人。

朱温(852—912年),宋州砀山(今砀山县)人,后梁开国皇帝(907—912年)。

朱温早年追随农民起义领袖黄巢,征战岭南等地。黄巢在长安建立大齐政权后,朱温先后任东南面行营先锋使、同州防御使,与唐朝军队交战。中和二年(882年),朱温以同州防御使降唐,归附唐军王重荣、杨复光部,被唐僖宗赐名全忠,并被任命为河中行营副招讨使,后升任汴州刺史、宣武军节度使。后在中原之地,与李克用、时溥等一起镇压黄巢,并招降黄巢余部。黄巢死后,朱温以汴州为基地,继续扩张领土。他先后击败秦宗权、朱宣、朱瑾等军阀势力,取得河北三镇的控制权。天祐元年(904年),朱温为控制朝政,取得对唐廷的完全掌握,谋弑唐昭宗,改立唐哀帝,诛杀宦官及大唐忠臣。天祐四年(907年),朱温废黜唐哀帝,建立梁朝,改年号为开平,定都汴州,史称后梁。乾化二年(912年),朱温被儿子朱友珪弑杀,终年61岁,葬于宣陵。上谥号神武元圣孝皇帝,庙号太祖。

陈抟(871—989年),字图南,自号扶摇子,赐号"白云先生""希夷先生",亳州真源(今亳州市)人。五代末北宋初道士、道教学者、养生家。《宋史·陈抟传》记载陈抟卒于宋太宗端拱二年（989年），《历世真仙体道通鉴》和《太华希夷志》称其享年118岁，据此推之其生年即871年。

陈抟早年读经史百家之言，有拨乱济世之志。唐长兴年间（930—933年），陈抟举进士不第，遂隐居武当山九室岩，后移居华山云台观和少华石室，与隐士李琪、吕洞宾等为友。因后周世宗好黄白术，于显德三年（956年）召至宫中，问飞升黄白之术，擢谏议大夫，固辞不受。北宋太平兴国年间（976—984年），因至京师建议宋太宗"远招贤士，近去佞臣，轻赋万民，重赏三军"而得太宗宠信。端拱二年（989年）七月，陈抟仙逝于华山张超谷石室。

陈抟在思想上融儒、释、道三教学说于易学之中，创立了"先天易学"，著有《无极图》《先天图》《易龙图序》《贯空篇》《阴真君还丹歌注》《正易心法·注》等。他结合诸学说中的玄默修养思想而创心意六合八法拳，以心中意念为指引，以六合的"静"为体、八法的"动"为用，达到内以养心益气、外以修形健体之功效，因而被称为中华内家拳的始祖。

3. 宋元明清时期

宋元明清时期是中国武术发展的鼎盛时期，涌现出一批杰出的军事家和武术人物。如著名的明朝开国皇帝朱元璋及明朝一批杰出的开国将领，还有著名武术家程宗猷等人。

朱元璋（1328—1398年），字国瑞，原名朱重八、朱兴宗。濠州（今凤阳县）钟离人。明朝开国皇帝，年号洪武。

朱元璋25岁参加郭子兴领导的红巾军，反抗元朝。至正十六年（1356年）攻占集庆路，改名应天，至正二十四年（1364年）称吴王。他陆续消灭陈友谅、张士诚等割据势力，并在吴元年（1367年）以"驱逐胡虏，恢复中华"为号，派遣徐达、常遇春举兵北伐，以推翻元朝统治。洪武元年（1368年）正月，即皇帝位于应天府，国号大明，年号洪武；同年秋攻占大都，结束了元朝在全国的统治。此后数次遣将北征，打击北元残余势力。洪武四年（1371年），灭夏，平四川。洪武十年（1377年），平云南，逐渐统一全国。洪武三十一年（1398年），朱元璋病逝，享年71岁，谥号开天行道肇纪立极大圣至神仁文义武俊德成功高皇帝，庙号太祖，葬于明孝陵。

朱元璋在位期间，政治上，强化中央集权制度，废除丞相和中书省；废除行省，设三司分掌地方权力；以严猛治国，以重典驭臣下，严惩贪官和不法勋贵。此后又屡兴大狱，追治"奸党"；兴"文字狱"，用锦衣卫设立诏狱，又行"廷杖"之制。军事上，实施卫所制度。经济上，大搞移民屯田和军屯，减免赋税，丈量全国土地，清查户口等。文化上，紧抓教育，建立国子监培养人才，定八股取士之制。对外关系上，确立"不征之国"。在他的统治下，社会生产逐渐恢复和发展，史称"洪武之治"。

韩成（出生日期不详—1363年），元代濠西（今蚌埠市北郊吴郢乡）人，一说泗州虹县（今宿州市泗县）人，明朝开国功臣。韩成生于农家，自幼习武。元至正十二年（1352年）参加郭子兴义军，至正十四年（1354年）随朱元璋攻克滁州，任镇抚。

龙凤元年(1355年)随朱元璋渡江,攻克采石镇、太平路、芜湖县。龙凤二年(1356年)三月随朱元璋攻克集庆路(今南京),又随徐达等人攻克镇江路、金坛县,升元帅,后随常遇春支援常州,解除了牛塘之围。龙凤三年(1357年)随缪大亨攻取扬州。龙凤四年(1358年)随朱元璋攻克婺州。龙凤五年(1359年)随俞通海克复池州。龙凤六年(1360年)参加龙湾之战,捣江州。龙凤八年(1362年)随朱元璋下南昌。龙凤九年(1363年)升帐前总制亲兵都指挥使司左副指挥使,三月随朱元璋救韩林儿,参加安丰之战,遂攻庐州,继而回援南昌,战死(换朱元璋衣袍代死)于鄱阳湖之战。龙凤十年(1364年),追赠安远大将军、轻车都尉、帐前总制亲兵都指挥使、高阳郡侯,祀于余干康山忠臣庙,后因其子韩观之功,追赠荣禄大夫、中军都督府都督同知,弘光初年补谥忠壮。

邓愈(1337—1377年),原名邓友德,字伯颜,泗州虹县人。明朝开国名将。

邓愈天生魁梧,勇武过人。16岁领兵抗元。至正十五年(1355年),率所部万余人从盱眙投奔朱元璋,任管军总管,朱元璋赐其名为邓愈。他跟随朱元璋渡过长江,攻克太平(今安徽当涂)、集庆(今江苏南京),直取镇江,屡立战功,升为广兴翼元帅。后转战浙西,屡败元军。累积军功屡次升官,历任金行枢密院事、江西行省参知政事、江西行省右丞、湖广行省平章、右御史大夫、太子右谕德。为人简重缜密,智勇兼备,严于治军,善抚降者,功著一时。洪武三年(1370年),邓愈跟随徐达远征甘肃,击败北元军队,招降吐蕃、乌斯藏诸部。晋封为荣禄大夫、右柱国,封卫国公。洪武十年(1377年)十一月初九,邓愈病逝于寿春(今淮南市寿县),追封为宁河王,谥号武顺。

邓镇(出生日期不详—1390年),泗州虹县人。明朝初年勋臣、将领,宁河王邓愈之子。洪武十三年(1380年)袭封申国公,多次跟随北伐,后于洪武二十三年(1390年)受到李善长牵连,被杀。

程宗猷(1561—1636年),明代南直隶徽州府休宁(今休宁县)人,武术家。他少年四出远游,访师求艺,曾在少林寺苦练达十余载;在刀、枪、棍、弩诸方面,皆有较高造诣,尤以棍法为精。著有《少林棍法阐宗》三卷、《蹶张心法》一卷、《长枪法选》一卷、《单刀法选》一卷,以上六集合辑成《耕余剩技》,为后人研究明代武术提供了真实、详尽的材料。

张佑溪(1769—1838年),字涧泉,寿州人。乾隆五十三年(1788年)中武举。补松江千总,曾任青山守备、镇江都司、扬州参将、江宁副将、狼山镇总兵、松江提督。道光十八年(1838年)病卒。

张乐行(1811—1863年),字洛行,乳名香儿,别名老乐,捻军前期首领。安徽亳州雉河集(今涡阳县)人,出生于地主豪绅家庭。1852年,皖北饥荒严重,张乐行与龚得树等率捻众万余人起义,在苏鲁豫皖交界广大地区活动,声势迅速扩大,各地捻众纷纷起义响应。1855年秋,各路捻军首领云集雉河集,成立联盟,推张乐行为盟主,号称大汉永王。组成捻军,建立黄、红、蓝、白、黑五旗军制,扩大队伍,积极活动。1857年,张乐行率捻军与太平天国陈玉成、李秀成部队会师,被封为成天义,任征北主将,后改封沃王。与太平军并肩战斗,使清政府大为恐慌,先后派胜保、袁甲三等人镇压捻军。同治二年(1863年),僧格林沁围攻雉河集,捻军遭受重大损失;因叛徒出卖,张乐行在西阳集被俘。是年二月十八日,张乐行及其子张喜、义子王宛儿在义门大周营英勇就义。

4. 近现代皖北代表性军事人物

五四运动后,一大批仁人志士为了中华民族的解放事业,积极投身到新民主主义革命的洪流中,在全国各地涌现出了无数的革命烈士和杰出的军事将领。新中国成立后,全军实行军衔制。经统计,在1955年授衔时,有128名开国将军来自安徽省,尤其是金寨、六安这两个地方,走出的开国将军数量最多,均位列全国十大将军县之中,安徽省因此成为开国将帅第四多的省份。在1955—1965年的第一次军衔制时期,授予中将、少将军衔或晋升少将军衔的皖北籍开国将军有16名。基本情况如表4.1所示。

表4.1 1955—1965年皖北籍开国将军授衔情况表

序号	姓名	生卒年	出生地	授衔	备注
1	聂鹤亭	1905—1971	阜南县南乡	中将军衔	1956年补授
2	徐介藩	1901—1983	固镇县马场乡	少将军衔	
3	马文波	1911—1993	怀远县何巷村	少将军衔	
4	赵汇川	1913—1996	宿县	少将军衔	祖籍濉溪县孙疃镇,1961年晋升
5	曹灿章	1913—2004	亳州市谯城区	少将军衔	
6	杨银声	1918—1993	寿县	少将军衔	
7	丁武选	1897—1993	阜南县地城镇	少将军衔	
8	焦玉山	1915—1990	阜南县曹集镇	少将军衔	1964年授衔
9	孙超群	1906—1967	阜南县白果乡	少将军衔	
10	官俊亭	1917—2003	颍上县建颍乡管谷村	少将军衔	1964年授衔
11	张峰	1922—1997	太和县双浮集	少将军衔	1964年授衔
12	曹广化	1905—2004	寿县	少将军衔	
13	廖运周	1903—1996	淮南市田家庵区	少将军衔	原属凤台廖家湾
14	李忠信	1916—1999	萧县	少将军衔	1964年授衔
15	张衍	1917—2003	灵璧县	少将军衔	1961年授衔
16	于敬山	1919—1996	濉溪县双堆集镇	少将军衔	一说宿县人,1964年授衔

二、皖北地区的社会性武术活动

皖北具有悠久的文明发展史,皖北武术的发展与中华武术同根同源。在皖北社会变迁及历朝历代的更替中,武术在军事战争中承担着重要的角色。然而,"自金以后,经济重心南移,政治中心却北移,皖北失去京畿之利,社会环境发生了鲜明的变化。同时,运河改道,自然环境恶化,导致了皖北地区流民和匪患成为常态。因而,和平时期盗寇横行,动乱时期是多方争夺的战场,政权交替之际又是群雄割据、决定兴废之所,整个状态呈现出乱世多于治世,形成特有民风——啙窳之风蔓延、尚武之风盛行"①。至于一些游惰者身佩刀剑,"结死党为侠游,轻死而易";《砀山县志》亦载"民勇猛好武,习成风气,豪爽侠义"。到了近代,"皖北地区民间习武成风,武术人才辈出,如马承智、刘百川、宋国宾、胡敬章、吴翼翚等都是享誉全国的人物"②。辛亥革命后,中国政府将中国武术定名为"国术",皖北地区的武术活动普遍开展,各地纷纷设立国术馆,培训爱好武术的青少年。如1930年成立了"阜阳县国术馆",1936年前后成立了"蒙城县国术馆",1936年成立了"颍上县国术馆",1940年成立了"亳县国术研究社",社会性习武之风蔚然兴盛。1947年建(蚌埠)市后,蚌埠成立了国术研究社。

(一)亳州的华佗"五禽戏"

五禽戏是由华佗(约145—208年)创编的传统导引养生的一个重要功法。华佗出生在东汉末沛国谯县(今亳州市),一生著述颇丰,但均亡佚。今传《中藏经》《华佗神医秘传》等皆托名之作。华佗弟子中有吴普、李当、樊阿之等人。其中,吴普著有《吴普本草》,李当之著有《李当之药录》,而樊阿则擅长针灸及养生。

华佗在《庄子》"二禽戏"("熊经鸟伸")的基础上创编了"五禽戏"。其名称及功效据《后汉书·方术列传·华佗传》记载:"吾有一术,名五禽之戏:一曰虎,二曰鹿,三曰熊,四曰猿,五曰鸟。亦以除疾,兼利蹄足,以当导引。体有不快,起作一禽之戏,怡而汗出,因以著粉,身体轻便而欲食。普施行之,年九十余,耳目聪明,齿牙完坚。"

南北朝时陶弘景在其《养性延命录》中对此有比较详细的记载:"虎戏者,四肢距地,前三掷,却二掷,长引腰,侧脚仰天,即返距行,前、却各七过也。鹿戏者,四肢距地,引项反顾,左三右二,左右伸脚,伸缩亦三亦二也。熊戏者,正仰以两手抱膝下,举头,左擗地七,右亦七,蹲地,以手左右托地。猿戏者,攀物自悬,伸缩身体,上下一七,以脚拘物自悬,左右七,手钩却立,按头各七。鸟戏者,双立手,翘一足,伸

---

① 陈威.皖北武术文化遗产现状研究[J].搏击·武术科学,2013(4):31.
② 同①31.

两臂,扬眉鼓力,各二七,坐伸脚,手挽足距各七,缩伸二臂各七也。夫五禽戏法,任力为之,以汗出为度,有汗以粉涂身,消谷食,益气力,除百病,能存行之者,必得延年。"陶弘景在该书中,不但对五禽戏的具体操作步骤进行了描述,而且提出了五禽戏的锻炼原则——"任力为之,以汗出为度"。①

五禽戏发展至今,形成了不同的流派。2001年,国家体育总局健身气功管理中心成立后,委托上海体育学院对五禽戏展开挖掘、整理与研究工作,并编写出版了《健身气功·五禽戏》,2003年由人民体育出版社出版发行。《健身气功·五禽戏》其动作编排按照《三国志》的虎、鹿、熊、猿、鸟的顺序,动作数量按照陶弘景《养性延命录·摄生消息论》的描述,每戏两动,共十个动作,分别仿效虎之威猛、鹿之安舒、熊之沉稳、猿之灵巧、鸟之轻捷,力求蕴涵"五禽"的神韵。华佗五禽戏2006年被评为省级非物质文化遗产项目,2011年被国务院列入第三批国家级非物质文化遗产项目。

(二)创建全国武术之乡

我国的群众性武术活动历史悠久、源远流长,套路多、品种全、技艺高,世界闻名。新中国重视发展传统体育运动,采取多种措施推动各地社会武术运动蓬勃发展。在此背景下,国家体育运动委员会决定以评选"全国武术之乡"为重点,扩展武术在全民健身领域的社会影响力。1992年12月4日,国家体育运动委员会讨论通过了首批全国武术之乡名单,有18个省35个县、市、区上榜。其中,安徽省的亳州市、砀山县名列第一批武术之乡名单。1996年12月,国家体育运动委员会评选出第二批共27个武术之乡。2001年8月,国家体育总局评选出第三批共31个武术之乡。2012年3月,国家体育总局武术运动管理中心颁布出台了《全国武术之乡管理办法(试行)》,旨在建立规范化管理制度、加强武术之乡管理、促进武术之乡建设、引导武术之乡健康可持续发展,同时废除了全国武术之乡终身制的规定,决定实行动态管理。2015年召开的全国武术之乡工作会议上又新增了九个达到武术之乡申报条件的申报单位,同时对天津市河西区、湖南省冷水江市、江西省乐平市等三个单位进行了末位淘汰,免去了它们全国武术之乡的称号。到2016年,国家体育总局武术运动管理中心认定的武术之乡已达到100个。

《全国武术之乡管理办法(试行)》在"总则"中对"武术之乡"作了明确界定,即"武术之乡是授予那些具有尚武光荣历史传统,政府和社会支持,群众积极参与武术事业,武术普及、推广和传承形成规模规范有序发展局面,具备全国武术之乡所需条件,并在本省、区、市作出突出成绩,具有较大影响力的地市级以下的单位"(第二条),并在第三条中进一步明确了武术之乡的性质、地位和作用,"武术之乡是中

---

① 陶弘景,丘处机.养性延命录:摄生消息论[M].王文宏,崔志光,评注.北京:中华书局,2011:107-108.

华武术文化的重要发源地和典范传承地,是传播和普及中华武术的重要载体,是弘扬中华武术精神和光大民族优秀文化的重要阵地,对中华武术的继承、繁荣、创新和发展具有强大的示范带动作用"。可见,被授予武术之乡荣誉称号是对当地社会性和群众性武术活动开展的肯定。

1. 亳州市

亳州市具有悠久的武术传统,民间习武之风甚浓。东汉时期,名医华佗创编了五禽戏,唐宋时期道教名人陈抟始创六合八法掌,元末亳州回族阿訇创编了晰扬掌,以及在亳州广为流传的形意拳、直攻拳、姜家枪等传统拳种已被编进《安徽省武术拳械录》。在挖掘整理工作的"三献"阶段,亳州拳师献出自己的拳技,董文焕表演的五禽戏、颜勇表演的晰扬掌被安徽省体育运动委员会录像并在全国武术遗产挖掘整理成果会上播放后,被国家体育运动委员会选用;五禽戏、晰扬掌、六合八法掌被列入中国武术129个拳种之列。1992年12月,亳州市被国家体育运动委员会命名为全国武术之乡①。

享有全国武术之乡称号后,至2000年,亳州市共有武术馆、学校80多所,武术、散打教练300多名,裁判队伍40余人;2005年,亳州市武术协会成立,相继成立8个武术分会;2006年,成功举办"汤都论剑"全国武术大赛,使传统武术得以发扬光大,新的武术套路不断引入。王雯在《全国武术之乡亳州市谯城区武术发展现状研究》中写道:"谯城区政府对'武术之乡'活动非常重视,每年拨付专项经费用于'武术之乡'活动的开展,2015年区财政拨付专项经费50万元,用于参加每年全国'武术之乡'比赛以及各省、市、区级武术比赛和8月8日全民健身日活动展示及其他各种培训交流活动。亳州市谯城区共有武术活动晨(晚)练点166个,分布在市区、各乡镇、街道办事处,常年开展武术、健身气功活动,进一步满足了健身气功爱好者和习武人群的精神文化生活需求,切实达到人们强身健体的目的。全区共有武术场馆、学校和俱乐部共48所,乡镇有武术场馆30所,大型武术馆4所。谯城区每年都积极参与并组织各种不同形式的武术比赛和活动,如国际武术节暨全国'武术之乡'武术套路比赛、全国传统武术精英赛、亳州市传统武术比赛等。通过武术之乡建设工作的努力推进,为亳州市谯城区武术发展营造了良好的氛围,不但丰富了全区人民的体育文化生活,而且进一步推广了武术运动。通过武术之乡建设工作的努力推进,为亳州市谯城区武术发展营造了良好的氛围,不但丰富了全区人民的体育文化生活,而且进一步推广了武术运动。"②

2. 砀山县

砀山县位于安徽省最北部,自古就是楚汉文化、中原文化的生发之地,农民起

---

① 现谯城区,"全国武术之乡"荣誉只授予符合条件的各省、区、市的市、县、区级单位。1998年2月,亳州从阜阳划出,由安徽省直辖,辖谯城区及涡阳、蒙城、利辛三个县。

② 王雯.全国武术之乡亳州市谯城区武术发展现状研究[D].湖北:武汉体育学院,2016:11-12.

义、封疆之争、政权更迭的战场。春秋战国时期,砀山属宋地,后归楚,由于战争不断,武术的格斗技能在军队及民间得到重视和迅速发展。秦时设砀郡,为三十六郡之一,素有武术传统,其既是汉高祖刘邦斩蛇起义之地,也是五代梁王朱温故里。悠久的武术传统以及历史上的连年战争,促进了砀山的武术发展,造就砀山县的习武、尚武之风。至明清两代,广泛流传各门派、拳种,并涌现众多武术高手,故《砀山县志》记载:"(砀)民勇猛好武,习成风气,豪爽侠义。"

新中国成立后,国家重视推广武术运动,并开展武术文化的挖掘整理工作。1958年,安徽整合民间武术活动资源,开始组建安徽省武术训练队。为了响应省体育运动委员会的号召,1958年砀山县组建武术训练队(砀山县东风体育大学武术队),由胡敬章任教练,来自不同的"门派"、公社或大队的50多名武术运动员参加集训,大家互相学习、取长补短,完善武术套路、提高运动水平,有多名运动员代表省市参加比赛,获得优异的成绩。20世纪60年代初,砀山县有三名运动员入选省队,多次参加全国武术表演、比赛并取得良好成绩。在1959年安徽省第一届运动会武术比赛中,郭省聚获男子全能第三名,刘桂兰获女子全能第二名。

由于砀山县武术活动具有深厚的群众基础,曾被解散的一些武术组织在20世纪70年代末陆续得以恢复,大部分公社都成立了武术队,砀山县也组织了武术队开展训练,按照国家《武术竞赛规则》规范训练,逐步向正规化发展并培养了一大批武术人才。砀山县武术运动员不仅在全国、省、市比赛中获奖,而且有十几位拳师被周边县市聘请为教练,在当地开展武术活动,扩大了武术影响力。改革开放后,砀山县的武术迎来了发展繁荣。贾悦艺在《砀山县武术之乡的武术发展状况研究》中认为,20世纪80年代至90年代中后期是砀山县武术的大发展时期。1980年,砀山县武术协会成立。1981年,在武术"小窝班"的基础上成立了砀山县第一家武术学校。据当时的统计,有300多个村都有自己的"小窝班"——武术拳社。各村之间相互交流,提高技术水平,并将武术作为重要的民间娱乐活动。每年春节,各村体育工作者都会组织一些拳师和武术爱好者在当地中小学操场进行武术表演。1984年,砀山县体育场落成,安徽省体育运动委员会来砀山县祝贺,砀山县组织了4000多人进行武术表演,社会反响非常大。随着20世纪80年代初电影《少林寺》的上映以及其后一大批武侠电视剧的热播,极大地扩大了武术的传播范围和影响力,随之在砀山县成立了120多所武术学校。20世纪80年代末,砀山县教委结合当时习武尚武的实际,联合县体育运动委员会编写武术训练教材,要求全县中小学开展武术活动,在全县中小学推广武术;同时,定期组织开展武术团体操比赛。到20世纪90年代初期,砀山县习武人数超过20多万人,陆续培养出了一大批优秀武术运动员。砀山县武术队从80年代初一直代表宿州市参加全省武术锦标赛,取得了较好的成绩。砀山县先后进入省专业队的运动员就有11名之多,并有数名队员获全国冠军。

1992年12月,砀山县被国家正式授予"武术之乡"的称号。这一荣誉的取得,与砀山县武术大发展、普及成果高有相当大的关系,也与一大批武术工作者的不懈耕耘和努力分不开。他们薪火相传,致力于武术事业的发展与传承,培养了一批又一批武林新秀,是砀山县近代武术事业发展的奠基人。

砀山县被评为全国武术之乡后,武术事业有了较快的发展,创造了砀山县武术发展的辉煌篇章。由于良好的活动成效及竞赛成绩,砀山县的武术工作受到国家体育总局的表彰,于2010年授予砀山县"全国武术之乡建设先进单位"称号。据不完全统计,到2013年,砀山县武术初级社会指导员增至200人,县武术协会人数增至500人;相关主管部门还制定了《砀山县全国武术之乡工作规划(2011—2015)》,采取多种途径和方式推动武术进入学校、社区、乡镇、军(警)营。在武术推广方面,砀山县教育局曾与"武林风"节目合作,举行了"武林风"场外赛,其中有三名中国选手是来自砀山县刚锋武校;在每年的"砀山县梨花民俗节",武术都作为表演项目向来自世界各地的游客和观众展示,宣传中国武术和传统文化,在带动更多武术爱好者习武的同时,进一步丰富人们的精神文化生活,不断提高当地人民群众的生活质量。①

(三) 皖北传统体育之武术

现代意义上的武术"是以中华文化为理论基础,以技击方法为基本内容,以套路、格斗、功法为主要运动形式的传统体育"②。在中国武术及其文化发展的历史长河中,皖北武术是灿烂星河中的耀眼星座,时时闪耀且自带光芒,为中华武术的历史传承与当代发展发挥着重要作用、作出了积极贡献。新中国成立后,在各级党委和政府的高度重视下,皖北各地的社会武术运动兴盛,不仅有效传承了武术文化,而且推动了民族传统文化的繁荣发展。

首先,皖北具有悠久的武术文化传统,武术在皖北社会变迁及历朝历代的更替中均发挥了不同程度的重要作用,并因其强身健体的功能而在皖北民间社会产生了重大影响。在当代的皖北武坛,可谓名流荟萃、精英云集。仅择其二三为代表作简要介绍。

马琳璋,1942年生于蚌埠市,著名的心意拳传人、中国武术协会会员、中国武术六段、一级武术师,曾任心意拳全国共同体委员、蚌埠市武术协会常委、双龙山心意武术培训部总教练、蚌埠心意武术文化书院院长。

马琳璋早年拜蚌埠心意拳开山大师宋国宾的弟子褚衍玉为师,学习心意拳。后曾得到上海卢崇高的亲传弟子解兴邦、马孝凯的传授。1986年,他在上海工作期间曾随王长典学习八极拳;曾得到韩化臣之子韩洁泉先生的指点。他对我国传统武术文化有很深的研究,尤其是对心意拳、心意太极拳、心意八卦掌等拳术有独

---

① 贾悦艺.砀山县武术之乡的武术发展状况研究[D].陕西:西安体育学院,2014:8-14.
② 蔡仲林,周之华.武术[M].北京:高等教育出版社,2015:1.

到的见解,集 40 年之苦修,深悟心意拳真谛而成一家。曾获 2000 年首届全国心意拳比赛一等奖;2004 年漯河"河南心意六合拳"比赛"心意十大形、心意四把"一等奖;2004 年与马天巧合撰《硬开三簧锁》,获《搏击》第五届全国实用武技二等奖;荣获 2008"皖酒杯"蚌埠首届传统武术节心意太极拳金牌;曾应邀参加香港国际武术邀请赛名家表演、上海第九届世界武术博览会名家表演,受到与会代表和同行赞扬。

马琳璋不仅勤学苦练武术、亲身传授武艺,而且注重武术研究,先后在《武林》《武魂》《武当》《少林与太极》《搏击》等杂志发表武术方面的文章 100 余篇;著有《心意拳》《心意拳真谛》《心意拳练功窍要》《心意太极拳》《心意八卦掌》等武术著作。既是对中华传统武术文化的总结与继承,也给后人习武留下了宝贵的文字财富。他还荣获 2008 年度华夏武坛风云榜百名中国最具影响力武术人物——终身武术成就奖。

郭省聚,1945 年生于砀山县,高级武术教练。自幼喜武,少年师从胡敬璋习少林拳械及猴拳。1958 年,13 岁即作为特邀代表出席了第二届全国社会主义建设青年积极分子代表大会。会议期间,多次表演武术,猴拳深受与会代表的欢迎。同年入选安徽省武术队,多次参加全国武术比赛,获棍术、剑术第一名。1973 年任安徽省武术队教练,并加入中国共产党。任教期间,培养了白燕侠、沙孝奎、丁建三等一批优秀运动员。安徽省武术队在全国武术比赛中,长期保持男女团体总分前三名和个人一、二、三名的优异成绩。在第六届全运会武术比赛中,作为教练,他带领队员贾平、方坚为安徽省夺得男、女剑术和枪术 2 枚金牌、1 枚银牌。

郭省聚多次担任中国武术团队的领队和教练,出访亚、欧、美洲等国家和地区。1979—1983 年,应香港凤凰影业公司邀请担任《寨外夺宝》《三上五台山》电影的武术指导。他刻苦钻研武术业务,勇于创新,1964 年与刘学志创编的"空手夺匕首",在全国武术比赛中被评为优秀项目,并被中央电视台录像作为国际交流节目。1972 年又与队友合创"集体基本功",在 13 省武术邀请赛中受到好评,后被改编成"集体拳",成为出国表演节目。1988 年参加国家体育运动委员会组织的《武术教学计划大纲》和《武术教学训练教材》的编写工作。郭省聚是安徽省第四届政协委员、省政协文教委体育组成员。曾获国家体育运动委员会授予的"新中国体育开拓者"荣誉称号。1988 年被安徽省政府授予省劳动模范。1990 年入选《安徽省高级专家人名词典》。1993 年获准享受省政府特殊津贴。1995 年,在中国武术协会等组织的"中华武林百杰"系列活动中,被评为"百杰"之一。曾任中国武术协会委员、安徽省武术协会副主席和武术院院长。①

其次,新中国成立后,虽然正统传承及武馆传授武术的方式停止了,但党和政

---

① 《中国武术百科全书》编撰委员会. 中国武术百科全书[M]. 北京:中国大百科全书出版社,1998:605.

府仍旧高度重视发展武术运动,不仅发展武术竞技活动,而且把一些分门派的武术编成健身及表演套路在各级学校教授,习武强身。随着民族传统体育运动的发展,武术作为一项民族传统运动项目得到提倡,中国武术在内容上也演化为武术套路和搏击格斗两个主要类别,并以竞技项目的形式并入体育运动且成功进入奥运会,走向世界。

就皖北地区而言,早在 20 世纪 50 年代初到 60 年代中期,阜阳地区各县及城乡就先后开办了一大批武术训练班,培养武术运动员。1954 年,安徽省体育运动委员会派人到蚌埠,在南山公园消防队训练场组织了一次全市性的武术表演。1957—1964 年,蚌埠市多次组队参加省和全国性武术赛事。1964 年,蚌埠市体育运动委员会和教育局配合学校教学,在蚌埠第二中学举办了体育教师武术训练班。之后一段时期,武术组织被当成封建拳教门解散,一些家传的书籍和器械失散。1970 年后,各地武术组织的主管部门对武术组织作了一些调整,恢复了一般的武术训练。1974 年,阜阳东城小学率先在校内开办小武术班,培养、训练 40 多名小武术运动员,并先后四次组队参加安徽省比赛。其时,阜阳电业局、青峰机械厂、阜阳九中、城郊中学等单位,也相继成立了武术队。党的十一届三中全会后,武术运动重新发展。1981 年,国家体育运动委员会武术处李天骥、北京体育学院门惠丰曾到蚌埠讲解太极拳理论,并举办四十八式太极拳、三十二式太极剑训练班。在此影响下,蚌埠市先后办起 13 处太极拳辅导站;1982 年后,蚌埠市又成立武术挖掘整理小组,编写《蚌埠市拳械录》等材料 50 余万字,制作武术套路录像 7 部。

由于群众性武术运动的蓬勃开展,在 20 世纪末及 21 世纪初的传统体育运动及武术比赛中,皖北地区的武术选手取得了骄人的成绩:1999 年,阜阳市武术队在阜阳体校正式恢复建队,在安徽省第十一届运会比赛中获 2 枚金牌,安徽省十二届运会获 2 枚金牌。2010 年,阜阳体校培养输送的武术运动员赵兰兰在全国武术锦标赛获少林传统拳第四名。1994 年,阜阳体校组建武术散打队。1995 年,阜阳体校的组队参加安徽省首届散打锦标赛,以 5 枚金牌、4 枚银牌、3 枚铜牌的成绩位列第一。在安徽省第八届、第九届、第十届、第十一届、第十二届运动会上分别获 9 枚、11 枚、12 枚、16 枚、15 枚金牌。阜阳体校的队伍 10 次荣获团体冠军,8 次被大会评为"精神文明"代表队,并向省队和国家队输送散打名将苑玉宝、纪本平、宋庆伟、吴松录,女子选手宋玲、胡艳杰等一批国手。2004 年吴松录在广州举行的第二届世界杯武术散打比赛中获 90 公斤以上级冠军,实现中国对抗性项目大级别零的突破,为国家、安徽省、阜阳市争得了荣誉。2009 年 6 月,阜阳体校散打项目被安徽省体育局批准命名为省级武术散打单项后备人才基地。①

蚌埠的武术选手在全国、省及跨省区竞赛中同样取得了优异的成绩。1957 年,龚传仁和胡敬章在全国武术运动会上分别荣获三等奖。1959 年 3 月,在全国

---

① 地方史志编纂委员会.阜阳市志(1986—2010):下[M].合肥:黄山书社,2014:989.

青少年武术比赛中,龚传仁获男子刀术第一名。1959年,在安徽省第一届运动会上,龚传仁、刘桂兰分获男子刀术、女子枪术第一名,郭省聚、马凤玲分获男子剑术、女子拳术第二名。1960年,在安徽省第二届运动会上,龚传仁获武术全能第一名。1960年,在全国武术运动会上,刘桂兰获女子枪术第五名、女子全能第六名,龚传仁获男子长拳第六名。1961年,在华东区武术比赛中,沙献春获女子棍术第一名,刘桂兰获女子枪术第一名,郭省聚获男子剑术第一名。1963年,在全国十三单位武术暨射箭锦标赛中,沙献春获女子棍术第二名,郭省聚获男子棍术第一名,刘桂兰获女子枪术第一名,龚传仁获男子刀术第五名。1964年,在全国十九单位武术暨射箭锦标赛中,郭省聚获男子剑术第四名、棍术第五名,刘桂兰获女子枪术第五名、全能第六名;同年,在华东区武术比赛中,郭省聚获剑术第一名,沙献春获棍术第一名,刘桂兰获枪术第一名,龚传仁获刀术第五名。1965年,在全国第二届运动会上,朱宝位获男子花剑第五名。1974年,在全国武术比赛中,沙孝奎获男子枪术第一名、拳术第三名、全能第五名。1976年,在三省九市协作区武术比赛中,蚌埠队获女子团体第一名,男子团体第三名。1979年,在安徽省第四届运动会武术赛中,胡长锋、魏登云分获男子长拳、女子传统项目第三名。1982年,在安徽省第五届运动会武术赛中,韩志敏获女子全能和拳术等4项第一名、传统项目第二名、对练第三名,阎丽获对练第二名、全能第三名,魏登云获拳术第三名,黄艳获长兵器第三名,景正平获全能第三名、传统项目第二名,张庆才获拳术第三名。1983年,在安徽省青少年武术比赛中,张庆才获男子全能第二名,魏登云获女子全能第二名、棍术第一名。1984年,在安徽省青少年武术比赛中,张庆才获男子全能第一名,王辉获男子剑术第一名,王春艳获女子全能第二名。1984年9月,在安徽省第一届青少年运动会武术比赛中,张庆才获男子全能第一名,王春艳获女子全能第一名,王辉获剑术第一名。1985年,在安徽省业余体校武术比赛中,邢龙宝获拳术等四项第一名,叶飞获棍术第一名,司久莉获拳术第一名,张启慧获枪术第一名。1985年,在全国业余体校武术比赛中,邢龙宝获儿童女子棍术第三名、拳术第五名。

此外,皖北地区其他地市的武术运动员在一些民族传统体育比赛中也获取了优异的成绩。如1995年,砀山县运动员田中在全国百县武术之乡散打比赛中夺得75公斤级的冠军;2006年,宿州市散打运动员杨明明在西安举行的第三届世界武术锦标赛上夺得90公斤以上级冠军,实现了宿州市竞技体育成绩的历史突破。

在体育强国建设背景下发展民族传统体育项目,学校武术教育承担着健身训练、实战演练、竞技比赛等重要职能。就皖北六市11所本科普通高校的专业设置情况来看,目前仅有阜阳师范大学设置武术与民族传统体育专业。作为一所传统的省属重点师范院校,阜阳师范大学立足于建设地方特色高水平大学,开办了一批应用型专业,于2003年设置武术与民族传统体育专业(教高函〔2003〕2号),并于当年首次招生。该本科专业下设"武术套路"和"散打"两个方向。历经60多年的办学积淀,阜阳师范大学不仅拥有一批老中青结合的武术教学队伍,更培养了一批青年武术才俊。2023年11月6日至9日,中华人民共和国第一届学生(青年)运动会(以下简称学青会)校园组(代表团)武术项目比赛在广西体育馆举行。在校园组大学组武术男子自选长拳比赛中,阜阳师范大学体育学院2022级武术与民族传统体育专业的晁钟武获得了安徽省校园组(代表团)的首枚金牌,同时还获得了大学组自选刀术第六名的佳绩。此外,阜阳师范大学武术与民族传统体育专业的其他选手在本届学青会武术项目其他赛项也取得不俗的成绩:2021级的张漫露、卢念念、侯子岳获大学组女子对练银牌;2021级的刘洋获大学组男子自选棍术第四名、自选刀术第八名;晁钟武及2021级的郑宇、2022级的梁纳贤获大学组男子对练第四名;刘洋、晁钟武、郑宇、梁纳贤、孙孝文(2020级)、张漫露、卢念念、侯子岳获大学组集体项目第五名。

在学青会武术项目比赛结束后,安徽省教育厅专门发来贺信,向阜阳师范大学学生选手的优异表现表示祝贺:"你校运动员的优异表现,充分展示了安徽青年学子顽强拼搏、奋勇争先的精神风貌,为安徽赢得了荣誉,增添了光彩!在此,谨向你们表示热烈的祝贺!希望你校发扬成绩、总结经验、继续努力,牢记立德树人根本任务,充分发挥学科专业优势特色,培养更多优秀人才,为建设人民满意的教育强省和体育强省作出新的更大贡献!"

思考题:

1. 如何理解中国历史上武术和军事两者之间的关系?
2. 为什么说武术是中华民族传统体育的典型代表?
3. 如何理解中国武术与现代体育运动项目之间的关系?
4. 在新时代传承和发扬武术文化的路径有哪些?

第五章 皖北地区红色文化及其传承

中国传统文化在漫长的发展历程中,形成了以儒学为主导、多种相承相反的思想相互融合的文化系统,历来主张和合相生、自强不息、内圣外王以及大一统观。到了近代,伴随着西方列强坚船利炮的侵略,各种外来文化随之入侵,中华民族不仅面临着亡国灭种的威胁,中华传统文化也面临着被割裂的危险。这种情势激发了中华传统文化中自强不息精神、不屈抗争意识的复苏,促进了中华民族精神的苏醒。俄国"十月革命"胜利后,马克思列宁主义传播到中国,中国共产党把马克思主义和中华优秀传统文化结合起来,形成了具有民族特色的红色文化。"红色文化,就其概念内核而言,是指中国共产党在领导中国人民进行革命、建设和改革开放过程中形成的以中国化马克思主义为核心的红色遗存和红色精神;就其概念外延而言,是近代以来的革命基因和中华民族复兴的精神凝聚;就其价值内核而言,红色文化体现的是融入中国特色传统文化的中国革命精神、社会主义价值体系;就其价值外延而言,它凝聚了世界共产主义运动中的人类共同价值。红色文化概念的内核是中国共产党领导全国人民在革命、建设和改革开放时期实现民族独立和国家富强过程中凝聚的、以中国化马克思主义为核心的红色遗存和红色精神;就其概念外延而言,是近代中国开关以来历代仁人志士自强不息、救国拯民、反对内外强权压迫的过程中形成的革命解放基因和中华民族复兴的伟大精神。"[①]即是说,红色文化是在革命战争年代由中国共产党、先进分子和人民群众共同创造的,并在社会主义建设时期不断发展的、具有中国特色的先进文化,蕴含着丰富的革命精神和厚重的历史文化内涵。

第一节 皖北地区红色文化及文化资源

皖北有着光荣的革命斗争历史,自辛亥革命到新民主主义革命,从新中国建立到中共十一届三中全会的召开,这片热土上留下了大量的革命遗迹、纪念场所等红

---

① 沈成飞,连文妹.论红色文化的内涵、特征及其当代价值[J].教学与研究,2018(1):97;104.

色物质文化遗产,保留了众多的规章制度、政策文献等红色制度文化,发展了丰富的先进思想和创新理论,创作了大量红色文艺作品。这些丰富的红色文化经过社会的发展进步,逐渐融入人们的生产生活中,又汇聚并形成丰富的红色文化资源。一般而言,资源的本意是指对人类社会发展具有价值的一切物质和精神的东西。就文化资源的形成而言,并不仅是"文化"与"资源"的简单叠加,而是经过一定的社会历史条件转化并被赋予文化属性的所有资源。从这个意义上说,可以把文化资源理解为在特定社会历史条件下含有或被赋予文化属性的各种物质形态和精神形态的资源要素的总和,它既以具体、可感的物质化和符号化的形式存在,又可以非物质的思想、意识、观念、道德、习俗、信仰、知识、文学、艺术等形式存在。相应地,红色文化资源也就可以笼统地分为物质形态的红色文化资源和非物质形态的红色文化资源,前者如重大历史事件旧址、革命历史纪念地等,后者如党的方针政策及其文献、党的革命精神谱系等;至于红色题材的文艺作品,反映的是精神层面的内容并以物质化的形式呈现,当属非物质形态的红色文化。其中,物质文化是红色文化的载体,精神文化是红色文化的核心与灵魂。

一、新民主主义革命时期皖北红色文化及资源

1939年12月,毛泽东在《中国革命和中国共产党》一文中指出,"帝国主义和中国封建主义相结合,把中国变为半殖民地和殖民地的过程,也就是中国人民反抗帝国主义及其走狗的过程","中国人民的民族革命斗争,从一八四〇年的鸦片战争算起,已经有了整整一百年的历史了;从一九一一年的辛亥革命算起,也有了三十年的历史了。这个革命的过程,现在还未完结"[①]。"革命"强调变革进步,近代中国革命文化的历史出场即中国人民的反帝反封建斗争,也就是说早在1919年五四运动前,反帝反封建的近代中国革命就已经开始了。五四运动则标志着中国红色文化的历史出场。若以五四运动为历史分界点,五四运动前的中国革命文化其领导阶级是中国的资产阶级,其指导思想主要是资产阶级民主思想;五四运动后的中国革命文化和中国红色文化的历史坐标和时代内涵几乎趋同,其领导阶级和指导思想也完全一致,且两者均聚焦"革命"精神,革命性是其本质特征。所以,红色文化蕴含着丰富的革命精神和厚重的历史文化内涵。皖北大地素有反对帝国主义和封建主义的光荣革命传统,从1919年五四运动到1949年中华人民共和国成立,这片热土上留下了无数可歌可泣的革命故事和难以计数的红色印迹,形成了丰富而宝贵的红色文化资源。

---

① 毛泽东.毛泽东选集:第2卷[M].2版.北京:人民出版社,1991:632.

（一）新民主主义革命时期皖北物质性红色文化及文化资源

物质性红色文化资源主要包括三类：一是遗址踪迹类，包括革命历史遗址、重要事件的发生地、战争遗址等；二是建筑与设施类，包括烈士陵园、纪念馆、墓地、故居等；三是重要革命历史文物，包括革命战争年代的布告、传单、报纸等，以及档案馆、博物馆、纪念馆的红色藏品。

1. 遗址踪迹类

（1）阜阳四九起义旧址

阜阳四九起义旧址原为明代大寺庙，辛亥革命后改为学堂。该旧址位于阜阳市颍泉区行流镇王官集行政村北侧。1928年，中共皖北特委贯彻党的八七会议决议，以驻阜阳国民党高桂滋部第十九军教导团、杨虎城部第十军军校和阜阳农民赤卫队为主力，于4月9日在阜阳发动起义。因雨受阻，攻城不下，分兵转移，一路由皖北特委书记魏野畴率领西行，一路由杜聿德等率领到行流集与农民赤卫队会合，在王官集大寺庙成立皖北苏维埃政府，建立皖北工农红军，后因反动军队围剿，起义军弹尽无援失败。魏野畴、杜聿德、乔锦卿等大批党的优秀儿女在起义中英勇牺牲。虽然这次暴动失败了，但它点燃了皖北革命的烈火，建立了安徽省第一个苏维埃政权，建立了黄淮平原上第一支工农红军武装队伍。

1959年，原中共阜阳县委在旧址处建立四九起义纪念馆。纪念馆由纪念碑、陈列室、小型广场、绿化景点及月牙池、干沟组成，占地面积约15亩①。四九起义纪念碑矗立在四层台阶36级的平台上，纪念碑高12米，占地50平方米，琉璃瓦冠顶，碑身为白色大理石，碑座为黑色大理石镶嵌。四九起义陈列室为砖瓦结构平房，共10间，面积218平方米，展带140平方米，室内分别陈列早期中共阜阳党组织发展概况及阜阳近代史、四九起义有关史实等革命文物130余件。

1962年6月，阜阳四九起义纪念馆被列为安徽省重点文物保护单位。1995年，被安徽省委、省政府列为首批安徽省爱国主义教育基地。2000年被列为安徽省国防教育基地。2010年被列为全省领导干部党史教育基地。②

（2）大屠杀惨案遗址

在淮北市的杜集区和濉溪县，分别存有日本侵略者在1938年留下的大屠杀遗迹，即杨树行万人坑和渠沟公墓，这两处遗迹记录了日寇在侵华战争中制造的两起惨绝人寰的大屠杀——牛眠大屠杀和渠沟大屠杀，这两次大屠杀是日本侵略者强加给中华民族的灾难。

牛眠大屠杀发生在杜集区牛眠村，在该村袁庄煤矿的矸石山上有一个战时留下的万人坑，距相城约35千米，被称为"杨树行万人坑"。1938年的农历四月

---

① 1亩≈666.7平方米，后文此类表述不再赘述。
② 地方史志编纂委员会.阜阳市志(1986—2010)：下[M].合肥：黄山书社，2014：1047.

二十三,420名日本侵略军对抓获的1780名手无寸铁的无辜群众,不论男女老幼,进行了惨绝人寰的大屠杀。在日本侵略者的血腥屠杀后,牛眠村一片断壁残垣,白骨累累,萧索凄凉,成了白骨露野的"无人村"。为纪念被日杀害的无辜群众,原萧县曾在此建纪念馆。2000年,牛眠万人坑被杜集区委命名为杜集区爱国主义教育基地。

1938年4月,日本侵略者在渠沟进行了惨绝人寰的大屠杀。日本侵略军在这次暴行中,共杀害村民264人,700多间房屋几乎烧毁殆尽,牲畜、粮食被抢掠一空。为哀悼在渠沟大屠杀中罹难的人民群众,在此建造了渠沟公墓。1988年,渠沟大屠杀公墓被列为第二批市级重点文物保护单位。

(3) 侵华日军淮南罪证遗址

淮南市日寇侵华罪行遗址位于安徽省淮南市大通区境内,包括万人坑、秘密水牢、窑神庙、站壕碉堡、碉堡水牢以及日军司令部、日军弹药库、日军地堡、日军南宿舍碉堡等九处遗址。其中万人坑位于淮南市大通区舜耕山北麓,万人坑教育馆南部,为三个南北向长方形坑,每坑长20米、宽3米、深3米,坑与坑间距2.4米。万人坑于1938年夏建成,至1941年冬,被日军残害致死、食用日军发放的发霉的麦麸而病死的万余名矿工及矿工家属尸骨被日军投入其中,妄图掩盖其罪行。

淮南市日寇侵华罪行遗址是日军占领淮南大通煤矿后,为掠夺煤炭资源、镇压反抗矿工所建的五处建筑,是日本帝国主义残酷迫害中国人民的重要罪证。淮南九龙岗尚有近10处日军在淮南煤矿修建的多种建筑(含住宅、办公楼、暗碉堡、弹药库、防空洞等),形式多样,现状基本完好。日军侵占淮南罪证遗址是日军在淮南掠夺煤矿暴行的铁证,是第二次世界大战期间日本帝国主义在中国犯下的滔天罪行的一个缩影。它作为重要的历史见证,是进行爱国主义教育的重要场所。

1986年7月,侵华日军淮南罪证遗址被安徽省人民政府列为省级文物保护单位。2013年5月,侵华日军淮南罪证遗址被国务院公布为第七批全国重点文物保护单位。

(4) 中共亳县工委旧址

中共亳县工委旧址位于谯城区古井镇张集小学内。1941年5月,根据豫皖苏边区党委部署,中共亳县工委秘密成立,孙明哲任工委书记,鲁博华、李云峰任委员。在四年多的时间里,中共亳县工委不畏艰险,舍生忘死,在日伪统治下的亳县坚持地下抗日斗争。他们紧紧依靠人民群众,不断发展壮大革命力量,出色地完成了各项工作任务,为新四军收复津浦路以西地区、夺取抗日战争的胜利作出了重要贡献,在亳州历史上谱写了光辉篇章。

张集小学曾经作为中共亳县工委所在地,为工委开展地下工作发挥了重要作用。2012年经党史部门认定为亳州市革命遗址。2020年10月,中共亳县工委纪念馆建成,通过图片和文字,叙述了亳县的抗战历史,展示了亳县工委的地下党员们坚持抗日斗争的事迹。纪念馆的建立,对于谯城区红色资源的开发和红色历史的宣传具有重要意义,为广大党员干部和人民群众进行红色教育提供了场所。

(5) 刘邓大军淮西指挥部旧址

刘邓大军淮西指挥部旧址位于临泉韦寨镇吴营村。1947年8月,刘邓大军千里跃进大别山,揭开了中国人民解放军由战略防御转为战略反攻的序幕。刘邓大军到达大别山区后,根据中央军委和毛泽东的指示,决定采取"避战分兵"的方针:邓小平同李先念组成前方指挥所,指挥二、三、六纵在内线大别山打游击战争;刘伯承、张际春率后方指挥所、一纵及中原局机关,转入外线,向淮西一带实施战略反攻。12月21日,后方指挥所北渡淮河,到临泉,驻庞营韩老家。1948年2月24日,前方指挥所回师临泉,至韦寨会合,住吴营,设立刘邓大军淮西指挥部。

2011年6月,临泉县委、县政府在韦寨吴营村复建刘邓大军淮西指挥部旧址,成为皖北爱国主义教育基地和红色旅游景点。

(6) 淮海战役总前委会议和华东野战军指挥部旧址

淮海战役总前委会议和华东野战军指挥部旧址位于安徽省宿州市萧县、濉溪县,是淮海战役总前委和华东野战军指挥部驻扎地。1948年11月23日,为了便于指挥围歼黄维兵团的作战,淮海战役总前委移驻临涣以东约7.5千米、浍河北岸的小李家村;12月16日,指挥部搬到萧县丁里镇蔡洼村;12月17日,总前委在这里召开会议,对战役第三阶段和下一步渡江作战的有关问题进行研究,对夺取淮海战役全面胜利、解放长江以北、开展渡江作战、解放全中国起到了重要作用;12月31日,三位前委离开小李家,到达张菜园指挥第三阶段陈官庄歼灭战。

淮海战役总前委和华东野战军指挥部旧址包括文昌宫旧址、小李家旧址、杨家台子旧址。文昌宫旧址坐北朝南,大门朝东,分南、北、中三进院落;小李家总前委旧址分庄东、庄中两处院;杨家台子旧址坐北朝南,为清末皖北典型的小青瓦房四合院建筑风格,分东、中、西三路院落。旧址陈列有当年首长使用过的物品,保存较为完好。淮海战役总前委和华东野战军指挥部旧址为研究淮海战役,研究毛泽东同志、中央军委和淮海战役总前委指挥艺术,研究中国人民解放军的军事科学理论,提供了重要的实物例证和场所。

淮海战役总前委和华东野战军指挥部旧址是淮海战役总前委的诞生地、淮海战役胜利的历史见证,是一座革命的丰碑。保护好、利用好这座永恒的丰碑,对于增强党的凝聚力、弘扬革命传统、教育后代起到了不可替代的作用,具有重要的现实意义和深远的历史意义。2006年5月,淮海战役总前委和华东野战军指挥部旧址被国务院评为第六批全国重点文物保护单位。

(7) 淮海战役颍河阻击战旧址

1948年11月13日,在阜阳三里湾,中国人民解放军中原野战军六纵20旅和豫皖苏独立三团、五团、七团,奉命阻击黄百韬兵团,战斗持续两天两夜,敌人一直无法渡过颍河。11月15日下午4时许,解放军连续五次摧毁了敌人搭建的浮桥后,一队敌人突然从魏沟口侧面的坝子上对阻击战士进行抄袭,12名战士壮烈牺牲。随后,坚守在其他阻击点尚未撤离的战士也因寡不敌众,全部壮烈牺牲。黄维兵团过境后,附近村民自发来到沟口,按当地风俗举行了葬礼,含泪掩埋烈士的遗体。

2008年4月,颍东区区政府在战场遗址北侧300米处,建成魏沟口阻击战遗址公园,颍东区农民陈广安出资捐建一座颍河阻击战烈士纪念碑,碑高2丈8尺(约9.3米),代表28名烈士牺牲。战场遗址被颍东区列为爱国主义教育基地、青少年素质教育基地。

(8)渡江战役总前委孙家圩子旧址

渡江战役总前委孙家圩子旧址位于蚌埠市蚌山区燕山乡孙家圩子村。1949年2月11日,根据中央军委指示,淮海战役总前委转为渡江战役总前委;3月22日,邓小平、陈毅、谭震林等率渡江战役总前委、中共中央华东局、华东军区前方机关和三野司令部分别由河南商丘、江苏徐州进驻孙家圩子村。在这里,邓小平亲自组织拟定了渡江战役的纲领性文件《京沪杭战役实施纲要》等一系列重要文件,华东局制定了一系列方针政策,华东军区确定了人民解放军的第一支海军部队——华东军区海军的领导人选,第三野战军下达了《京沪杭战役作战命令》。因此,孙家圩子一度成为渡江战役的军事指挥中心和华东地区的政治决策中枢,并成为军史乃至中国革命史上重要的一环,且以此名垂青史。

修复渡江战役总前委孙家圩子旧址纪念馆于2004年立项建设,于2008年12月26日初步建成并免费对外开放。旧址纪念馆分为旧址区和陈列展览区。旧址区布有邓小平旧居、陈毅旧居、张震旧居、司令部会议室和大食堂,复原和再现了领导人在孙家圩子工作及生活的场景与风貌,再现了老一辈革命家的风采。

孙家圩子旧址是省级文物保护单位,在中国军事史、中国革命史和中国现代史上具有十分重要的地位。既是省、市爱国主义教育、革命传统教育和国防教育基地,也是蚌埠市红色旅游示范基地。2016年12月,孙家圩子旧址被列入全国红色旅游景点景区名录。

2. 建筑与设施类

建筑与设施类中,档案馆、博物馆、纪念馆作为红色资源文化记忆的载体,具有"储存器"的功能,对文化记忆的传承、固化起到了重要的作用,保证了记忆的传承和连续。

(1)蚌埠革命历史陈列馆

蚌埠革命历史陈列馆位于蚌埠市东郊曹山脚下,占地近50亩。革命历史纪念碑背枕曹山仰面龙湖,纪念碑高15.85米。

陈列馆展陈自辛亥革命至解放前夕蚌埠市革命发展的资料,通过大量图片、绘画、史料以及实物,形象地再现了波澜壮阔的历史。其中有辛亥革命时期牺牲的黄花岗七十二烈士中的陈良、宋玉琳,大革命时期牺牲于蚌埠小南山麓的杨兆成烈士,他是在安徽殉难的第一位共产党员,牺牲时年仅24岁,以及朱务平、李文宗、周启帮、王昭等烈士。中央领导同志薄一波、张爱萍、张震、张灿明等为陈列馆题字留念,李先念同志题写了"革命烈士永垂不朽"的碑名和"蚌埠市革命历史陈列馆"馆名。

2022年8月29日,蚌埠市革命历史陈列馆举行烈士英名墙和纪念广场工程建设开工仪式。革命历史陈列馆是开展革命传统教育和爱国主义教育的重要场所,开馆至今,已接待参观观众近百万人次,受到社会各界干部群众的好评。

(2) 小甸集特支纪念馆

中共小甸集特支于1923年冬在寿县小甸集小甸小学成立,是安徽省第一个农村共产党组织,特支直属党中央领导。特支成立后,特支成员分别深入群众,调查农村实际情况,宣传革命理论,培养积极分子,发展党员、团员,筹建农会、妇女会等群众组织。经过努力,1924年建立了宋竹滩和瓦埠两个支部,发展党员20余人。

小甸集特支遗址位于寿县小甸集街道。1981年,寿县人民政府在小甸集特支遗址设立纪念碑。1993年,在这里修建了寿县革命烈士陵园。特支纪念馆恢复重建工程于2013年完成,建筑风格为四合院形式的仿古建筑,总建筑面积541.2平方米。纪念馆内采用文物、历史照片、声像资料、蜡像、雕塑、绘画、油画等形式,展现特支成立前后所发现的重大历史事件,展示重要历史人物的突出贡献。展陈主题为"永远的丰碑 红色小甸",设有追求真理、组建党团、瓦埠暴动、薪火相传四个基本展厅,共展示文物68件,涵盖了安徽早期革命政治、军事、经济、文化等各个方面。展室内敬放着小甸集特支成员曹蕴真、薛卓汉、徐梦周、方运炽和为中共早期革命作出杰出贡献的高语罕、曹渊、孙一中、孙津川等革命志士的半身雕像。

小甸集特支纪念馆是安徽省廉政教育基地、中共淮南市委党史教育研究基地和领导干部廉政教育基地、中共寿县县委党史教育基地。

(3) 中共濉溪支部陈列馆

中共濉溪支部旧址位于濉溪县濉溪镇濉溪老城前大街,是淮北地区第一个党支部。五卅运动后,在中国共产党的领导下,革命力量迅速发展,各种群众组织不断壮大,全国掀起了反帝反封建的群众斗争高潮。淮北地区共产主义青年团组织在斗争中逐步成熟,马克思主义进一步传播,中国共产党的影响日益广泛。

1923—1925年,在外地读书的朱务平、郑子瑜、赵皖江等人相继由共青团员转为中国共产党党员或直接入党。1925年初,郑子瑜、王建东从济南回到濉溪,介绍梁宗尧、文天情、刘景春加入中国共产党,成立了中共濉溪临时小组。经与中共中央联系,同年8月,组建成立中共濉溪支部,有党员12人,中共濉溪支部属中共中央直接领导。

2021年7月,中共濉溪支部陈列馆在濉溪县濉溪石板街建成。馆内展陈分马克思主义在濉溪的传播、中共濉溪支部成立、开展工农群众运动、濉溪党史人物等四个部分,成为弘扬革命传统、赓续红色血脉的"红色打卡地"。

（4）阜阳市革命烈士纪念馆

阜阳市革命烈士纪念馆位于阜阳市颍州区颍州南路,占地面积20000余平方米,由和平广场、大型青铜英雄雕塑、烈士安葬墓区、纪念馆等部分组成。其中,纪念馆共三层,分为六个展厅,建筑面积4500余平方米。馆内展示了辛亥革命至社会主义建设时期,阜阳籍2000多位革命烈士的斗争史实和他们可歌可泣的英雄事迹。在收录的2760名烈士名录中,知名烈士77名,列入《全国英烈大典》的有6名。馆内陈列运用现代理念和多种艺术形式展出从1919年至2014年以来各时期的历史资料,共拥有图片资料300多份,文字资料100多万字,展陈实物160余件。墓区内安葬烈士153名,其中有名烈士32人,无名烈士121人。

阜阳市烈士纪念馆始建于1953年,位于老城区,由于年代久远,设施老化,1996年左右闭馆后拆除。2015年9月,在城南九里沟重新建成开馆。纪念馆是阜阳市爱国主义教育的基地、安徽省领导干部党史教育基地,是市级烈士纪念设施。该纪念馆负责收集、整理、展出和管理烈士史料和遗物,在宣传革命烈士英雄事迹、褒扬烈士精神、进行革命传统教育和爱国主义教育方面发挥着重要的阵地作用。

（5）板桥集战斗纪念馆

板桥集战斗纪念馆位于蒙城县板桥集镇雪枫公园内,是为纪念板桥集战斗而建的。

1940年11月17日拂晓至18日下午,新四军四师五旅在师长彭雪枫的指挥下,与日伪军在板桥集展开了殊死的拼杀,发生了震惊中原的板桥集抗日战斗。整个战斗历时两天一夜,共击毙日伪军400余人,击毁敌人坦克、汽车19辆,击落日寇"九八"式358号轻型轰炸机一架,取得了辉煌的战果,在新四军战史上留下光辉的一页。

纪念馆占地面积13200平方米,建筑面积980平方米。馆内展示了100多幅图片和部分实物,同时收藏了120名将军的题字,较为全面地回顾了新四军的成长战斗历程,再现了彭雪枫率领的新四军四师在板桥集英勇杀敌的情形。该纪念馆现为国家3A级旅游景区。

（6）淮南新四军纪念林陈列馆

淮南新四军纪念林陈列馆位于新四军纪念林景区入口道路的西侧,占地5000平方米,建筑面积900平方米,共设6间展厅、1间多功能室及1座兵器广场。2020年9月国家文物局信息显示,陈列馆现有藏品2295件(套)、珍贵文物110件(套),涵盖了新四军政治、军事、经济、文化、后勤建设等各个方面。展室内敬放着抗日战争时期,中共中央领导人毛泽东、朱德、周恩来和新四军将领叶挺、项英、刘少奇、陈毅等七位栩栩如生的全身铜像以及项英、袁国平、周子昆、彭雪枫等10位新四军军师旅级将领的半身铜像。展柜里有原淮南市人民政协副主席单星捐赠的一件自己当年参加江苏青阳战斗时留有枪眼的军服;有原淮南市人民政府市长宋长汉捐赠的日本军刀;有新四军老战士蒋学启之子蒋国安捐赠的刺刀、子弹带、日军钢盔、日军军刀;有我国军民抗击日军使用过的武器。兵器广场展示的有歼教-6飞机、62式轻型坦克、59式100毫米高射炮、54式122毫米牵引榴弹炮等兵器,供游人参观游览。

自2009年9月25日开馆之日起,陈列馆就担负起了以史育人、弘扬铁军精神的宣传教育职责,赢得了社会各界的广泛赞誉。

3. 革命历史文物

革命历史文物作为文化记忆的载体,对红色文化记忆的传承和固化发挥着重要作用。刀矛枪炮、帽徽袖章、发报设备、档案材料、生活用品、家书信函等重要的革命历史文物主要珍藏或陈列于档案馆、博物馆以及纪念馆中,本书主要介绍皖北的若干烈士陵园和革命历史纪念碑。

(1) 魏野畴烈士陵园

魏野畴烈士陵园位于临泉县老集镇老集街。1928年四九起义失败后,魏野畴率领起义部队突围后向阜阳西南老集一带转移,途中被国民党第十二军任应岐收编的土匪武装谭万国部发现,魏野畴、胡怀西等六位同志被逮捕。4月10日凌晨,魏野畴被杀害于老集东边的洼地,年仅31岁。

1987年,临泉县人民政府在临泉县老集镇界南河东岸兴建"魏野畴烈士陵园"。陵园占地2376平方米,坐南面北,门两侧竖写着"四九举义旗名垂千古,皖北洒碧血功昭后人"的对联。墓地坐南面北,墓前有石碑,碑高1.8米、宽0.6米。2001年,中共临泉县委、临泉县人民政府为魏野畴烈士塑了一座7.5米高的汉白玉全身塑像。

2007年4月,魏野畴烈士陵园被列为安徽省爱国主义教育基地。

(2) 草寺烈士陵园

草寺烈士陵园位于太和县赵集乡草寺集西。1928年,中共皖北特委在阜阳发动的皖北四九起义失败后,起义部队分两路转移。昌绍先、杜聿德等率领向北突围的人员到太和县草寺集,突遭太和反动武装截击,经过激烈战斗,除一部分人脱险外,昌绍先在突围中身负重伤,壮烈牺牲。20位同志被俘,其中3人被敌人杀害在君王营东北大沟中,17人被枪杀在草寺集西边的荒地中。

1967年,中共太和县委、县政府在太和县草寺集烈士殉难处修建了烈士陵墓。2002年、2007年、2009年先后三次对烈士墓及周边环境进行维修和建设,设立了展厅和围墙。2004年,草寺烈士陵园被列为市级爱国主义教育基地。2005年,阜阳市民政局将烈士陵园列为红色旅游景点。

(3) 七七抗战纪念碑

七七抗战纪念碑位于界首市裕民大桥北引桥东。1941年1月25日,侵华日军集结了4000余名日伪军,以西山秀雄为指挥,举行豫东皖北大扫荡。进犯至界首,制造了惨无人道的"界首城北(郊)惨案"。1941年1月26日,抗日主力国民党骑二军,由军长何柱国率部从沈丘县(老城)移驻到界首的大徐寨,全军指战员在张大桥黄泛区西侧河堤,与日伪军血战12天,夺回界首城。战斗结束后,界首人民和骑二军为39名阵亡官兵在界首城北关建立公墓,并于1944年10月10日在恩伯街南端修建七七抗战纪念塔,立碑铭志。

1994年10月26日,中共界首市委、界首市人民政府重新修建新七七抗战纪念碑,并在主碑四周修建纪念广场,种植青松翠柏,昭示抗日人民英雄永垂不朽。碑体基础为钢筋混凝土结构,由花岗岩大理石镶嵌,纪念碑碑名系原国防部部长张爱萍将军亲笔题词。

(4) 淮北西大门抗战烈士陵园

淮北西大门抗战烈士陵园位于固镇县任桥镇清凉村。抗战时期,以固镇县任桥镇清凉村为中心方圆百里是苏皖边区唯一一块没有建立伪政权的地方,成为我党沟通东西的交通要道,彭雪枫、张爱萍、张震等一大批抗战名将都曾在这里留下过战斗足迹。彭雪枫师长称它为"淮北西大门",清凉村一带成了争夺的焦点,我军2400多名同志牺牲于此。

抗日战争胜利后,就在清凉村修建了淮北西大门抗战烈士陵园,淮海战争期间,陵园毁于战火。

陵园占地面积15000平方米,大门是一座9米高,镶嵌着由张震将军亲笔题写"淮北西大门抗战烈士陵园"的中式仿古门楼,陵园内矗立着一座19米高的抗战烈士纪念塔,塔上镌刻着张爱萍将军亲笔题写的"抗战烈士万古长青"八个苍劲大字。陵园内有近30座烈士墓,长眠着2400多位抗战英烈,每座墓前均勒碑立石,详述烈士的生平经历和壮烈事迹。园内还保存着张震上将当年使用过的马鞭、谢邦治将军珍藏几十年的文件包、张爱萍上将当年留下的一床粗布被、新四军在清凉村的老照片等珍贵文物及10多位老将军的题字。

2005年淮北西大门抗战烈士陵园被命名为固镇县爱国主义教育基地,2006年、2012年被命名为蚌埠市爱国主义教育基地,是皖北青少年爱国主义教育基地和红色旅游的胜地。

(5) 皖北烈士陵园

皖北烈士陵园(皖北红色纪念园)位于安徽省亳州市,建在芦家庙战斗的遗址上。芦家庙位于皖北边界地区,这里也曾是中国共产党在亳州领导革命斗争的重要根据地,这块土地曾经见证了抗日战争时期新四军开展武装斗争的壮举,见证了刘伯承、邓小平率领晋冀鲁豫野战军取道亳县挥师南下,"六克亳州"的传奇战史,见证了淮海战役中亳州人民积极支援人民解放军中原野战军后方医院的场景。

在有名烈士墓中间的广场上,便是无名烈士墓,852名烈士的骨灰便安葬于此。安葬在这里的烈士,曾经被零散地安葬在各地的烈士墓内,他们有的在抗日战争中牺牲,有的在解放战争中牺牲。虽然有不少烈士没有名字,但他们的英灵长眠于此,将会被人们永远铭记。

"革命烈士永垂不朽"的题字是张爱萍将军于20世纪90年代专门为亳州市烈

士陵园所题。纪念碑高度为28.9米,寓意皖北革命斗争从1919年5月五四运动时期开始到1948年2月亳州全境解放,时间的跨度正好是28年又9个月。

(6) 凤台县抗日民主政府纪念园

凤台县抗日民主政府纪念园位于潘集区潘集镇街道北。

卢沟桥事变爆发后,1938年6月2日,日军从蒙城出发,向凤台进犯,6月4日占领淮南,日军为长期占领凤台,于同年9月组织成立了县维持会,并在全县各区组织了区维持会,残害百姓。为组织民众、领导抗日,中共凤台县委从1940年7月至11月,建立了以潘集为中心,东至高皇、北到万福集、西至上塘、南至架河约630平方千米、20万人的抗日民主根据地,这是中国共产党的领导下,在淮南这块土地上建立起来的第一个也是唯一的革命根据地,把凤台、怀远、蒙城根据地连成一片,沉重打击了当时在淮上地区猖獗的日伪军,成为发展华中、东进苏北、南进淮南的重要枢纽。

为发扬革命传统、教育后代,在潘集区新四军研究会倡议下,潘集区委、区政府在凤台县抗日民主政府遗址建设凤台县抗日民主政府纪念园。纪念园始建于2002年7月,占地12亩,2005年9月2日正式开园揭馆。整个展馆由"唤起民众""抗战烽火""迎接黎明""今日潘集"四个单元组成。

纪念园先后被中共淮南市委、淮南市人民政府、淮南军分区、共青团淮南市委列为淮南市爱国主义教育基地、淮南市国防教育基地、淮南市青少年爱国主义教育基地。同时被共青团安徽省委员会、少先队安徽省工作委员会列为安徽省少先队教育基地。2012年、2018年,纪念园又被安徽省委、省政府列为第四届、第五届省级爱国主义教育基地。纪念园还是2A旅游景点和红色旅游经典景区。

(7) 淮海战役双堆集烈士陵园

淮海战役双堆集烈士陵园位于淮北市濉溪县双堆集镇南面。中国人民解放军华东、中原两大野战军和华东、中原、华北三大军区的地方武装,遵照中央军委和毛泽东同志的英明决策,在以徐州为中心,东起海州,西迄商丘,北自临城,南达淮河的广大地区,在邓小平、刘伯承、陈毅、粟裕、谭震林五同志组成的总前委的正确领导与指挥下,于1948年11月6日至翌年1月10日,进行了震撼中外的淮海战役。双堆集歼灭战是淮海战役的第二阶段,也是承前启后最为关键的一个阶段。中原野战军在华东野战军的密切配合下,浴血奋战了23天,全歼国民党王牌十二兵团11万4千余人,生俘十二兵团司令官黄维、副司令吴绍周,为淮海战役的全胜奠定了基础。

双堆集歼灭战中,许多中国人民的优秀儿女,为人民解放事业献出了宝贵的生命,立下了不朽的功勋。为告慰先烈英灵,弘扬革命精神,教育后人,中共濉溪县委、县人民政府于2011年9月实施"慰烈工程",将散葬于全县的5297座烈士墓迁归于双堆集烈士陵园内,建成无名烈士公墓2座(忠魂碑)、有名烈士墓814座(皖北最大规模的有名烈士单墓群)。

双堆集烈士陵园于1976年筹建,淮海战役烈士纪念碑于1981年10月落成,双堆集歼灭战纪念馆于1988年10月竣工。烈士陵园总面积12.6万平方米,园内主要的纪念性建筑和景观有烈士纪念碑、公墓、单墓群、纪念馆、廉政教育馆和尖谷堆遗址。纪念碑碑身正面刻有邓小平同志的亲笔题词:"淮海战役烈士永垂不朽!"2013年为纪念淮海战役胜利65周年,双堆集歼灭战纪念馆批准重建。新纪念馆庄重肃穆,古朴大方,眉额上是张爱萍将军亲笔题写的馆名。纪念馆面积约1860平方米,里面有珍贵的历史照片300多张,历史文物100多件,反映了双堆集歼灭战的历史进程。

1995年12月,该烈士陵园被批准为安徽省首批爱国主义教育示范基地。2000年,该烈士陵园被批准为省级重点烈士纪念建筑物保护单位。2001年6月,该烈士陵园被中共中央宣传部列为全国第二批100个爱国主义教育示范基地之一。2016年12月,该烈士陵园入选《全国红色旅游景点景区名录》。双堆集烈士陵园现为全国重点烈士纪念建筑物保护单位、全国爱国主义教育示范基地、全国"红色旅游经典景区"重点建设单位、全国关心下一代党史国史教育基地和省级廉政教育基地、实践教育基地、国防教育基地。

(8) 将军亭

将军亭位于淮北市相山公园内的虎山山顶。1948年12月5日至14日(淮海战役期间),华东野战军指挥部移驻相城孟圩子;7日下午,华东野战军代司令员、代政委粟裕,副参谋长张震登临相山,视察陈官庄地区战场,运筹歼敌大计;9日至10日,华东野战军指挥部在相城召开纵队以上干部会议,抽调华东野战军第三纵队、第十一纵队、鲁中南纵队及特种兵纵队炮兵一部,南下双堆集配合中原野战军围歼黄维兵团;同时,研究了围歼杜聿明集团作战方案,制定了《华野战字第十四号命令》。1948年12月15日,黄维兵团全部被歼。1949年1月10日,杜聿明集团全部被歼。淮海战役以歼敌55.5万余人的辉煌战绩告捷。

1998年,为纪念淮海战役胜利50周年,中共淮北市委、淮北市人民政府决定在相山的虎山顶上建亭并立碑以作纪念,取名将军亭。

(二)新民主主义革命时期皖北非物质性红色文化及文化资源

精神文化是与物质文化相对的一种文化形态,如果从易于理解的角度对红色文化进行分类,就可以分为非物质形态的红色文化和物质形态的红色文化,相应地,红色文化资源也就笼统地分为非物质形态的红色文化资源、物质形态的红色文化资源。物质性红色资源主要包括纪念馆、纪念园、旧址、纪念碑、故居、烈士陵园、墓地、红色园林等;非物质性红色资源(含红色精神文化资源)主要包括影视剧、红色歌曲、戏曲、精神等。皖北地区非物质性红色资源也相当丰富,主要包括红色创作和红色精神两大层面。其中,红色创作是以文艺作品的形式记录、承载、传播并传承红色文化的。

1. 红色文艺作品

在新民主主义革命期间创作或流行的红色歌曲以及一些民谣已很难收集,但在新中国成立后拍摄的一些电影电视作品,以及依据史料而创作的小说等文艺作品,均以艺术形式记录和传播了革命历史和红色精神,因而构成红色资源的重要组成部分。虽然一些影视作品并不是由皖北地区文化主管部门创作或制作,但文艺作品中所反映的与皖北历史相关的斗争事件、革命传统及斗争精神,构成皖北红色文化的主要内容,至今仍为皖北大地提供精神滋养。

（1）电影《大决战2:淮海战役》

《大决战2:淮海战役》是八一电影制片厂于1991年出品的一部历史剧情片,该片为庆祝中国共产党成立70周年纪念作品,是大决战三部曲的第二部。由李俊担任总导演,蔡继渭担任首席导演,韦廉、杨光远、景慕逵、翟俊杰导演,古月、苏林、卢奇、傅学诚等人主演,于1991年8月在中国大陆上映。

《大决战2:淮海战役》按照历史的真实战斗场面,分成三场戏,分别为对付黄伯韬的碾庄之战、消灭黄维集团的双堆集之战、与最终围歼杜聿明的陈官庄之战。其中,电影里展示战争场面最多的是双堆集之战,这也是淮海战役中最大的一场战斗。电影中最震撼人心的战争场景是,一组从空中拍摄黄维汽车兵阵被中国人民解放军攻破的镜头,这一航拍镜头,持续数分钟,镜头横穿整个战场,掠过了弥漫在空中的硝烟,可以看到我军的冲锋队列、被撕裂的黄维汽车兵阵,还有烧毁的村庄,展现了整个战场的气势磅礴和雄浑气概。

（2）电影《彭雪枫纵横江淮》

《彭雪枫纵横江淮》是由电影频道节目中心、八一电影制片厂联合出品的一部战争剧情片。由安澜执导,刘之冰、刘天佐、赵小明等人主演,于2007年9月5日上映。该影片主要讲述了彭雪枫将军率领300人的队伍,经过艰苦卓绝的斗争,使江淮地区的抗日斗争形势发生根本性变化的故事。

1938年9月,中共中央决定挺进豫皖苏抗日前线。经毛泽东同志亲自点将,时任八路军少将参谋处长的彭雪枫将军将担此重任。彭雪枫因成功奇袭日军王集军需库,在豫苏皖群众心目中树起了新四军抗日救国的形象。广大豫皖苏人民和地方武装,踊跃报名参加新四军。日军为防止彭雪枫队伍进一步壮大,对新四军根据地展开扫荡。经过短短几年的发展,彭雪枫的队伍在豫皖苏发展到2万余人。彭雪枫率领部队且战且退,引日军向我军纵深开进。战斗正式打响后,彭雪枫兵分两路,一路向国民党岳中夏防区进发,转移至日军后方,另一路连夜行军至沙岭日军旅团军火库。在骑兵团的支援下,日军军火库守军节节败退,日军不得不派出大本营端城守军支援。此时,国民党师长岳中夏顶着各方压力打开防区大门,放彭雪枫部队通过。彭雪枫率领新四军得以从后方直捣空虚的端城。等日军主力赶回端城时,端城已变成一座空城。日军将领不得不低头认输。从此,彭雪枫的名字在豫皖苏让敌人闻风丧胆。

(3) 电视剧《大决战》

电视剧《大决战》由中央广播电视总台出品,总台影视剧纪录片中心制作,八一电影制片厂联合摄制,在庆祝中国共产党成立 100 周年之际,于 2021 年 6 月 25 日起在中央广播电视总台央视综合频道和央视频、央视网等新媒体平台同步播出。该剧由高希希执导,黄剑东编剧,唐国强、王劲松、刘涛、苏青领衔主演,于和伟特邀主演,刘劲、王伍福、郭连文、王健、邵兵、刘之冰等人主演,王雷、林永健、张云龙、陈都灵、何晟铭、宁理等人友情出演。

《大决战》以 1945 年 8 月抗战胜利到 1949 年 10 月新中国成立这一历史时期为背景,全面展现了辽沈、淮海、平津三大战役的辉煌历史,深刻诠释了"没有共产党就没有新中国","江山就是人民,人民就是江山"的真谛。全剧共 49 集,其中,第 27 集至第 44 集主要反映淮海战役的历史进程。该剧是一部能打动人们心灵、引起现实思索的作品;既是一部恢宏的战争史诗之作,也是一部充满深刻历史内涵和现实意义的党史教材。

(4) 电视纪录片《四九英雄》

《四九英雄》是 2015 年杨诚俊执导创作的大型纪录片,由崔氏兄弟传媒投资出品,中共阜阳市政府、政协陕西兴平市委员会、陕西兴平广播电视台、政协安徽省阜阳市委员会、民革安徽省阜阳市直一支部、中国书画研究院安徽创作院、西安事变纪念馆(张学良公馆)协助拍摄。

1928 年 4 月 9 日,中共皖北特委书记魏野畴在阜阳境内组织武装起义,后因反动军阀围剿,起义失败,最终献出宝贵的生命。四九起义成立了皖北第一个苏维埃红色政权,建立了皖北第一支工农红军,创造了以后的鄂豫皖苏区。根据这个真实的革命故事,在安徽省阜阳市政协、陕西省兴平市政协的支持下,崔氏兄弟文化传媒耗时近半年时间,远赴陕西省兴平市魏野畴老家进行实地拍摄、制作了大型历史纪录片《四九英雄》,讲述了以魏野畴、杜聿德、乔锦卿、申明甫等人为首发动的阜阳历史上规模最宏大、战斗最激烈的武装起义,并通过历史过程将英雄人物后世子孙的思考紧密联系在一起,以此讲好红色故事、传承红色基因,弘扬爱国主义精神。

2. 红色精神资源

精神形态的红色资源是红色资源的核心和精髓,是红色资源的灵魂。

2021 年 9 月,在中国共产党成立 100 周年、中华人民共和国成立 72 周年之际,党中央批准了中央宣传部梳理的第一批纳入中国共产党人精神谱系的伟大精神并予以发布。第一批纳入中国共产党人精神谱系的伟大精神是:建党精神;井冈山精神、苏区精神、长征精神、遵义会议精神、延安精神、抗战精神、红岩精神、西柏坡精神、照金精神、东北抗联精神、南泥湾精神、太行精神(吕梁精神)、大别山精神、沂蒙精神、老区精神、张思德精神;抗美援朝精神、"两弹一星"精神、雷锋精神、焦裕禄精神、大庆精神(铁人精神)、红旗渠精神、北大荒精神、塞罕坝精神、"两路"精神、老西藏精神(孔繁森精神)、西迁精神、王杰精神;改革开放精神、特区精神、抗洪精神、抗击"非典"精神、抗震救灾精神、载人航天精神、劳模精神(劳动精神、工匠精神)、青藏铁路精神、女排精神;脱贫攻坚精神、抗疫精神、"三牛"精神、科学家精神、企业家精神、探月精神、新时代北斗精神、丝路精神。这些精神,集中彰显了中华民族和中国人民长期以来形成的伟大创造精神、伟大奋斗精神、伟大团结精神、伟大梦想精神,彰显了一代又一代中国共产党人"为有牺牲多壮志,敢教日月换新天"的奋斗精神。①

在一百多年的革命、建设过程中,皖北地区形成了若干薪火相传、砥砺奋进的红色精神。其中,淮海战役精神虽然没有被纳入第一批中国共产党人精神谱系之中,但豫皖苏等地的人们依然时刻缅怀淮海战役中革命先烈和人民群众可歌可泣的英雄事迹,"要把淮海战役精神发扬光大"。因为皖北地区是淮海战役总前委所在地,是淮海战役的重要战场,理应成为淮海战役精神的主要孕育地。根据习近平总书记2017年12月在江苏徐州瞻仰淮海战役烈士纪念塔、参观淮海战役纪念馆时的重要讲话精神,以及淮海战役中所体现出来的主要特征,淮海战役精神基本要旨有以下几个方面②:

一是听党指挥,信念坚定。坚持党对人民军队的绝对领导是人民军队永远不变的军魂。在淮海战役中,听党指挥、信念坚定是人民解放军取得胜利的前提。在决策淮海战役的过程中,中共中央和中央军委的英明决策和高超智慧得到充分展现。在淮海战役的战略部署下达后,人民解放军各参战部队坚决听从中共中央和总前委的统一指挥调度,闻令而动,遵令而行,体现了高度的政治自觉和责任担当。淮海战役第二阶段围歼黄维兵团是一场恶战,在总前委召开的各纵队首长会议上,邓小平表达了敢打必胜的坚定信念,"只要歼灭了敌人南线主力,中野就是打光了,全国各路解放军还是可以取得全国胜利"。

二是团结协作,决战决胜。淮海战役是由中原、华东两支野战军和中原、华东军区,以及晋冀鲁豫军区的部分部队共同进行的一次大规模协同作战。虽然参战部队多,隶属不同指挥机构,但是在中央军委和总前委的统一指挥调度下,团结协作,决战决胜,心往一处想,劲往一处使,迅速形成集团作战、联合作战的强大威力。在淮海战役第一阶段,为了配合华野作战,中野集中四个纵队全力攻取宿县。经过四天激烈争夺,全歼国民党守军12000余人,切断津浦铁路徐蚌线。

三是勇挑重担,不怕牺牲。淮海战役中,面对装备精良的国民党重兵的疯狂进攻,人民解放军在兵力、武器装备均处于劣势的情况下充分发扬勇挑重担、不怕牺牲的革命英雄主义精神,前仆后继,与敌人血战到底。在淮海战役第二阶段双堆集

---

① 人民网.中国共产党人精神谱系第一批伟大精神正式发布[EB/OL].(2021-09-30)[2024-04-03].https://baijiahao.baidu.com/s?id=17122777139776132956&wfr=spider&for=pc.

② 顾永俊.淮海战役精神[N].安徽日报,2021-03-30(6).

歼灭战中,邓小平代表总前委向各纵队首长庄严宣布:"人人都要有烧铺草(即牺牲)的决心!"最后的决战中,中野某部十连在西马圩子遭到敌方一个团的围攻,伤亡过半,连长、指导员先后牺牲,排长代理指挥,多次打退敌人进攻。大部队赶到时,该部只剩下两人。

四是军民同心,众志成城。淮海战役中,包括安徽人民在内的解放区人民提供的巨大的人力、物力支援,是人民解放军最终取得胜利的重要保证。各地涌现出许多父子争相上前线、妻子送丈夫、男青年推迟婚期当支前民工的动人事迹,在中外战争史上谱写了旷古未见的人民战争的壮丽诗篇。据不完全统计,整个淮海战役中,累计支前民工543万人,其中江淮和豫皖苏人民共出动民工160万人、担架12.5万副,筹集粮食1.05亿千克、柴草2.65亿千克。陈毅曾动情地说:"淮海战役的胜利,是人民群众用小车推出来的。"由此孕育而成的"小推车精神"是淮海战役精神中最动人的篇章。

二、新中国成立后的皖北红色文化及资源

红色文化主要是在革命战争年代由中国共产党人、先进分子和人民群众共同创造的,其具有中国特色的先进文化,蕴含着丰富的革命精神和厚重的历史文化内涵,它同时具有开放性特征,能够兼容并包、汲取中华优秀传统文化和马克思主义相结合过程中的一切先进文化因子。新中国成立后,红色文化不断融入新的伟大革命的时代内涵,逐渐发展成为社会主义先进文化。我国的社会主义先进文化,不仅强调文化的先进性,还定位于社会主义制度的历史条件,即在社会主义制度条件下形成并发展的先进文化,是中国革命文化和中国红色文化在社会主义历史阶段的继承与发展。无论是中国革命文化、红色文化还是社会主义先进文化,均具有先进性特质,其源头均是中华优秀传统文化。正因如此,习近平总书记多次强调,要"推动中华优秀传统文化创造性转化、创新性发展,继承革命文化,发展社会主义先进文化,不断铸就中华文化新辉煌,建设社会主义文化强国"①。在我国社会主义革命、建设和改革开放等各历史时期,皖北人民在中国共产党的领导下,积极投身于社会主义革命、建设、改革开放以及中国特色社会主义的伟大实践,不断取得发展新成就,不断铸就文化新辉煌。

(一)新中国成立后皖北物质性红色文化及文化资源

中国共产党领导中国人民在社会主义革命和建设中取得了一系列举世瞩目的成就。在安徽省委的领导下,皖北人民顽强拼搏、艰苦奋斗,取得了社会主义革命、

---

① 习近平.习近平谈治国理政:第4卷[M].北京:外文出版社,2022:309.

建设和改革开放的一个又一个重大成就,在不断丰富地方红色文化内涵的同时,也创造并发展新的红色文化。

1. 国家重点工程

一些大型的国家重点工程建设,如淮河大桥、淮河闸工程等,是在中国共产党领导下取得的建设成就,其成果凝结着中国共产党"以人民为中心"的执政理念,体现了中国共产党"为人民服务"的根本宗旨,因而深深烙上了红色印记,处处体现了中国共产党领导广大人民战天斗地的奋斗精神。

(1) 淮南淮河大桥

淮南淮河大桥,南起田家庵区安成镇,北接潘集区平圩镇。该桥于1977年7月开工。1980年10月,铁路桥工程完工,并试车行驶成功。1982年7月,公路桥建成通车。淮南淮河大桥铁路桥全长3428.5米,其上层公路桥全长3195.7米,是一座永久性特大桥。淮南淮河大桥的建成通车,终结了淮南市境内淮河无桥的历史,极大地改善了市内淮河两岸之间的交通状况,缩短了淮南煤矿老区与新区的空间距离,对淮南经济发展的影响与推动是难以估量的。

铁路桥正桥6孔,孔长96米,桥面铺设双轨,南端引桥61孔,北端引桥26孔。河面主桥6跨,长579.6米,公路桥面至地面垂直距离38米。上层公路桥引桥南有61孔,北有19孔;桥面宽14米,其中行车道宽11米,两侧人行道各宽1.5米。主桥正交南岸引线岔下游,北岸引线岔上游。正桥均为钻孔灌注桩基础,预应力钢筋混凝土桥墩,桥墩直径1.25米,水中桥墩下到新鲜岩石层,最深达38米。

淮南孔李淮河大桥,位于安徽省淮南市潘集区,2014年1月开工,2017年6月通过竣工验收。大桥路线全长10.28千米,桥梁长5.317千米,分别跨越淮阜铁路、南汊主航道、北汊副航道。孔李淮河大桥不仅是沟通联系潘集区、谢家集区、八公山区、凤台县各组团之间的快速交通系统,也是潘集区上下合淮阜高速公路的重要出口,对完善淮南城市总体布局,加快淮河北部土地、矿产资源的开发具有重要的意义。

2021年12月,国家发展和改革委员会2020—2021年度第二批国家优质工程奖名单,淮南孔李淮河大桥工程位列其中。2022年12月,淮南孔李淮河大桥工程荣获2022年度全国市政工程最高质量水平评价工程。

2020年4月28日,连接淮南淮河两岸的又一座高等级大桥——淮上淮河公路大桥正式通车。该桥路线全长19.8千米,起于国庆东路,终于S225省道。其中跨河主桥长3.12千米,南岸引线长1.08千米,北岸引桥长7.02千米,北岸引线长8.61千米,主桥为双索面斜拉桥,桥面宽32米。全线为双向六车道,按一级公路标准建设,设计时速80千米。

(2) 蚌埠淮河大桥

1989年10月1日,蚌埠解放路淮河大桥(俗称拉丝桥)正式通车,这是蚌埠城区第一座跨淮河公路大桥。该桥型为预应力钢筋混凝土双塔双索面斜拉大桥,所用钢索全部从日本进口。桥长（包括引桥）1660米，主桥跨度452米，主桥面宽度19.5米（含人行道），可以同时并行四辆大卡车。它的建成，结束了淮河两岸人民靠轮渡来往的历史。

2000年，蚌埠市朝阳路淮河大桥开工，2002年建成投入使用，为市区第二座跨淮河公路大桥。设计为双向四车道，主桥为三跨预应力混凝土变截面连续钢构，引桥全部采用钢筋混凝土和预应力混凝土连续箱梁，全桥结构形式复杂、多样。朝阳路淮河大桥的建成，解决了西部城区过河交通拥堵的问题。

2009年12月，蚌埠市大庆路淮河大桥开建，工期3年，是蚌埠城区第三座淮河公路大桥，全长2.38千米，主桥采用中跨200米自锚式双塔双索面桥，主梁采用钢箱梁，主塔采用门式塔。工程投资达6.87亿元。大桥设互通立交一处，采用双向六车道设计，并设置非机动车道和人行道，设计时速60千米。

2016年底，蚌埠市市长淮卫淮河大桥建成通车，这是安徽省第一座钢桁架拱桥，也是蚌埠市城区的第四座跨淮河公路大桥。大桥全长2.6千米，桥梁长1370米，大桥宽42.5米，为双向八车道。长淮卫淮河大桥是S101和蚌埠中环线工程的重要控制性节点工程，与G206、S306等相连，通车后极大地缓解了城市东部交通的通行压力，对蚌埠市实施跨河发展战略有着十分重要的意义。

（3）王家坝闸

王家坝闸，全称为淮河濛洼蓄洪区王家坝进水闸，位于淮河中上游分界处左岸安徽省阜南县境内淮河濛洼蓄洪工程入口，地处河南与安徽两省三县三河（固始、淮滨、阜南三县，淮河、洪河、白鹭河三河）交汇处，因坝建在阜南县王家坝镇而得名。王家坝闸兴建于1953年1月10日，同年7月14日（一说6月30日）竣工。2003年拆除重建，共13孔，每孔净宽8米，设计流量为每秒1334～1626立方米。新建成的王家坝闸已经成为淮河上游集洪水控制、交通运输、观光旅游于一体的大型水利工程。

王家坝闸作为濛洼蓄洪区入口控制工程，是淮河上中游结合部位的重要拦蓄工程，降低了洪河口水位，削减了淮河洪峰，减轻了上游灾害，对确保上下游堤防安全起到了一定的作用，消除了历史上豫皖两省官沙湖水利纠纷。同时，也对保护两淮煤矿、蚌埠市及津浦、阜淮铁路干线的安全起着重要作用。由于淮河特殊的地理条件，位于三河交界的王家坝闸具有极其重大的意义，因而也有了千里淮河"第一闸"的称号。王家坝闸也被誉为淮河防汛的"晴雨表"，是淮河灾情的"风向标"。1954—2007年，王家坝闸累计蓄洪量75.4亿立方米。其中，1954年、1968年洪涝灾害，堤防发生决口、溃破达26处之多。至2020年，已经在13个年份共进行16次滞蓄洪水。

2021年6月19日，王家坝闸被中央宣传部确定为全国爱国主义教育示范基地。2023年4月，被确定为第五批国家水情教育基地。

（4）蚌埠闸枢纽

蚌埠闸枢纽位于千里淮河中游，横跨蚌埠市禹会和淮上两区，是淮河上历史最悠久、流量最大、功能最齐全的大型水利枢纽工程。工程始建于1958年底，1962年基本竣工，历经近60年的不断建设与完善，最终由28孔节制闸、12孔节制闸、双线船闸、水电站、分洪道、3.37千米堤防组成，具有防洪、蓄水灌溉、航运、发电、城市供水等综合效益。

1962年2月，闸上公路桥正式通车。公路桥全长598.3米，其中节制闸、水电站长482.8米。上部结构为钢筋混凝土T梁，下部结构为钢筋混凝土墩台。节制闸共28孔，单孔跨径10米，船闸长115.5米，闸室宽15.4米。桥面行车道宽均为7米，两侧人行道各宽1.83米。蚌埠闸枢纽上距临淮岗控制工程160千米，下距洪泽湖三河闸220千米。闸址以上控制流域面积12万平方千米。枢纽工程包括：拦河节制闸、船闸、水电站和分洪道四个部分。蚌埠闸枢纽工程设计洪水标准为百年一遇，闸上流域面积12.1万平方千米，设计洪水位闸上23.22米，闸下23.10米；设计流量每秒13000立方米，设计灌溉面积884万亩，其中沿淮200万亩，补充灌溉区684万亩，并为沿淮工矿、城镇提供工业和生活用水。

这座当时省内最大的闸带桥，是距离市区较近的唯一淮河公路桥，它的正式通车改变了两岸人员和物资跨越淮河以渡代桥的历史，极大地改善了旅行条件，两岸之间的运输效率也得到极大提升。淮河蚌埠闸水利风景区现为国家4A级旅游景区、国家水利风景区。

2．先进事迹纪念或陈列馆

在社会主义革命和建设的历史进程中，涌现出了许许多多党员和党员干部的先进事迹，他们贯彻执行党的路线方针政策，一心为民，以自己的实际行动践行全心全意"为人民服务"的宗旨。建立红色纪念馆或先进事迹陈列馆，是为了讲好他们为人民谋利益的故事，传播好红色故事，传承好红色基因。

（1）四眼井纪念馆

四眼井纪念馆位于烈山区烈山镇榴园村，于2017年8月建成。

纪念馆的创建源于一口水井。1952年，为了解决村民吃水难的问题，榴园村党组织带领群众历时一年多，挖出了一口深40多米、直径1.8米的水井。为了取水安全，在井的上方用大石挖出的四个井眼盖上，四个人可以同时从四个井眼里用井绳提水，故得名四眼井。1954年2月，全村为四眼井刻碑"饮水思源"，昭示后人吃水不忘挖井人。

如今的四眼井已成为基层党组织发挥政治引领作用、带领群众致富的有力见证。为纪念干群一致、服务群众的感人事迹，最大程度地发挥党员教育基地作用，烈山区建造了四眼井纪念馆，纪念馆通过浮雕墙、文字展板、泥塑、专题纪录片、实物等多种形式展现了四眼井及榴园村半个多世纪的巨大变化。2018年11月21日，纪念馆入选首批淮北市党员干部党史教育基地。

(2) 徐度乐事迹馆

徐度乐事迹馆是以徐度乐的英雄事迹为基础而建设的纪念馆。

徐度乐生前是濉溪县钟楼公社青杨大队(今相山区渠沟镇徐集村)党支部委员、第二生产队队长。他带领群众艰苦奋斗、兴修台田、改造盐碱地,努力改变贫穷落后的面貌。但因长期操劳过度,积劳成疾,于1968年7月去世,年仅48岁。去世后,《人民日报》等报纸在头版二条或头版头条的位置报道了他的先进事迹。

该馆总建筑面积约160平方米,以文字、照片、图片、实物等形式展示了徐度乐的生平事迹。事迹馆内物品包括徐度乐的塑像、其生前使用过的生活用品及徐集村的改革变迁图片等。2018年11月21日,事迹馆入选首批淮北市党员干部党史教育基地。

(3) 沈浩同志先进事迹陈列馆

沈浩同志先进事迹陈列馆位于滁州市凤阳县小岗村委办公楼的北侧,陈列馆共分三大展厅。第一展厅是序厅,包括馆名墙和沈浩生平事迹的介绍两方面内容。第二展厅是主展厅,是陈列馆的重点部分,该展厅用叙事的方式回顾了沈浩在小岗村的工作经历和取得的主要成绩。第三展厅是浩气长存厅,通过"送别沈浩""褒奖沈浩""学习沈浩""再现沈浩"等几个部分来展现和弘扬沈浩精神。

沈浩(1964—2009年),汉族,安徽萧县人,中共党员。1986年参加工作,先后担任安徽省财政厅副主任科员、主任科员、副调研员。2004年,作为安徽省第二批选派农村任职干部任凤阳县小溪河镇党委副书记、小岗村党支部第一书记、村委会主任。在小岗村的六年间,沈浩为小岗村修建公路,引进资源,集中土地,他为党的事业、为"三农"工作作出了重大贡献。2009年11月6日,沈浩因过度疲劳而导致心脏病突发逝世于小岗村临时租住的房子内,年仅45岁。

沈浩获得全国农村基层干部"十大新闻人物"、安徽省第二批选派干部标兵、全国百名优秀村官、感动中国2009年度人物、全国敬业奉献模范等荣誉。

沈浩同志逝世后,从其移交备案的29本生前日记手稿中遴选了最感人、最激励、最具光辉意义的150多篇日记编著成《沈浩日记》,于2010年5月出版。《沈浩日记》由原中组部部长李源潮作序,中宣部领导亲自督导制作。

根据沈浩先进事迹而拍摄的电影《第一书记》,于2010年7月15日在中国大陆上映。该电影由陈国星执导,思芜、杨海波、龚应恬、邢原平编剧,杨立新、徐帆、何冰等人主演。

(二) 新中国成立后皖北非物质性红色文化及文化资源

新中国成立之后,皖北非物质性红色文化及资源主要包括三类:一是中国共产党在领导社会主义革命和建设历史进程中形成的决策文件及相关文献资料;二是依托社会主义革命、建设和改革开放伟大实践及其中涌现出的众多先进典型人物而创作的文艺作品;三是在社会主义革命、建设和改革开放伟大实践中形成的并经总结、凝练而呈现的红色精神。

1. 决策文件及相关文献资料

第一类是中国共产党在领导社会主义革命和建设历史进程中形成的决策文件及相关文献资料。淮河是新中国成立后中共中央决定治理的第一条河流,有关淮河治理的政策方针、决策部署、措施成效等,《治淮汇刊(年鉴)》和《治淮》杂志中几乎保存有全部记录。

(1)《治淮汇刊(年鉴)》

《治淮汇刊(年鉴)》是由水利部淮河水利委员会主管、主办,豫、皖、苏、鲁四省水利厅等单位参编的流域性水利专业年刊。其前身《治淮汇刊》创刊于1951年,由周恩来总理亲笔题写刊名,朱德、陈毅等老一辈无产阶级革命家曾为《治淮汇刊》题词,是我国水利系统较早的一部流域性水利年刊,每年出版1辑,1958年治淮委员会撤销停刊,编纂出版了6辑,治淮委员会恢复后,于1981复刊。1995年经国家新闻出版总署批准为期刊公开出版发行,并更名为《治淮汇刊(年鉴)》。截至2022年,已编纂出版至47辑。

创刊以来,淮河水利委员会秉持办刊宗旨,宣传贯彻党和国家治淮方针、政策,弘扬治淮成就,逐年全面系统地真实记载淮河流域水利事业发展进程,为广大水利工作者提供研究淮河、治理淮河的基本数据、资料,为历次治淮规划、淮河修志等工作提供翔实的史料。

年鉴编者不辱使命,与时俱进,始终以治淮主要工作作为年鉴选题选材原则和标准,合理设置栏目框架。目前,《治淮汇刊(年鉴)》设有"流域概况""综述""特载""政策法规""规划计划""水旱灾害防御""水资源管理与节约保护""河湖管理""水土保持与农村水利""水利行业监管""水利工程建设与运行""科技信息与国际合作""综合管理""地方水利""统计资料""大事记""附录"等18个栏目,全书约80万字。

2005年《中国知识资源总库》编委会批准《治淮汇刊(年鉴)》为"中国年鉴全文数据库"全文收录年鉴。2010年安徽省首届年鉴编纂质量评比中,《治淮汇刊(年鉴)》荣获综合一等奖、框架设计特等奖、装帧印刷一等奖、编校质量一等奖。2011年《治淮汇刊(年鉴)》获第五届全国年鉴编校评比特等奖。2013年《治淮汇刊(年鉴)》获安徽省年鉴编纂质量评比综合特等奖。2017年《治淮汇刊(年鉴)》获安徽省年鉴编纂质量评比综合特等奖。

(2)《治淮》杂志

《治淮》创刊于1952年,是由水利部淮河水利委员会主管、主办的水利水电工程期刊,刊名由周恩来同志亲笔题写。《治淮》以"围绕治淮中心工作,把握正确的宣传舆论导向"为办刊宗旨,以关注流域水利发展的重大问题,综合介绍和探讨水利政策、法治建设、流域管理、水利经济、工程建设等方面的新问题、新经验为主要内容,主要设有"要文""特稿""规划与治理""政策法规""水资源研究""防汛与抗旱""科技论坛""改革与探索""建设与施工""科技推广与应用""探索与交流""水文水资源"等栏目。

1952年创刊时,《治淮》为月刊;1954年,因故停刊;1984年,复刊,刊期为双月刊;1991年,该刊刊期由双月刊变更为月刊。2014年12月,《治淮》入选中国原国家新闻出版广电总局第一批认定学术期刊。2024年3月31日中国知网显示,《治淮》总出版文献量15578篇,总下载次数765090次,总被引次数10416次;(2023版)复合影响因子为0.171,(2023版)综合影响因子为0.108。

2. 文艺作品

第二类是依托社会主义革命、建设和改革开放伟大实践及其中涌现出的众多先进典型人物而创作的文艺作品,是以艺术形式记录和传播广大干部群众积极投身于社会主义革命和建设的光荣历史及艰苦奋斗精神,这类文艺作品必然构成红色资源的重要组成部分。

(1) 电影《淮上人家》

电影《淮上人家》,上海电影制片厂1954年摄制,袁静编剧,张骏祥执导,冯喆、王蓓、魏鹤龄、戴耘、张雁等人主演。

影片讲述了淮河岸边的农民高黑子和葵花合力将恶霸、特务一网打尽,并"制服"洪水的故事。1938年,蒋介石为阻挡日军南下,扒开了郑州花园口黄河大堤,致使河水泛滥,数万人流离失所。淮河流域的黑子一家也家破人亡,他靠讨饭、吃树皮度日,由此认识了熊三万家婢女葵花。数年过后,人民当家作主,黑子当选了村长。自毛主席发出"一定要把淮河修好"的号召后,黑子和广大民工常年为根治水患战斗在大堤上。其间,葵花也摆脱了地主奴役,参加了民工队。他们在修堤的过程中,地主狗腿子侯二爪伺机破坏施工,并想谋害黑子,最终受到人民的惩罚。拦河坝终于合龙成功,多少年多少代饱受水患的人们欣喜若狂。

(2) 小说《向阳院的故事》

《向阳院的故事》是一部于1973年5月由人民文学出版社出版发行的长篇小说,作者徐瑛。1974年,长春电影制片厂根据徐瑛同名小说改编拍摄了黑白电影《向阳院的故事》。导演袁乃晨,主演有浦克、章申、徐涛、赛罕、吴芸等。

徐瑛,原名徐存英,1939年生,安徽太和县人。中共党员,专业作家。曾任阜阳地区及阜阳市文联副主席、主席、党组书记,阜阳市政协常委,安徽省作家协会第三届副主席,安徽省儿童文学创作委员会首届副主任,安徽省文联第三届委员。1964年开始发表作品,1988年加入中国作家协会。著有长篇小说《向阳院的故事》《都市里的乡下少年》,另有中短篇小说、散文多篇(部)。中篇小说《野鸭洲历险记》获安徽省首届优秀儿童文学作品二等奖。《向阳院的故事》还译有英、日文等版本。

小说讲述的是1964年,我国南方某镇向阳院里的孩子们,由退休老工人、共产党员石爷爷带领,响应毛主席的伟大号召,在暑假期间,开展了学习雷锋、参加集体劳动的活动。石爷爷带着孩子们走进社会大课堂,去建筑工地扒砂礓,培养他们积极参加社会生产劳动的思想。他们的这一举动,受到了一贯坚持反动立场的阶级敌人胡守礼的仇视。他利用个别家长的旧思想,采取各种恶劣的手法,从思想上腐蚀孩子,破坏活动的开展。在镇党委的领导下,在学生家长的支持下,石爷爷引导孩子们积极参加革命斗争,同孩子们一起粉碎了胡守礼的破坏活动。胡守礼贼心不死,竟然下毒手制造了山洞塌方事件,妄图伤害孩子们,并企图嫁祸于石爷爷。在千钧一发的危急时刻,石爷爷赶到现场,冒着生命危险,保护了革命后代,揪出了坏蛋。在这场斗争中,孩子们经受了风雨,见了世面,健康茁壮地成长起来。

小说中的"向阳院"是20世纪70年代主要以居委会所辖区域为单位组织开展群众性文化、娱乐、教育等活动的场所。随着时代的发展与变化,《向阳院的故事》以当时的社会为背景,其社会氛围、社会精神语境下展现的一些内容虽然已不合时宜,但其中一心为公、热爱劳动、参加社会实践、集体荣誉感等展现那个时期精神面貌的描写则仍具有非常重要的积极意义。

3. 红色精神

第三类是在社会主义革命、建设和改革开放伟大实践中形成并经总结、凝练而呈现出的红色精神,它们不仅成为中国共产党的宝贵财富,也激励着后人牢记光荣历史,通过继承红色精神而传承红色基因。

(1) 小岗精神

安徽凤阳①小岗村是中国农村改革的发源地。1978年底的一个夜晚,小岗村18户农民一致同意分田到户搞"大包干",并签订了保证书,按下了红手印。小岗村"大包干"冲破极左思想桎梏,打破束缚发展的经营体制,探索出责任明晰、简单易行、科学有效的农业生产责任制,取得明显的增产增收效果,宛如"平地一声惊雷",闯出一条中国农业发展新路,拉开中国农村改革大幕。② 作为中国农村改革的一个标志,小岗村以"大包干"开篇,始终与改革同命运、与时代共进步,孕育和发展了具有小岗特质、时代特征的"小岗精神"。

小岗精神的基本主旨包括改革创新、敢为人先两个方面。

2016年4月,习近平总书记在小岗村考察时指出,唯改革才有出路,改革要常讲常新;希望小岗村继续在深化农村改革中发挥示范作用。小岗村人牢记嘱托,继续争当击楫中流的改革先锋。"小岗精神"不断丰富发展,历久弥新,也已成为新时代继续深化改革、实现中华民族伟大复兴的强大精神动力。

---

① 凤阳古为淮夷之地,西周时为钟离子国,秦置钟离县;自唐至元,钟离为濠州治。凤阳地处淮河中游南岸,地理区位偏于皖北;康熙九年(1670年)设庐凤道,驻凤阳,凤阳府、县均属庐凤道。故作为历史行政区划概念的皖北,乃明代凤阳府,到清代则为凤阳府、颍州府和泗州直隶州所辖地区。

② 廖海业. 小岗精神[N]. 安徽日报,2021-04-27(7).

(2) 王家坝精神①

王家坝位于安徽省阜阳市阜南县南部,南邻淮河,与河南省的固始、淮滨两县隔河相望,处于淮河中上游分界处。这里不但有被誉为"千里淮河第一闸"的王家坝闸,还有库容 7.5 亿立方米的淮河蒙洼蓄洪区。王家坝水位被看作是淮河防汛的晴雨表,在淮河防汛史上占有举足轻重的地位。根据国务院的《淮河洪水调度方案》规定,当王家坝水位达 29 米,且有继续上涨的趋势时,可开启王家坝闸分洪。王家坝闸建于 1953 年,自建成以来,先后于 1954 年、1956 年、1960 年、1968 年、1969 年、1971 年、1975 年、1982 年、1983 年、1991 年、2003 年、2007 年、2020 年开闸 16 次蓄洪。蓄洪区内居住近 16 万人口的村庄和 120 平方千米耕地反复化为一片汪洋。

王家坝人的无私牺牲和奉献,换来了整个淮河流域的安澜。受到了来自党、政府和社会各界的关怀。党和国家领导人曾多次前往王家坝,看望当地群众,并对他们作出的巨大贡献给予高度赞扬。2010 年 7 月 24 日,中共中央政治局常委、国务院总理温家宝来到王家坝闸,检查指导淮河防汛抗洪工作,在王家坝镇保庄圩,温家宝总理赞誉王家坝人民在长期的抗洪斗争中形成的王家坝精神是王家坝几代人努力奋斗积累的宝贵财富,是淮河儿女精神风貌的真实写照。温家宝总理将王家坝精神的内涵高度概括为:舍小家、为大家的顾全大局精神,不畏艰险、不怕困难的自强不息精神,军民团结、干群同心的同舟共济精神,尊重规律、综合防治的科学治水精神。

第二节 皖北地区红色文化保护与传承

红色文化是根植于中国传统文化的沃土,在马克思主义与中华优秀传统文化相结合的过程中产生的一种先进文化,具有与时俱进的特征,不仅能够引领时代发展,还可以赋能区域经济社会的发展。因此,习近平总书记强调指出,"红色资源是我们党艰辛而辉煌奋斗历程的见证,是最宝贵的精神财富","要用心用情用力保护好、管理好、运用好红色资源"②。在拥有丰富红色文化资源的皖北地区,传承、保护并发展好地方红色文化,对于传承红色基因、弘扬革命精神具有重要意义,对于地方经济社会的发展也起着巨大的引领和促进作用。发掘并利用地方红色文化独

---

① 安徽省政府网. 王家坝精神[EB/OL]. (2021-09-06)[2024-04-24]. https://www.ah.gov.cn/zwyw/ztzl/fdbnlqhxzc/hsah/554037321.html.

② 习近平. 习近平主持中共中央政治局第三十一次集体学习并发表重要讲话[EB/OL]. (2021-06-26)[2024-04-30]. https://www.gov.cn/xinwen/2021/06/26/content_5621014.htm.

特的价值功能,不仅有助于推动社会主义核心价值观的落地落实,还有助于打造具有区域特色的红色文化产业,提升城市文化软实力,服务乡村振兴。

一、激发皖北地区红色文化的价值功能

红色文化和红色文化资源之间存在着相互促进、相互依存的互动关系。一方面,红色文化的传承和创新可以丰富红色文化资源的内涵和价值,使其更加具有吸引力;另一方面,红色文化资源的开发和利用又可以促进红色文化产业的发展,推动红色文化的传承、保护和创新。同时,文化资源既然是人类劳动创造的物质成果及其转化的一部分,人们就可以通过生产实践激发文化资源的政治、经济、教育等价值功能并发挥其实际价值。如同文化功能及红色文化资源的普遍性价值呈现,皖北地区红色文化的功能及其资源价值主要体现在如下三个方面:

(一)红色传承

由于中国的革命文化和红色文化均具有革命性的特质,均聚焦"革命"精神,因此,红色文化蕴含着丰富的革命精神和厚重的历史文化内涵。红色文化的传承,其实是在传承革命历史、革命精神和光荣传统。

第一,传承红色文化,弘扬革命精神。红色文化具有鲜明的传承性,其有别于其他文化的根本点就在于"红色"。中国人的红色情结与生俱来,它流淌在民族的血脉里,遗传在民族基因中,所以,"红色是中国共产党、中华人民共和国最鲜亮的底色"①。红色文化中的"红色",代表的是革命或革命的颜色。回顾中国共产党领导各族人民革命、推翻"三座大山"的卓绝奋斗历程,与红色息息相关:中国共产党组建的第一支军队命名为"红军"——由工农革命军正式定名为红军,后逐渐改称中国工农红军,开辟的第一个革命根据地瑞金称为红都,以及南湖的红船、井冈的红旗、长征的铁流、抗日的烽火等,都时刻闪耀着鲜艳的红色,时刻彰显出中国共产党的革命精神。红色文化不仅能够忠实地记载中国共产党为人民利益而奋斗的历史,而且深刻地诠释了"只有社会主义才能救中国"的真谛。革命胜利后,中国的文化工作者,特别以写"红"、唱"红"、演"红"而感到光荣和自豪,诸如《闪闪红星》《红星照我去战斗》《红岩》《红日》《红旗谱》《红旗飘飘》《红灯记》《红色娘子军》《红军想念毛泽东》《红梅赞》《太阳最红毛主席最亲》等一大批红色文学艺术和影视作品,在传承红色文化的同时,也是在传承红色基因、赓续红色血脉。

红色文化提炼和凝聚了中国共产党人的革命精神,并在中国革命、建设和改革开放的实践中得以传承,传承红色文化,解读革命历史,有利于帮助人们了解共产

---

① 习近平.习近平主持中共中央政治局第三十一次集体学习并发表重要讲话[EB/OL].(2021-06-26)[2024-04-30]. https://www.gov.cn/xinwen/2021-06/26/content_5621014.htm.

党执政地位的来之不易,在增强广大民众的历史认知中提升对党的领导及社会主义制度的认同。特别是,中国共产党在领导中国革命的征程中形成了井冈山精神、长征精神、延安精神、抗战精神、西柏坡精神等,这些精神是红色文化的精髓,是激励人们开拓进取、矢志不渝的强大精神支柱,实现中华民族伟大复兴需要弘扬这些红色精神;新中国成立后的和平建设时期形成的抗美援朝精神、大庆精神、"两弹一星"精神、抗洪精神、载人航天精神、脱贫攻坚精神等等,就是红色文化得以传承的体现。习近平总书记指出:"红色资源是我们党艰辛而辉煌奋斗历程的见证,是最宝贵的精神财富。"①所以,要深入发掘红色文化的传承价值功能,这是培育新的民族精神的现实需要。如今,战争年代那样血与火的斗争考验少了,但许多具有新的历史特点的伟大斗争仍在继续。在迈向第二个百年奋斗目标的新征程上,皖北人民就要以习近平文化思想为指引,自觉从红色基因中汲取强大的信仰力量,大力弘扬中国共产党人的革命精神,奋力开创各项工作新局面。

第二,思想引领,传导社会核心价值。文化是经人类实践并加工的成果凝结,各种文化资源、各类文化现象必定会反映出正向而积极的社会价值。"一个社会的价值体系虽是多元的,但必定存在居于核心地位、起主导作用的价值或价值体系,这便是核心价值;人们对于社会核心价值的认识以主观的形式反映出来——如思想认同、社会舆论、社会思潮等,便形成社会的核心价值观,它是一个社会和群体评判事物最根本的是非判断标准和需要遵循的基本行为准则。培育和弘扬核心价值观,是社会系统得以正常运转、社会秩序得以有效维护的重要途径,在当代中国,就是要倡导并践行社会主义核心价值观。"②红色文化在传导社会核心价值、发挥思想引领作用方面,具有先天的优势。皖北地区具有光荣的革命传统,自五四运动后,一大批仁人志士积极投身于中华民族的解放事业中,形成了丰富的红色文化及文化资源。1923年冬,安徽省最早建立的党支部——中国共产党寿县小甸集特别支部成立,成为寿县革命的中心和领导力量。1928年4月,中共皖北特委发动了震撼皖北的阜阳四九起义,创立了安徽第一个苏维埃政权和皖北工农红军。还有新四军第四师师长兼政委、淮北军区司令员彭雪枫领导根据地军民巩固和发展淮北抗日根据地的英雄事迹;以皖北和苏北为主战场的淮海战役,在宿州和蚌埠留下了诸多革命故事和红色遗址,其间所形成的革命斗争精神也世代相传。这些丰富的历史文化所传导的积极的社会核心价值,已经融进社会主义核心价值观,必然能够有效引领皖北人民的价值趋向,激发其精神力量,从而发挥思想引领作用。

2020年5月12日,习近平总书记在山西考察工作结束时发表重要讲话,指出:

---

① 习近平.习近平主持中共中央政治局第三十一次集体学习并发表重要讲话[EB/OL].(2021-06-26)[2024-04-30]. https://www.gov.cn/xinwen/2021-06/26/content_5621014.htm.

② 房正宏,房子仪.论网络舆情信息的价值析出及其社会功用[J].齐齐哈尔大学学报(哲学社会科学版),2019(12):54-55.

"山西也是具有光荣革命传统的地方,是八路军总部所在地,是抗日战争主战场之一,建立了晋绥、晋察冀、晋冀鲁豫抗日根据地,平型关大捷、百团大战等闻名中外,太行精神、吕梁精神是我们党宝贵的精神财富。这些都要充分挖掘和利用,以丰富多彩的历史文化、红色文化资源为山西发展提供精神力量。"①相应地,皖北地区广大群众也要认真落实习近平总书记重要指示精神,要在传承红色基因中汲取巨大的精神力量、在赓续红色血脉中激活红色文化的生命力,通过红色文化传导社会核心价值、发挥思想引领作用,从而为皖北地方经济社会发展积聚精神力量。因为精神力量是一个地区和城乡社会生存发展的灵魂支柱、旗帜导向和不竭动力之源,能够在区域经济社会发展中发挥出极其重要的"软实力"作用。

(二)赋能发展

文化具有经济功能。基于上层建筑对社会经济基础的反作用,文化可以促进社会经济的繁荣和发展,文化产业可以提升人民的收入水平和生活质量。从红色文化的经济开发功能来看,红色文化具有良好的知名度和品牌效应,革命老区和红色地区保留下来的遗址和可歌可泣的革命故事,既是宝贵的精神财富,也是发展红色文化产业的重要资源;把地方红色文化、生态文化和古迹文化结合起来,整合多种文化资源,寓思想教育于文化娱乐和观光游览中,既有利于传承红色文化、传播先进文化,又有利于把红色资源转变为经济资源,从而推动革命老区和红色地区的经济发展。因而,要发掘和利用红色文化这一独特的价值功能,打造具有皖北区域特色的红色文化产业及品牌,赋能皖北区域经济社会发展。

第一,赋能经济社会发展,激发经济活力。鉴于红色文化与红色文化资源两者之间的互动与促进关系,红色文化不仅具有引领皖北区域经济社会高质量发展的资源优势,还是引领皖北地区经济社会高质量发展的强力引擎。一方面,红色文化是振奋皖北地区精神的"营养剂"。阜阳四九起义中革命先烈抛头颅洒热血的壮举世代传颂,先烈们艰苦奋斗的革命精神以及"听党指挥、依靠人民、团结协同、决战决胜"的淮海战役精神,都已经深入皖北大地,为皖北地区经济社会高质量发展提供了强大的精神动力。另一方面,红色文化还是发展皖北地区经济的"助推器"。红色文化能够催生一种产业经济的新业态,即将红色文化基因渗透到旅游产业中,实现革命传统教育和旅游观光相结合,促进"红色"和旅游融合发展。皖北地区拥有丰富的红色文化资源,具有红色文化和旅游产业发展的巨大优势,因而,要充分发挥其资源优势,激发出红色文化资源的经济活力,为皖北地区的经济社会发展注入"红色动能"。

皖北地区红色文化形态多样,红色文化资源具有典型的多样性特征,战斗遗址、革命旧址、解放军宣传标语、纪念馆等物质红色文化内容丰富,还流传了一大批

---

① 刘鑫炎,刘阳.与时俱进 大力弘扬太行精神、吕梁精神[N].人民日报,2021-11-01(6).

红色故事、红色歌谣、红色诗词等非物质性红色文化遗存。不仅如此,皖北地区红色文化资源数量众多,红色文化存量丰富。据2012年安徽省革命遗址普查数据,全省共有革命遗址3318个,其中皖北六市有711个,占全省总数的21%。[①] 另据不完全统计,皖北的革命遗址中现有全国重点文物保护单位3个、全国爱国主义示范基地3个、省级爱国主义教育基地27个、领导干部教育基地10个。2023年6月,安徽省文化和旅游厅推出的15条红色研学线路中,皖北地区拥有3条,涉及淮海战役总前委旧址(濉溪县)、淮海战役总前委旧址小李家、淮海战役双堆集烈士陵园、萧县蔡洼淮海战役红色旅游景区、宿州市烈士陵园、涡阳县辉山红色景区、谯城区皖北红色纪念园、亳州大型国防教育综合基地、新四军淮上行署纪念馆、蚌埠革命历史陈列馆、渡江战役总前委孙家圩子旧址等共11处革命遗址遗迹和纪念地。这说明,皖北地区具有打造高水平、有品牌的红色文化旅游产业的明显优势,这为推动区域经济的高质量、可持续发展提供了有利条件,为地方文化产业的繁荣发展提供有力支撑,是实现地区经济高质量发展的强大发展动能。当前,红色旅游已成为推动皖北地区经济社会发展的重要动力,皖北地区宜审时度势,抓好发展机遇,挖掘区域文化资源中的经济价值、汲取其思想精华,打造具有区域特色的红色文化产业及文化产品,激发经济活力,并将文化资源优势转化为经济发展动能,为皖北地区经济社会发展注入充沛活力,助力皖北的发展振兴。

第二,生发红色文旅产业,助推区域经济振兴。文化产业具有资源消耗低、环境污染小、科技含量高以及饱含人文精神的特点,能够实现经济效益、生态效益和社会效益的有机统一,促进区域生态文明和精神文明共同进步。鉴于文化产业和旅游产业密不可分的关系,皖北地区要坚持以文塑旅、以旅彰文,推动皖北地区文化和旅游融合发展,这已经成为各地实现经济结构优化升级、提升经济发展质量的有效途径。2021年4月,文化和旅游部发布了《"十四五"文化和旅游发展规划》,提出大力发展红色旅游,其中指出,要"完善红色旅游产品体系,促进红色旅游与乡村旅游、研学旅游、生态旅游融合发展","提升红色旅游发展活力"。2021年12月,国务院印发了《"十四五"旅游业发展规划》,明确提出要"大力发展红色旅游","广泛开展红色旅游宣传推广活动,提升红色旅游发展活力和影响力。促进红色旅游与乡村旅游、生态旅游等业态融合,推出一批红色旅游融合发展示范区","依托当地红色文化等重要资源,培育壮大特色旅游产业,增进革命老区人民福祉"。2022年8月,中共中央办公厅、国务院办公厅印发《"十四五"文化发展规划》,强调要推动文化和旅游融合发展,"依托革命博物馆、党史馆、纪念馆、革命遗址遗存遗迹等,打造红色旅游经典景区和经典线路"。从中共中央、国务院及文旅部的规划来看,都强调了要大力发展红色旅游产业,可见,在我国社会贯彻新发展理念、构建

---

① 中共安徽省委党史研究室.安徽省重要革命遗址通览册:第1册[M].合肥:安徽美术出版社,2012:3-4.

新发展格局、推动高质量发展,文化是重要支点。立足于皖北地区红色文化资源的经济价值和促进发展的功能,应充分挖掘并用活红色文化资源,助推皖北区域经济社会的高质量发展;必须大力发展红色旅游产业,强化文化赋能、推动以文塑旅,充分发挥红色文化在激活发展动能、提升发展品质、促进经济结构优化升级中的作用。

众所周知,皖北是传统的农业大区,"三农"工作特别是农村经济发展的任务艰巨。那么,推进文化赋能皖北乡村振兴是推动皖北振兴的重点工作。要从创意设计、美术产业、手工艺、数字文化、非物质文化遗产和文旅融合等方面推动文化产业发展,用文创"活化"乡村,探索"乡村+旅游+文创+互联网+民宿"融合发展模式,发展村镇夜间文化和旅游消费集聚区,结合乡村旅游重点村镇建设,打造乡村旅游精品线路、文化旅游特色村、乡村民宿酒店,不断提升皖北城乡旅游的文化内涵,赋能乡村振兴。

一是构建红色旅游精品线路。加强节点打造、景点串联,构建以淮海战役总前委旧址、皖北红色纪念园、新四军淮上行署纪念馆、渡江战役总前委孙家圩子旧址等为中心的红色旅游精品线路,联合打造"峥嵘岁月"皖北淮海战役红色烽火之旅、"红色光辉"革命精神传承之旅(亳州)、"党旗飘扬"攻坚克难解放之旅(蚌埠)等红色旅游经典线路。

二是创新红色旅游产品开发。可利用红色文化资源,开发一批具有较高知名度和美誉度的红色文创产品。如阜阳市文广新局开发了一款"四九起义纪念碑"U盘——外形为纪念碑状、红底黄字,上下两端可拔插,一端是USB接口可连接电脑和电源,另一端连接手机。这类红色小产品既有多种用途,携带也方便,深受游客喜爱。还可以利用声、光、电、数字影像等高科技手段,推出一批红色舞剧、情景小品,加强红色旅游推广营销,带动特色演艺产业发展。总之,要通过健全区域内文化协同发展机制,推动皖北区域文化资源的共享与综合开发利用,提升区域内公共文化设施互联互通水平,加强皖北文化产业带建设,实现区域文化建设水平整体提高,助推皖北城乡经济振兴。

(三)教育引领

《周易》曰:"观乎人文,以化成天下。"也就是说,文化有教化、感化的功能。文化的教化功能,主要是通过教育和宣传发挥文化对社会和个人所产生积极或消极的影响,从而传承并塑造人们的价值观、道德规范和行为方式。由于红色文化是中国共产党领导全国各族人民不懈奋斗而凝聚的伟大精神力量,体现了中华民族独特的精神标识,具有重要的价值引领和政治导向作用,因而,通过红色文化的传承及其功能发挥,在加深人们对红色文化了解和认知的基础上,塑造其道德品行,并引领人们积极践行社会主义核心价值观,激发其实现个人理想和中华民族伟大复兴的精神动力,从而培育爱国主义情怀。强化红色文化的教育引领功能,就是要强化其教育功能并发挥其政治导向作用,激励广大人民群众铭记党的光辉历程、传承光荣革命传统,让红色基因代代相传。正如2021年习近平总书记在十九届中央政治局第三十一次集体学习时所指出的:"要强化教育功能。围绕革命、建设、改革各个历史时期的重大事件、重大节点,研究确定一批重要标识地,讲好党的故事、革命的故事、英雄的故事,彰显时代特色,使之成为教育人、激励人、塑造人的大学校。要设计符合青少年认知特点的教育活动,建设富有特色的革命传统教育基地、爱国主义教育基地、青少年思想道德教育基地,引导他们从小在心里树立红色理想。"

对于皖北地区而言,要将红色文化融入群众性精神文明创建以及学校的思想政治教育中,在传承红色文化中提升广大民众的思想道德水平、坚定其理想信念;并通过全媒体传播"真"的信息、"善"的内容和"美"的价值,实现政治导向和价值引领的目标。其一,融入群众性精神文明创建中,提升文明程度。社会主义精神文明是人类精神文明发展的重要阶段,是社会主义社会的重要特征,是中国式现代化建设的重要目标。"党的十八大以来,以习近平同志为核心的党中央高度重视精神文明建设,提出一系列新思想、新观点、新要求,作出一系列重要部署,为加强新形势下的精神文明建设提供了重要指导和基本遵循,有力地推动了两个文明协调发展。"①2017年4月,中央精神文明建设指导委员会印发了《关于深化群众性精神文明创建活动的指导意见》,部署并指导全社会的群众性精神文明创建活动,为实现中华民族伟大复兴的中国梦提供保证。此意见颁发以来,各地积极贯彻落实中央文明委的要求,"广泛开展中国特色社会主义和中国梦宣传教育,大力培育和践行社会主义核心价值观,扎实推进思想道德建设,积极弘扬以爱国主义为核心的民族精神和以改革创新为核心的时代精神,深入开展群众性精神文明创建活动,学习宣传各类先进典型,着力丰富群众精神文化生活,国民素质和社会文明程度明显提升,精神文明建设取得了新的伟大成就"。党的二十大报告强调,"中国式现代化是物质文明和精神文明相协调的现代化。物质富足、精神富有是社会主义现代化的根本要求"②,并对思想文化建设进行了部署,要求提高全社会文明程度,"统筹推动文明培育、文明实践、文明创建,推进城乡精神文明建设融合发展","培育时代新风新貌"③。把中华传统文化包括红色文化有机融入社会主义精神文明创建的伟大实践,坚持一手抓物质文明建设,一手抓精神文明建设,就一定能够为推进中国特色社会主义事业提供强大的精神动力、智力支持和思想保证。落实中央精神文明建设指导委员会的部署,积极开展并深化群众性精神文明创建活动,把皖北地区红色文化融入皖北地区群众性精神文明创建中,借此不断提升市民整体素养、更新

---

① 新华社.中央文明委印发《关于深化群众性精神文明创建活动的指导意见》[EB/OL].(2017-04-05)[2024-04-30]. http://www.xinhuanet.com//politics/2017-04/05/c_1120753464.htm.

② 习近平.习近平著作选读:第1卷[M].北京:人民出版社,2023:19.

③ 同②37.

城市面貌、巩固农村思想文化阵地、培育乡村文明新风貌,推动皖北文化振兴。

其二,融入学校的思想政治教育中,坚定理想信念。政治教育是指有目的地形成人们一定的政治观点、政治信念和政治信仰的教育,它以理想信念教育为核心,以爱国主义教育为重点。无论是国家、社会层面的人生理想与经世济民情怀,还是个人层面的立德修身,都能在中华优秀传统文化以及文化资源中找到丰富的源头活水,如中国古代先贤智者的民本思想、和合观念,自强不息、厚德载物的人生态度等,五四运动以来孕育的革命文化,特别是中国共产党人的革命精神,都是对广大青少年及大学生进行思想政治教育的鲜活素材。特别是地方红色文化的长期历史传承及其对本地民众所蕴含的特有亲近感,不仅能够使其潜移默化地融入百姓的生活日常,更能够有机融合到学校的思想政治教育体系之中,于润物无声中培育人们对党的领导以及中国特色社会主义制度的思想认同和政治认同,从而有效提高学校思想政治教育的文化内涵和育人实效,日益坚定理想信念,不断增强文化自信。将红色文化有机融入皖北学校的思想政治教育中,就是通过学校教育将党的历史、新中国的历史以及中国共产党的奋斗精神传承给广大青少年学生,使其接受革命传统教育,从而坚定正确的政治方向,不断坚定理想信念。在学校的思想政治教育中,除了适当开设皖北地区红色文化选修课之外,还可以考虑适当配合教材内容在课堂教学中开设红色文化的社会实践课程,开辟第二课堂,在实践教学中有机融入。依托皖北地区丰富的红色文化资源,组织学生到阜阳四九起义纪念馆、中共小甸集特支纪念馆、新四军淮上行署纪念馆、淮海战役双堆集烈士陵园、宿州市烈士陵园、皖北红色纪念园、淮海战役红色旅游景区等爱国主义教育基地进行参观考察,增强感性认识,于感同身受中接受价值引领,在实践教学中强化思想政治教育实效。

二、皖北地区红色文化保护与传承发展

红色文化是中国共产党领导全国各族人民不懈奋斗而凝聚的伟大精神力量,体现了中华民族独特的精神标识,具有重要的价值导向作用。作为一种重要的资源,红色文化资源主要包括物质文化资源和非物质文化资源两个方面。其中,物质资源表现为遗物、遗址等革命历史遗存与纪念场所,它是红色文化的载体;非物质资源表现为包括井冈山精神、长征精神、延安精神等红色革命精神,它是红色文化的核心与灵魂。可以说,红色文化资源是中国共产党人的坚定理想信念、优良革命传统和工作作风、高尚道德品质、精神风范以及浩然英雄气概的生动反映和集中体现。因而,必须保护好红色文化资源,在传承、发展红色文化中传承红色基因、赓续红色血脉,以红色文化所蕴含的强大精神力量推动皖北振兴、服务文化强省战略。

（一）皖北地区红色文化的传承与保护

如果将红色文化分为物质、精神和制度三种基本形态,那么,"红色文化的载体通常就是指记录、承载、表达、述说、展现红色文化的形态和媒介,主要包括在发展进程中形成并传承下来的组织机构、场地场所、设施设备、文本文献以及人物与事件、活动与结果、精神标记、制度规范等,具体如报刊、标语、塑像、文物档案、纪念地、规章制度和革命精神等"①。保护并传承红色文化,必然包含对红色文化遗产及相关红色文化资源的保护。保护是为了传承,传承也是最好的保护。

1. 教育传承途径

加强红色文化教育,在传承红色文化的同时,增加人们对红色文化的了解和认同,这是保护红色文化的重要措施和途径。无论是城乡群众性精神文明创建,还是学校的思想政治教育,都要有机融入红色文化教育;要围绕革命、建设、改革各个历史时期的重大事件、重大节点,研究确定一批重要标识地,讲好皖北历史上党的故事、革命的故事、英雄的故事,彰显时代特色,把红色文化资源转化为教育人、激励人、塑造人的社会学校,坚定"四个自信"。2019年9月,习近平总书记在河南考察时指出:"党员、干部要多学党史、新中国史,自觉接受红色传统教育,常学常新,不断感悟,巩固和升华理想信念。革命博物馆、纪念馆、党史馆、烈士陵园等是党和国家的红色基因库。要讲好党的故事、革命的故事、根据地的故事、英雄和烈士的故事,加强革命传统教育、爱国主义教育、青少年思想道德教育,把红色基因传承好,确保红色江山永不变色。"②这就是强调了进行红色传统教育的重要意义。

2. 宣传传承途径

加强对红色文化的宣传,其实也是加强红色文化教育传播的过程,因为在宣传的过程中,人们接受中国革命光荣传统的教育,传播了中国共产党人的革命和奋斗精神,有助于在全社会传承红色文化。当前,在文化共享、万物互联的时代,红色文化教化功能的有效发挥虽然面临一些新挑战,但互联网技术发展及全媒体传播的趋势为红色文化的宣传提供了新机遇。因而,要充分发挥互联网在红色文化宣传教育中的重要作用,通过线上线下的有机结合,建设网上纪念馆,打造VR全景网络展览,并通过网络视频、网络文艺、网络动漫等新媒体传播方式,让广大民众重温党的历史和中国的历史,在感同身受中认同党的领导,坚定走社会主义制度道路,在接受红色文化教育中传承红色文化,不断坚定文化自信。

3. 科技保护途径

科技保护指利用现代科技手段,对红色文化及文化资源进行数字化保护和传

---

① 渠长根,叶臻,汤文俊.党的二十大对红色文化的传承与发展[J].井冈山大学学报(社科版),2023,44(5):44-47.

② 央广网.在河南考察的三天,习近平总书记关注了哪些问题?[EB/OL].(2019-09-20)[2024-04-30]. http://m.cnr.cn/news/20190920/t20190920_524785220.shtml.

承,提高红色文化的保存效率和传播效果。当前,随着我国互联网技术的进一步发展和广泛应用,运用数字技术手段保存、建设和传播红资源,是大势所趋和必然要求。

一是要对一些珍贵的红色文物进行数字化修复和存储。要对皖北区域的红色遗址遗迹、红色文献、资料、图片、歌曲、声音等进行数据收集、挖掘、梳理与整合,在整理、分类的基础上,进行全景拍摄、扫描、录像、录音等,将其转化为数字化档案信息。许多红色文化资源是不可再生的,如一些老红军及革命前辈渐渐逝去,他们的革命经历、历史记忆也将逐渐被遗忘。那么,要加强口述史料的记录和保存,以录像、视频、电子文档等方式存储并传播。

二是推动红色文化数据共享,强化地方红色文化的传播和研究。要完善红色文物资源的分级分类登记及备案制度、检索制度,做到实物和电子档案同步,实现红色文物资源数据共享,为红色文化的创新利用夯实研究基础;要扩大红色资源数字化信息的积极传播,系统全面地呈现红色资源,不断提升红色资源开发与经济社会发展的契合度,助推红色文物资源的管理、修复、研究等一系列整体性保护工作。

总之,要以数字赋能,创新红色基因传承工作,在扩大红色文化传播、深挖红色文化资源价值的基础上,传承并保护红色文化。

4. 立法保护途径

立法保护是指通过制定和修订相关法律法规保护红色文化遗产,加强对非法侵权行为的打击,确保红色文化的合法权益得到保护。同通过现代科技手段保护红色文化及文化遗产一样,通过立法同样具有文化保护的普遍意义。在国家层面,1982年11月19日,第五届全国人大常委会第二十五次会议通过了《中华人民共和国文物保护法》,并于2017年11月4日第五次修正发布;2018年4月27日,十三届全国人大常委会第二次会议通过了《中华人民共和国英雄烈士保护法》,其中均涉及红色文化资源保护的相关规定。为了推进红色文化保护工作的进行,我国不少省、市的权力机关已经出台关于"红色文化资源保护"及"红色文化资源利用"等方面的专门针对红色文化保护的政策法规,为红色文化的保护工作提供法律依据。如《山东省红色文化保护传承条例》于2020年11月27日通过并于2021年1月1日起施行;《四川省红色资源保护传承条例》于2021年6月25日通过并于2021年7月1日起施行;《安徽省红色资源保护和传承条例》于2021年11月19日通过并于2022年1月1日起施行;《南京市红色文化资源保护利用条例》于2021年6月24日发布并于2021年7月1日起施行;《韶关市红色资源保护条例》于2022年10月25日发布并于2023年5月1日起施行。鉴于此,皖北六市的人大和政府,也应根据本地红色文化资源的特点,结合人民大众对红色文化保护意识的淡薄程度,出台相关的保护政策,将地方红色文化的保护工作作为政府工作的重点之一,强化红色文化建设和管理的系统性,通过立法、执法来保护红色文化资源;加强红色文化的保护和传承,传承红色基因,弘扬革命精神,培育和践行社会主义核心价值观,激发皖北人民实现中华民族伟大复兴中国梦的强大精神力量。

(二)地方红色文化的发展与利用

众所周知,文化可以通过各种形式的文化资源来传承和发展,如文化遗产的保护、文化活动的组织、文化产品的创作等。因此,文化和文化资源之间是一种相互促进、相互依存的逻辑关系。从文化与文化资源之间的互动关系来看,一方面,红色文化资源的开发和利用可以促进红色文化产业的发展,推动文化传承和创新;另一方面,红色文化的传承和创新又可以丰富红色文化资源的内涵和价值,使其更加具有吸引力。那么,保护与传承皖北地区红色文化,就要在保护的前提下发展、利用好红色文化资源,保护红色文化遗产,推动红色文化传承发展。正如习近平总书记所强调的,"红色资源是我们党艰辛而辉煌奋斗历程的见证,是最宝贵的精神财富","一定要用心用情用力保护好、管理好、运用好红色资源"①。

1. 推动红色文化创新性发展

对于中华优秀传统文化最有效的继承和保护,乃是与时俱进地不断发展、不断创新。对于红色文化的传承和保护亦是如此,即要不断发展红色文化,传承红色基因并使之发扬光大。红色文化主要产生于革命战争年代,它与当下人们的生活环境及认知之间存在一个时间差、空间差和理论差。要减少红色文化与人民大众之间的时间差、空间差和理论差,使之焕发出时代生机,必须对红色文化的内容及其表现形式进行创新、发展和转化。要善于挖掘红色文化资源中的精髓,对那些政治导向鲜明以及至今仍有教育引领价值内涵的红色文化加以继承传播,但对于一些陈旧的表现形式,应加以改造并赋予其新的时代内涵和现代表达形式,激活其生命力,使红色文化的内涵与现代社会发展相契合,让红色文化展现出永久魅力和时代风采,使光荣传统和革命精神代代相传。

一要发扬斗争精神。红色文化产生于革命战争年代,新中国成立后,红色文化不断融入新的伟大革命的时代内涵,逐渐发展成为社会主义先进文化。可见,红色文化是一个开放的体系,具有与时俱进的特质。同革命文化的斗争性一样,红色文化同样具有鲜明的斗争性。中国共产党作为马克思主义政党,"一出生就铭刻着斗争的烙印",斗争精神是马克思主义政党与生俱来的政治品格,永葆斗争精神已经融进中国共产党人的生命之中;"不畏艰险、百折不挠、自强不息、敢于斗争"是中华民族的优秀传统,也是中华文明历经磨难而不衰、不断发展前进的重要原因,永葆斗争精神已经流淌在中华民族的血液之中。从红色文化的形成和发展来看,斗争精神贯穿于中国革命、建设、改革和社会主义现代化建设的各个历史时期。区别于革命战争年代的血与火的斗争,和平时期的斗争精神有其新的时代内涵,它要求我

---

① 新华社. 习近平主持中共中央政治局第三十一次集体学习并发表重要讲话[EB/OL]. (2021-06-26)[2024-04-30]. https://www.gov.cn/xinwen/2021-06/26/content_5621014.htm.

们立足于国内国际复杂多变的形势,坚持增强忧患意识和保持战略定力相统一、坚持战略判断和战术决断相统一、坚持斗争过程和斗争实效相统一的原则,解决国内国际的实际问题,推进中国特色社会主义事业不断前进。因此,党的十八大以来,党中央高度重视发扬斗争精神。党的十九届六中全会将"坚持敢于斗争"概括为党百年奋斗的十条历史经验之一,并要求全党发扬斗争精神,增强斗争本领。党的二十大报告明确提出,要"坚持发扬斗争精神。增强全党全国各族人民的志气、骨气、底气,不信邪、不怕鬼、不怕压,知难而进、迎难而上,统筹发展和安全,全力战胜前进道路上各种困难和挑战,依靠顽强斗争打开事业发展新天地"①。这说明,敢于斗争、敢于胜利,是中国共产党和中国人民不可战胜的强大精神力量。中国特色社会主义进入新时代后,中国共产党的斗争精神又增添了新的内涵。新时代党的斗争精神要求:在以习近平同志为核心的党中央坚强领导下,统筹国内国际两个大局,坚决与一切削弱、歪曲、否定党的领导和我国社会主义制度的言行作斗争,与一切损害人民利益、脱离群众的行为作斗争,与一切顽瘴痼疾作斗争,与一切分裂祖国、破坏民族团结和社会和谐稳定的行为作斗争,与一切在政治、经济、文化、社会等领域和自然界出现的困难和挑战作斗争。只有通过斗争,才能增强党的向心力、凝聚力和战斗力,才能激发全国各族人民投身中国特色社会主义建设的热潮,才能推进中国特色社会主义的发展、繁荣与稳定,才能提升中国在国际社会的地位和影响力。可见,在新时代推动红色文化创新性发展,其核心是继承并发展红色文化中的斗争精神。

二要创作时代精品。围绕红色题材进行小说、电影、电视、戏剧、诗歌、绘画等的创作活动,通过文学艺术创作的方式继承革命传统、弘扬革命精神,是红色文化创新发展的重要途径。在小说写作方面,如阜阳籍女作家苗秀侠创作的长篇小说《皖北大地》,取材于黄淮海平原的现实生活,深度关注"三农",置入土地流转、农村合作社、秸秆禁烧、循环农业等现代元素,紧密切入中国大农业的课题,主题宏大,书写出皖北现代大农业的精彩篇章,具有鲜明的时代感。在电影创作方面,如前文介绍过的电影《淮上人家》《第一书记》等。另有《王家坝之歌》的创作;阜阳市演艺集团创作的淮北梆子戏《风雨王家坝》,于2023年开展了文化惠民演出,还荣获安徽省第十六届精神文明建设"五个一工程"奖……有一些作品虽然不一定是精品力作,但其内容继承并弘扬了红色文化,特别是革命精神,同时又富有鲜明的时代气息。

三要开展学术研讨。开展红色文化研讨、深化学术交流,对传承红色基因、推动新时代红色文化的发展意义重大。依托党委宣传部门、党史研究室以及各地红色文化研究会、革命历史纪念馆,特别是高等学校组织开展红色文化学术或理论研讨,不仅有助于推动学科交叉和相关专业建设,还有助于推动红色文化的创造性转

---

① 习近平.习近平著作选读:第1卷[M].北京:人民出版社,2023:23.

化和创新性发展,为经济社会高质量发展注入强大精神动力,为红色文化的继承、发扬、发展及其研究和实践工作鸣奏新时代的强音。近些年,皖北和苏北地区经常举办以纪念"淮海战役胜利"为主题的学术研讨会,弘扬淮海精神;阜阳的党史研究室和文史研究会也不定期组织四九起义纪念、纪念王克勤①烈士等学术研讨会,缅怀革命英烈,继承先烈遗志,赓续红色血脉。2022年7月,在纪念英雄模范人物王克勤牺牲75周年座谈会上,房正宏教授认为,"王克勤是阜阳热土走出去的杀敌英雄、爱民爱兵模范,永远是我们阜阳儿女的骄傲,是值得尊敬和学习的典范;他的精神是历史长河中留给阜阳人民宝贵的精神财富。他创立的思想、技术、生活'三大互助运动',对推动阜阳新时期发展仍然具有积极的现实意义"②。那么,在新时代传承、发展红色文化,就要以红色文化研讨会为契机,形成一批研究成果和理论成果,继承党的光荣传统,让革命精神在皖北大地绽放新的时代光芒。

四要创新宣传载体。通过宣传教育传播红色文化,是红色文化传承、发展的最直接、最可行的方式。当前,互联网技术发展推动的媒体融合发展,为红色文化的全媒体传播提供了无限可能。因而,要创新红色文化的传播载体和宣传平台,如在皖北地区各级单位和各类学校构建"报、网、端、微、屏"多元一体化的传播平台,并综合运用全媒体传播平台开展红色文化的宣传教育,让红色正能量形成传播"大流量",随时随地充盈和激荡于人们心间。通过线下线上综合、立体的传播,让人们身临其境地赓续红色血脉。尤其是各级各类学校要充分利用全媒体的传播优势,通过在线影视、抖音、快手、微信、微博等平台,在博物馆、纪念馆等场所以网络直播的形式,让青少年学生重温党的历史、中国的历史,感悟党的光荣传统和革命精神;还可将纪念馆、博物馆等红色文化资源以数字化形式呈现,建设网上虚拟展馆,并利用VR技术、游戏和实景体验等打造革命历史的真实场景,讲活党史、国史、军史故事,在红色文化沉浸式体验中感受革命传统,增强皖北地区红色文化教育的亲和力和感染力,提升学校思想政治教育的实效。

2. 推动红色文化创造性转化

推动红色文化的创造性转化和创新性发展,是在传承红色文化中蕴含的红色基因的基础上,与新时代新要求结合,实现红色文化的内涵与现代社会发展相契合,把红色精神和革命精神转化为推动经济社会发展的强大精神动力。推动红色文化的创造性转化和创新性发展要以社会主义核心价值观为引领,要充分挖掘红色文化的特质、发掘红色文化的资源价值,努力寻找红色文化与经济社会发展的契合点,赋予其时代内涵;要通过多种多样的方式、丰富多彩的形式,传播、再现中国

---

① 王克勤(1920—1947年),男,汉族,今安徽省阜阳市人,中共党员。他九次立功,被评为"一级杀敌英雄""模范共产党员"。他创造性地开展了思想互助、生活互助、战斗互助的"三大互助"活动,有效地提高了部队的战斗力。1947年7月10日,王克勤在鲁西南战役中英勇牺牲。2009年9月,他被评为"100位为新中国成立作出突出贡献的英雄模范人物"。

② 谢珊珊.他永远是阜阳儿女的骄傲[N].颍州晚报,2022-07-19(A2).

革命的历史风云和社会主义建设的恢宏场景,把红色精神与时代精神结合起来,使人们在精神上得以滋养、道德上得到教化、价值上得到引领。对红色文化中适应时代发展需要、能够为现代化建设服务的精华部分,则必须积极予以继承并利用,使红色文化资源"活"起来。因为,利用也是最好的保护和传承。

一要发挥其经济开发价值,并转化为发展动能。文化具有经济开发的价值功能,这是毋庸置疑的。在当代社会的经济结构中,文化产业已成为新的国民经济增长点,其中,红色文化是文化产业的重要组成部分。所以,各地均高度重视发挥红色文化的经济开发价值,努力将红色文化及其资源转化为发展动能,助推区域经济的高质量发展。当前,开发红色文化产业,最核心的是发展红色旅游。2004年12月,中共中央办公厅、国务院办公厅印发《2004—2010年全国红色旅游发展规划纲要》,指出"红色旅游,主要是指以中国共产党领导人民在革命和战争时期建树丰功伟绩所形成的纪念地、标志物为载体,以其所承载的革命历史、革命事迹和革命精神为内涵,组织接待旅游者开展缅怀学习、参观游览的主题性旅游活动"①。发展红色旅游,对于加强革命传统教育,增强全体民众特别是青少年的爱国感情,弘扬和培养民族精神,带动区域经济社会协调发展,具有重要的现实意义和深远的历史意义。可见,红色旅游已成为推动区域经济社会发展的重要动能。因为,发展红色旅游不仅有利于保护和利用革命历史文化遗产,有效开展新时期的爱国主义教育和传播,还有利于培育旅游产业新的增长点,带动区域经济社会的高质量发展。

近些年来,各地均重视开发利用红色文化资源,采取多种措施发展红色产业,推动红色文旅产业融合。各市相关部门加快红色革命遗址、纪念馆及文化公园建设,并依托革命老区或山区打造一批红色景区景点;加快实施"红色文化+"行动,推动红色旅游与观光、休闲、度假旅游深度融合,构建红色文化旅游产业集群;加强红色旅游产品开发,开发一批具有较高知名度和美誉度的红色文创产品;充分利用声、光、电、数字影像等高科技手段,推出一批红色舞剧、情景小品,加强红色旅游推广营销,带动特色演艺产业发展。2023年6月,安徽省文化和旅游厅推出了15条红色研学线路。其中,涵盖皖北地区的3条,其一是"峥嵘岁月"皖北淮海战役红色烽火之旅,包括:淮海战役总前委旧址(濉溪县)→淮海战役总前委旧址小李家→淮海战役双堆集烈士陵园;萧县蔡洼淮海战役红色旅游景区→宿州市烈士陵园。其二是"红色光辉"革命精神传承之旅(亳州):涡阳县辉山红色景区→谯城区皖北红色纪念园→亳州大型国防教育综合基地。其三是"党旗飘扬"攻坚克难解放之旅(蚌埠):新四军淮上行署纪念馆→蚌埠革命历史陈列馆→渡江战役总前委孙家圩子旧址。对于皖北地区而言,开发红色旅游是服务广大民众开展红色活动、接受革命传统教育的需要,是弘扬革命文化、传承红色基因的需要,也是发挥地方红色资

---

① 国家发展改革委.2004—2010年全国红色旅游发展规划纲要[EB/OL].(2004-12-15)[2024-04-30].https://zfxxgk.ndrc.gov.cn/web/iteminfo.jsp?id=112.

源优势、推动区域经济高质量发展的需要。

二要发挥其教育引领价值，转化为教育资源。红色文化倡导的是崇高思想境界和革命道德情操，传播红色理念、彰显红色精神，有利于革命精神深入人心，因而能够发挥政治教育和价值引领的社会功能。在社会主义中国，开展群众性的社会主义精神文明创建活动，是在全社会广泛开展中国特色社会主义和中国梦宣传教育、大力培育和践行社会主义核心价值观、扎实推进思想道德建设的重要载体，因而，要将红色文化转化为全民思想道德教育资源、融入群众性精神文明创建活动中，提高全社会的文明素养和文明程度。"党的十八大以来，以习近平同志为核心的党中央高度重视精神文明建设，提出一系列新思想、新观点、新要求，作出一系列重要部署，为加强新形势下精神文明建设提供了重要指导和基本遵循，有力推动了两个文明协调发展。"①2017年4月，中央精神文明建设指导委员会印发了《关于深化群众性精神文明创建活动的指导意见》，部署并指导全社会的群众性精神文明创建活动，为实现中华民族伟大复兴的中国梦提供保证。包括皖北六市在内的全国各地，积极贯彻落实中央文明委的要求，以习近平文化思想为指引，广泛而深入地开展群众性精神文明创建活动，并有意识、不同程度地融入红色文化资源，使红色文化在群众性精神文明创建活动中得以传承、发展和利用。

不仅如此，红色文化还是开展学校德育的有效载体。因为每一处革命遗迹、每一件革命历史珍贵文物、每一堂传统课都是鲜活的教材，都折射着革命先辈崇高理想、坚定信念、爱国情操的光芒。习近平总书记曾经指出："金寨人民以大无畏的牺牲精神，为中国革命事业建立了彪炳史册的功勋，我们要沿着革命前辈的足迹继续前行，把红色江山世世代代传下去。革命传统教育要从娃娃抓起，既注重知识灌输，又加强情感培育，使红色基因渗进血液、浸入心扉，引导广大青少年树立正确的世界观、人生观、价值观。"②贯彻落实习近平总书记重要指示精神，在皖北各级各类学校的思想政治教育中要有机融合红色文化的内容，引导广大青少年学生树立正确的"三观"、坚定其理想信念。俗话说，"一方水土养一方人"，一方文化也涵育一方人。地方历史文化以及地方红色文化的长期历史传承及其蕴含的价值观，必定会对本地民众产生特有的亲近感，这种亲近感不仅能够使区域文化及其价值观潜移默化地融入百姓的生活日常，更能够有机地融合到学校教育思想政治教育体系之中，于无声中培育对党的领导以及中国特色社会主义制度的思想认同和政治认同，更能有效提高学校思想政治教育的文化内涵和育人实效，日益坚定广大青少年学生的理想信念，不断增强其文化自信。

---

① 新华网.关于深化群众性精神文明创建活动的指导意见[EB/OL].(2017-04-05)[2024-04-30].http://www.xinhuanet.com//politics/2017-04/05/c_1120753464.htm.

② 习近平.习近平关于青少年和共青团工作论述摘编[M].北京:中央文献出版社,2017:36.

总之，作为社会主义先进文化的重要源头之一，红色文化的发展创新对于促进社会主义先进文化建设，具有十分重大的意义。党的十八大以来，习近平总书记对新时代文化建设作出一系列系统谋划，把弘扬红色文化摆在突出位置，对用好红色资源、发扬光荣传统、赓续红色血脉多次作出重要指示。2023年10月7日至8日，全国宣传思想文化工作会议在北京召开，会议最重要的成果就是首次提出了习近平文化思想。会议还传达了习近平总书记的重要指示，要"围绕在新的历史起点上继续推动文化繁荣、建设文化强国、建设中华民族现代文明这一新的文化使命，坚定文化自信"，"着力赓续中华文脉、推动中华优秀传统文化创造性转化和创新性发展，着力推动文化事业和文化产业繁荣发展"，"不断提升国家文化软实力和中华文化影响力，为全面建设社会主义现代化国家、全面推进中华民族伟大复兴提供坚强思想保证、强大精神力量、有利文化条件"①。当前，各级各地学习贯彻习近平文化思想，着力培育和践行社会主义核心价值观，其重要着力点之一就是要传承红色基因，弘扬红色文化，树立鲜明价值导向；要用好红色资源，赓续红色血脉，提振高质量发展信心，从而为皖北地区的经济社会发展及乡村振兴提供强大精神力量和有利文化条件。

思考题：

1. 如何理解红色文化的内涵？
2. 怎样理解红色文化与红色文化资源之间的关系？
3. 如何激发皖北地区红色文化的产业价值和经济功能？
4. 传承并保护皖北地区红色文化的途径有哪些？

---

① 新华网.习近平对宣传思想文化工作作出重要指示[EB/OL].(2023-10-08)[2024-04-30]. http://www.news.cn/politics/2023-10/08/c_1129904890.htm.

第六章　皖北非物质文化遗产及其保护

2001年,在联合国教科文组织通过的《世界文化多样性宣言》中,出现了"非物质文化遗产"一词;同年3月,在意大利的都灵召开了联合国第三十一届成员国大会,该会议文件中即以"非物质文化遗产"代替了"民间传统文化"的概念。2003年10月17日,联合国教科文组织第32届大会通过了《保护非物质文化遗产公约》（*Convention for the Safeguarding of the Intangible Cultural Heritage*）,对"非物质文化遗产"的概念内涵及其包含范围作了界定：非物质文化遗产是"指被各群体、团体、有时为个人视为其文化遗产的各种实践、表演、表现形式、知识和技能及其有关的工具、实物、工艺品和文化场所"。非物质文化遗产包括以下五个方面的内容：① 口头传说和表述,包括作为非物质文化遗产媒介的语言；② 表演艺术；③ 社会风俗、礼仪、节庆；④ 有关自然界和宇宙的知识和实践；⑤ 传统的手工艺技能。

2005年3月,国务院办公厅公布了《关于加强我国非物质文化遗产保护工作的意见》,在其附件《国家级非物质文化遗产代表作申报评定暂行办法》中对非物质文化遗产的定义是："指各族人民世代相承的、与群众生活密切相关的各种传统文化表现形式（如民俗活动、表演艺术、传统知识和技能,以及与之相关的器具、实物、手工制品等）和文化空间。"同时,还列举了非物质文化遗产涵盖的六项范围：① 口头传统,包括作为文化载体的语言；② 传统表演艺术；③ 民俗活动、礼仪、节庆；④ 有关自然界和宇宙的民间传统知识和实践；⑤ 传统手工艺技能；⑥ 与上述表现形式相关的文化空间。在2011年6月1日开始施行的《中华人民共和国非物质文化遗产法》的第二条中,把非物质文化遗产重新界定为各族人民世代相传并视为其文化遗产组成部分的各种传统文化表现形式,以及与传统文化表现形式相关的实物和场所。包括：① 传统口头文学以及作为其载体的语言；② 传统美术、书法、音乐、舞蹈、戏剧、曲艺和杂技；③ 传统技艺、医药和历法；④ 传统礼仪、节庆等民俗；⑤ 传统体育和游艺；⑥ 其他非物质文化遗产。需要探讨的是,根据前述对非物质文化遗产的概念界定,其内涵和中国话语体系中的"民俗文化"及"民间文化"等概念几乎没有差别,因而有的学者认为两者是相同的概念。但"民俗文化"不仅包含非物质文化遗产,还包含物质文化遗产,所以,这两者的内涵应该是有区别的。

皖北地区历史悠久,先民们在皖北大地生息繁衍了数千年,形成了丰富的物质文化和非物质文化遗产,是中华优秀传统文化的重要组成部分。在当下,系统梳理并分析皖北非物质文化遗产（简称"非遗"）的历史源流及其现实发展,在发掘其文化价值、提升其文化内涵与品质的基础上，探索皖北非物质文化遗产发展的产业化路径，在保护好非物质文化遗产的基础上传承非物质文化遗产，推动中华优秀传统文化创造性转化和创新性发展，以服务皖北文化振兴乃至安徽文化强省战略，具有重大的现实意义。

第一节　皖北非物质文化遗产概述

勤劳智慧的皖北人民在创造物质财富的同时，也创造了绚丽多彩的文化财富，留下了许多特色鲜明、绚丽多彩的非物质文化遗产。总体来看，皖北地区的非物质文化遗产呈现出三个比较明显的特征。

一是种类繁多。如民间文学、民间美术、民间音乐、民间舞蹈、民间手工技艺、人生礼俗、民间信仰等等。据2009年的普查统计，阜阳市（5县市3区）非物质文化遗产共登记208项，涵盖类别有流传于民间的传统舞蹈花鼓灯、舞狮、高跷、旱船等；有充满艺术魅力的民间剪纸、彩塑、年画、刺绣等；有被誉为传统戏剧"活化石"的界首渔鼓；有流传千余年历史、被学者赞为"中国近现代四大彩陶之一"的界首彩陶；有享誉鲁、皖、豫三省的界首书会；有风格独特的扁担戏等，还包括民间舞蹈、民间传说等至今还在民众中流传的"活态"文化。截至2022年5月，安徽省已公布的六批省级非物质遗产项目中，皖北六市有187项，其中民间文学12项、传统音乐12项、传统舞蹈17项、传统戏剧14项、曲艺23项、传统体育（游艺与杂技）15项、传统美术27项、传统技艺47项、传统医药4项、民俗16项。

二是风格独特。皖北地处黄淮流域，黄河流域的各种文化形式都能在这里得到充分的表现。这里不仅有着黄土魂式的高亢激昂的乡土风格，而且因地理位置接近南方，同时也受长江文化的影响，既有刚烈雄壮之势，又有阴柔之美、纤秀之丽。南北文化交融，形成刚柔兼济、粗细结合、阴阳交替的特殊风格。如界首彩陶秉承"唐三彩"遗风，其主要材料取自于沙河两岸的胶泥层，又吸收了剪纸、木版年画的艺术风格，在制陶技艺中自成流派。皖北的梆剧、曲剧、清音等地方戏曲，既不像秦腔、晋剧那样铿锵有力，也不同于越剧、庐剧的柔婉之美，具有鲜明的地方印迹，为皖北广大群众所接受。

三是民俗丰富。皖北民俗文化源远流长，丰富多彩。庙会、灯会等在广大农村流传不衰。随着社会经济的发展，具有时代特色的新民俗文化和活动到处可见，如苗湖书会，春节期间的传统灯会、斗鸡会、高跷、肘阁等。长期以来，皖北地区所形成的特有的地方宝贵文化遗产，以喜闻乐见的艺术形式逐渐融入人们的日常生活中，发挥着独特的教化与娱乐功能，因而深受当地人民喜爱。

一、皖北国家级非物质文化遗产项目简介[①]

建立非物质文化遗产代表性项目名录,对保护对象予以确认,以便集中有限资源对非物质文化遗产项目进行重点保护,是非物质文化遗产保护的基础性工作之一。联合国教科文组织《保护非物质文化遗产公约》(以下简称《公约》)要求"各缔约国应根据自己的国情"拟订非物质文化遗产清单。建立国家级非物质文化遗产名录是我国履行《公约》缔约国义务的必要举措。《中华人民共和国非物质文化遗产法》明确规定,国家要对非物质文化遗产采取认定、记录、建档等措施予以保存,对有价值的非物质文化遗产采取传承、传播等措施予以保护,要求"国务院建立国家级非物质文化遗产代表性项目名录,将体现中华优秀传统文化,具有重大历史、文学、艺术、科学价值的非物质文化遗产项目列入名录予以保护"。依据相关规定,国务院先后于2006年、2008年、2011年、2014年和2021年公布了五批共计1557个国家级非物质文化遗产代表性项目名录(以下简称"国家级项目")。其中,前三批名录名称为"国家级非物质文化遗产名录"。《中华人民共和国非物质文化遗产法》实施后,第四批名录名称改为"国家级非物质文化遗产代表性项目名录"。为了对传承于不同区域或不同社区、群体持有的同一项非物质文化遗产项目进行确认和保护,从第二批国家级项目名录开始,设立了扩展项目名录。扩展项目与此前已列入国家级非物质文化遗产名录的同名项目共用一个项目编号,但项目特征、传承状况存在差异,保护单位也不同。

2006年5月20日,国务院发出《关于公布第一批国家级非物质文化遗产名录的通知》,我国第一批国家级非物质文化遗产名录共518项。正式公布的《第一批国家级非物质文化遗产名录》将我国非物质文化遗产划分为十大类,即民间文学、民间音乐、民间舞蹈、传统戏剧、曲艺、杂技与竞技、民间美术、传统手工技艺、传统医药、民俗。[②] 其中,有五个门类的名称在2008年有所调整,并沿用至今。调整后的十大门类分别为:民间文学,传统音乐,传统舞蹈,传统戏剧,曲艺,传统体育、游艺与杂技,传统美术,传统技艺,传统医药,民俗。每个代表性项目都有一个专属的项目编号,编号中的罗马数字代表所属门类。

在国务院公布的五批国家级非物质文化遗产代表性项目名录中,安徽省共有99项,其中,皖北地区有33项(表6.1)。

[①] 此部分内容以及若干国家级非遗项目介绍,主要引自"中国非物质文化遗产.中国非物质文化遗产数字博物馆"网站(https://www.ihchina.cn/)。

[②] 王文章.非物质文化遗产概论[M].北京:教育科学出版社,2008:247.

表 6.1 第五批国家级非物质文化遗产代表性项目皖北地区名录

序号	编号	名称	类别	公布时间	申报地
1	Ⅳ-62	泗州戏	传统戏剧	2006年（第一批）	宿州市
2	Ⅳ-62	泗州戏	传统戏剧	2006年（第一批）	蚌埠市
3	Ⅲ-6	花鼓灯（蚌埠花鼓灯）	传统舞蹈	2006年（第一批）	蚌埠市
4	Ⅲ-6	花鼓灯（凤台花鼓灯）	传统舞蹈	2006年（第一批）	凤台县
5	Ⅲ-6	花鼓灯（颍上花鼓灯）	传统舞蹈	2006年（第一批）	颍上县
6	Ⅷ-2	界首彩陶烧制技艺	传统技艺	2006年（第一批）	界首市
7	Ⅳ-113	二夹弦	传统戏剧	2008年（第二批）	亳州市
8	Ⅳ-112	花鼓戏	传统戏剧	2008年（第二批）	宿州市
9	Ⅳ-112	花鼓戏	传统戏剧	2008年（第二批）	淮北市
10	Ⅹ-102	界首书会	民俗	2008年（第二批）	界首市
11	Ⅳ-97	坠子戏	传统戏剧	2008年（第二批）	宿州市
12	Ⅹ-87	抬阁（芯子、铁枝、飘色）（肘阁抬阁）	民俗	2008年（第二批）	寿县
13	Ⅹ-87	抬阁（芯子、铁枝、飘色）（肘阁抬阁）	民俗	2008年（第二批）	临泉县
14	Ⅱ-76	五河民歌	传统音乐	2008年（第二批）	五河县
15	Ⅵ-51	马戏（埇桥马戏）	传统体育、游艺与杂技	2008年（第二批）	埇桥区
16	Ⅲ-48	火老虎	传统舞蹈	2008年（第二批）	凤台县
17	Ⅶ-16	剪纸（阜阳剪纸）	传统美术	2008年（第二批）	阜阳市
18	Ⅳ-155	淮北梆子戏	传统戏剧	2011年（第三批）	宿州市
19	Ⅳ-155	淮北梆子戏	传统戏剧	2011年（第三批）	阜阳市
20	Ⅳ-143	嗨子戏	传统戏剧	2011年（第三批）	阜南县
21	Ⅴ-105	渔鼓道情	曲艺	2011年（第三批）	萧县
22	Ⅵ-63	华佗五禽戏	传统体育、游艺与杂技	2011年（第三批）	亳州市
23	Ⅶ-55	柳编（黄岗柳编）	传统美术	2011年（第三批）	阜南县
24	Ⅱ-37	唢呐艺术（砀山唢呐）	传统音乐	2011年（第三批）	宿州市
25	Ⅷ-232	豆腐传统制作技艺	传统技艺	2014年（第四批）	淮南市
26	Ⅷ-232	豆腐传统制作技艺	传统技艺	2014年（第四批）	寿县

续表

序号	编号	名称	类别	公布时间	申报地
27	Ⅰ-131	老子传说	民间文学	2014年(第四批)	涡阳县
28	Ⅶ-120	刻铜(杜氏刻铜)	传统美术	2014年(第四批)	阜阳市
29	Ⅳ-50	四平调	传统戏剧	2014年(第四批)	砀山县
30	Ⅳ-155	淮北梆子戏	传统戏剧	2021年(第五批)	谯城区
31	Ⅷ-144	蒸馏酒传统酿造技艺(古井贡酒酿造技艺)	传统技艺	2021年(第五批)	亳州市
32	Ⅵ-108	临泉杂技	传统体育、游艺与杂技	2021年(第五批)	临泉县
33	Ⅵ-87	西凉掌(亳州晰扬掌)	传统体育、游艺与杂技	2021年(第五批)	亳州市

(一)泗州戏

在2006年公布的第一批国家级项目中,宿州市、蚌埠市都申报了"泗州戏"项目(Ⅳ-62)并均获得国务院批准。

泗州戏是安徽省四大剧种之一,原名"拉魂腔",流行于安徽淮河两岸,距今已有两百多年的历史。它与山东的柳琴戏、江苏的淮海戏同是由"拉魂腔"发展而来,彼此之间存在着一定的血缘关系。泗州戏的形成说法不一,许多人认为它发源于苏北海州一带,原是当地农民以"猎户腔"和"太平歌"等民间曲调即兴演唱的小戏,后传入泗州并结合当地民间演唱艺术,形成安徽的拉魂腔——泗州戏。1920年前后,泗州戏才有固定的班社演出,并开始进入城市。

泗州戏有传统大戏80多个,小戏和折戏60多种,代表剧目有《三蜷寒桥》《杨八姐救兄》《樊梨花点兵》《皮秀英四告》《大花园》《罗鞋记》《绒花记》《跑窑》《拾棉花》等。泗州戏的唱腔随意性很强,演员可以根据自身嗓音条件随意发挥,故名"怡心调"。男腔粗犷豪放,高亢嘹亮;女腔婉转悠扬,结尾处多翻高八度拉腔,明丽泼辣,动人魂魄。其伴奏乐器以土琵琶为主,辅以三弦、笙、二胡、高胡、笛子等,另有板鼓、大锣、铙钹、小锣四大件打击乐器。

泗州戏的脚色主要分大生、老生、二头、小头、丑等几类,其表演在说唱基础上大量吸收民间的"压花场""小车舞""旱船舞""花灯舞""跑驴"等舞蹈表演形式,受戏曲程式规范的影响不大,带有明快活泼、质朴爽朗、刚劲泼辣的特点,充满浓郁的皖北乡土气息。演出时有许多独特的身段和步法,如四台角、旋风式、剪子股、仙鹤走、百马大战、抽梁换柱、燕子拨泥、怀中抱月、凤凰双展翅等,演员必须注意手、眼、腰、腿、步等各部位的协调与配合。

由于泗州戏与皖北人民的生活、习俗有着密切的联系,因而显示出强烈的地域文化特征。

(二) 花鼓灯

花鼓灯是汉民族中集舞蹈、灯歌和锣鼓音乐、情节性的双(三)人舞和情绪性集体舞完美结合的民间舞种。据史料证明,花鼓灯最迟源于宋代。经过元、明、清、民国时期的发展,至20世纪三四十年代形成了以安徽蚌埠、淮南、阜阳等为中心,辐射淮河中游河南、安徽、山东、江苏四省20多个县、市的播布区。在2006公布的第一批国家级项目中,蚌埠市、凤台县、颍上县都申报了"花鼓灯"项目(Ⅲ-6)并获得国务院批准。

花鼓灯多在农村秋收完毕到来年春耕以前演出,尤以庙会、春会为最盛。花鼓灯男角称"鼓架子",女角称"兰花"(或"拉花");演出多在广场举行;一般包括舞蹈、歌唱、后场小戏、锣鼓演奏四部分,主体是舞蹈。舞蹈中又包括"大花场"(或"大场")、"小花场"(或"小场")、"盘鼓"等部分。"大场"是一种集体的情绪舞,由数人到十多人表演;"小场"是双人舞或三人舞,主要表现男女青年谈情说爱、玩乐嬉戏的情景,包括基本程式表演和即兴发挥表演,有简单的情节和人物性格舞,如《抢手巾》《抢板凳》等,是花鼓灯舞蹈的核心部分;"盘鼓"则是舞蹈、武术、技巧表演相结合又具有造型艺术特征的表演形式。后场小戏是一种歌舞结合的小歌舞剧,有《四老爷坐独杆轿》《推小车》《小货郎》等。现花鼓灯的表演风格主要分为三个流派:颍上地区节奏较慢,舞蹈结构严谨,风格古老质朴;凤台地区着重人物情感刻画,动作细腻优美;蚌埠地区动作轻捷矫健,潇洒倜傥。下面主要介绍蚌埠花鼓灯项目。

蚌埠花鼓灯集合舞蹈、灯歌和锣鼓音乐,将情节性的双(三)人舞和情绪性的集体舞完美地结合在一起,形成比较系统完整的民间歌舞艺术形式,这是汉民族最具代表性的民间舞蹈,也是淮河文化在舞蹈方面的集中体现。花鼓灯融技艺性、表演性和艺人职业化于一身,具有很强的民俗性和群众自娱性。千百年来,花鼓灯的音乐、舞姿和韵律较为完整地保存了淮河人民生活、劳动、情趣、性格、风俗、风情的记忆,承载了不同时期淮河流域的历史和社会经济文化,存储了淮河人独特的文化观念、审美情趣、民风民俗变化的记忆,并以活态的形式传承至今。

蚌埠花鼓灯包含400多个语汇、50多种基本步伐,舞蹈动作超常度高,时间差大,瞬间舞姿复杂多变,这些构成了花鼓灯丰富系统的舞蹈语言体系,使花鼓灯成为用肢体语言表达复杂情节的优秀民间舞蹈形式之一。花鼓灯的舞姿和动作很讲究放与收、动与静的巧妙结合,动作的节奏性强,且富有变化。蚌埠地区曾出现了冯国佩、常春利、郑九如、石经礼、杨再先等一批花鼓灯名家,还产生了《游春》《抢扇子》等一批有影响的节目,形成了"千班锣鼓百班灯"的鼎盛局面。

(三) 界首彩陶烧制技艺

在 2006 年公布的第一批国家级项目中,界首市申报了"界首彩陶烧制技艺"项目(Ⅷ-2)并获得国务院批准。

界首彩陶烧制技艺源于唐代,是淮北手工艺的精华。1999 年,淮北柳孜运河发掘出土了大量的界首三彩陶片,成为当时全国十大考古发现之一。

界首彩陶秉承唐三彩遗风,又吸收了剪纸、木版年画的艺术风格,在制陶技艺中自成流派。在胎面的制作上,界首彩陶饰以两层化妆土,在刻画过程中表现出赭、黄或赭、白两种基本对比色;在刻画题材上,除以生活中的花、鸟、鱼、虫为创作对象外,还着重吸取了传统戏曲中的艺术元素,以一幕幕场景的形式加以表现,代表作品有卢山义的"刀马人"系列;在烧制方面,界首彩陶制作先除潮,然后素烧,温度一般在 700~800 ℃,成品为砖红色的刻画陶,素烧后可以釉烧,即涂以含铅、二氧化硅、粉土的釉料后放入陶制的匣钵内,逐渐加大温度,达到 1000~1050 ℃,烧两天两夜,成品为红地白花的界首彩陶。

界首彩陶体现了农民敦厚朴实的性格和大拙大巧的审美意趣,反映了中国民间艺术崇尚自然、追求和谐的审美取向。这样的艺术品深受国内外市场的欢迎,英国维多利亚博物馆就珍藏有界首三彩刻画陶。

界首彩陶技艺历史上主要分布在安徽省界首市颍河南岸的 13 个村,因每个村的村民都以业陶为生,并且村名均以"陶窑"为名,因此有"十三窑"之说,这些村现属安徽省界首市田营镇管辖。1958 年,界首在颍河北岸顺河路组建技艺陶瓷厂,现该厂已成为彩陶的主要制作地,界首彩陶烧制技艺在这里得到传承。但是,近几年来,受现代工业产品的冲击,以传统技艺生产的彩陶制品出现滞销情况,市场萧条,而年轻人多不愿从师学艺,界首彩陶烧制技艺有后继无人之忧,因此有必要对其进行保护。

(四) 马戏(埇桥马戏)

在 2008 年公布的第二批国家级项目中,宿州市埇桥区申报了"马戏(埇桥马戏)"项目(Ⅵ-51)并获得国务院批准。

埇桥马戏艺术起源于明末清初,成形于 20 世纪二三十年代,恢复于 20 世纪 50 年代,发展壮大于改革开放时期,经历了一个由马背上的武艺、马背上的杂耍,到动物的展演、动物的驯化,再到马戏表演、马戏艺术的发展过程。

埇桥马戏集杂技和动物表演于一体,人与动物同台演出,把赖以生存的技艺演绎得红红火火,共同创造出生命的乐园。马戏的《双猴飞人》《狗熊倒立》《走钢丝》《羊蹬花瓶》《人蛇群舞》《驯狮虎》等节目深受国内外观众好评,为各国人民搭起了友谊与文化交流的桥梁。马戏艺术有着深厚的文化底蕴,马戏艺人将地方戏曲曲艺、民间艺术、历史文化、社会生活及优秀的外来文化等因素巧妙融入马戏艺术之中,使马戏不断得到丰富和发展。

宿州市埇桥区如今拥有各类马戏团 200 多家,从业人员 1 万多人,年演出纯收入 2 亿多元,其马戏演出占据了全国的半壁江山。

(五)抬阁(芯子、铁枝、飘色)(肘阁抬阁)

在 2008 年公布的第二批国家级项目中,淮南市寿县、阜阳市临泉县都申报了"抬阁(芯子、铁枝、飘色)(肘阁抬阁)"项目(Ⅹ-87)并获得国务院批准。

抬阁又称抬角、抬歌、高抬、挠阁、脑阁、高装等,是一种综合性的民间文艺活动形式,因由人抬着表演,故称"抬阁",也是传统节庆活动中的一种民俗巡游表演形式。造型、彩扎、杂技、戏曲于一体,充满诗情画意。抬阁起源于中原地区的迎神赛会活动,后逐渐传到东南沿海及西北地区,在清代盛行一时,流传过程中与各地具体情况相结合,形成不同的特色。

抬阁活动中由数名儿童扮作古装戏曲人物,根据剧情组成精彩的造型,固定在四方形阁子的铁柱和支架上,由人抬着行走。抬阁传统造型多取自《梁山伯与祝英台》《天仙配》《白蛇传》《西游记》《昭君出塞》《蓝桥会》《黄鹤楼》《打渔杀家》等剧目,造型高度在 3~5 米,阁子 3~5 层不等,一般每层 1 人,也有的底层 4 人,中层 5~6 人,顶层 1 人。抬阁巡游时,一般用到 4 架阁子,多时可达 6 架,甚至 8 架,每个阁子由 4 人或 8 人扛着前行。

抬阁熔绘画、戏曲、彩扎、纸塑等艺术于一炉,造型优美,画面壮观,为广大群众所喜闻乐见,长期在民间盛行不衰。随着现代化进程的加速,抬阁活动渐趋式微,农村中出现了抬阁制作技艺后继无人的状况,相关的抢救保护工作迫在眉睫。

肘阁是抬阁的一种特殊形式,因表演者利用肘部力量和技巧进行抬阁表演而得名。

明清时期,肘阁与抬阁自山西、河南传入安徽寿县、临泉等地,至清末民初达到鼎盛。肘阁与抬阁的芯子上均有不同数量的小演员进行表演,其制作巧妙隐蔽,化妆和服饰具有很强的故事性,表演中有锣鼓和笙、箫、笛、管伴奏。但肘阁和抬阁支撑小演员的底座不同,肘阁是 1 人顶,"小抬阁"是 2 人扛,"大抬阁"则是多人抬,体现出高、难、险、美的特点。

肘阁多表演《水泊娘娘震四洲》《群仙赴羊石》《卧冰求鲤》《弃官寻母》《扼虎救父》等传统民间故事的内容。肘阁抬阁技巧与难度并重,保留节目有《刘全进瓜》《孙悟空盗桃》《天女散花》等。在流行地的年节、传统祭祀和大型群体性喜庆活动中,肘阁抬阁是最受人们欢迎的表演形式。

肘阁抬阁积淀着古老淮河文化,它反映了沿淮流域居民的生活风俗、审美情趣和价值观、美学观,具有民俗学、社会学等方面的研究价值。

（六）花鼓戏

在 2008 年公布的第二批国家级项目中,宿州市、淮北市都申报了"花鼓戏"项目（Ⅳ-112）并获得国务院批准。

花鼓戏是我国各地方小戏"花鼓"的总称,主要流传于湖南、湖北、安徽、浙江等地。明末范文若的传奇作品中描摹了演唱花鼓的戏剧场景,显示了这一艺术形态的最初面貌。花鼓演唱源于民歌,后逐渐发展为一旦一丑表演的"两小戏"。在实践过程中,它借鉴地方大戏的表演模式,吸收各种艺术因素,最终发展成为独立的地方戏曲剧种。花鼓戏的音乐曲调基本上属于曲牌联缀体,同时又辅以一些板式变化。表演手段丰富多样,生动活泼,具有鲜明的地方特色和民间歌舞风格。传统剧目以反映生产劳动、男女爱情、家庭矛盾等民间生活内容为主,在后来的发展中也出现了一些反映现代生活的新作品。

淮北花鼓戏的主要曲调包括"宿州调""浍北调""口子调平板""寒板"等,其中的"寒调"尤具个性。其表演亦别具一格,以"花鼓大走场"最富特点,被认为是淮北花鼓戏的"绝活儿"。

（七）柳编（黄岗柳编）

在 2011 年公布的第三批国家级项目中,阜阳市阜南县申报了"柳编（黄岗柳编）"项目（Ⅶ-55）并获得国务院批准。

黄岗柳编分布于安徽省阜南县黄岗镇及其周边地区,是当地农民的主要副业,民间流传的俗语中亦有"编筐打篓,养家糊口"的说法。

黄岗及其周边地区河湖滩涂密布,杞柳喜湿易于生长,史载"淮蒙盛产水荆（即杞柳）,采伐加工,洁白如玉,坚韧如藤"（明正德《颍州志》）。清代初期,民间编织的柳箱、筐、篮、升、斗、簸箕、笆篓等产品样式大方,结实耐用,曾运往苏、浙等地商埠销售。近代以来,黄岗每逢农历三月二十八日都要举办庙会,庙会上柳编原材料和产品的交易繁荣,是远近闻名的柳编产品集散地。20 世纪 50 年代以来,当地每年都要召开"黄岗柳编物资交流会",促进了柳编工艺的发展。

黄岗柳编制品为手工编织而成,制作工艺流程复杂,从上经、盘底到收口、拿沿,基本上是一气呵成,即便是用途特殊的梁棍、模具也都是编织而成。编织的产品有盛放面包、水果、糖食的各种盘子,存放图书报刊的书架,插放鲜花的花瓶、花架,广泛用于生活的各个方面。既有洁白无瑕的光条编,又有色彩绚丽的色编,做工精细,结构严密,形体圆润,结实耐用。

（八）豆腐传统制作技艺

在 2014 年公布的第四批国家级项目中,淮南市、寿县都申报了"豆腐传统制作技艺"项目(Ⅷ-232)并获得国务院批准。

豆腐传统制作技艺是历史悠久的传统手工技艺,包括豆腐的各种制作方法,豆腐能随意煎炒炖煮,经久不化,反而越来越香,越来越筋道。淮南或寿县的豆腐能在水里清煮,随时捞出切成长条,用小麻油、芝麻酱、辣椒油、蒜汁等佐料热蘸着吃,风味独特;特别是当地有名的小吃"热白豆腐",名扬四方。

(九)老子传说

在2014年公布的第四批国家级项目中,涡阳县申报了"老子传说"项目(Ⅰ-131)并获得国务院批准。

农历二月十五日,为道教重大节日,乃道祖太上老君"圣诞"。老子,字伯阳,谥曰聃,春秋时期楚国人,曾任周朝守藏室之史。主"无为"之说,后世以为道家始祖。孔子尝往问礼,著有《道德经》5000余言。

相传,春秋末年,老子骑一青牛,从洛阳向函谷关而来。函谷关守吏尹喜平日里喜好道学,颇有些道根。老子来之前,尹喜观星象、"望气",就看见一股紫气从东方冉冉而来,于是推算出必有真人要来。当老子骑牛过关时,尹喜认定老子就是那位真人。这就是《紫气东来》的故事,后人因此以"紫气东来"表示祥瑞。

老子在函谷关住下后,见尹喜心慈人善,气质纯清,于是取其精华而为尹喜著书,名为《道德经》。《道德经》写成后,老子对尹喜道:"老夫授汝《道德经》,分上下两篇,上篇为《道经》,言宇宙根本,含天地变化之机,蕴神鬼应验之秘;下篇为《德经》,言处世之方,含人事进退之术,蕴长生久视之道。研习不止,苦修不懈,终有所成!"言罢,老子飘然而去。

在很多道观的三清殿中,供奉着玉清元始天尊、上清灵宝天尊、太清道德天尊,其中太上老君塑像居元始天尊右位,手执蒲扇,居住大罗天上太清仙境,是"道教最高尊神三清天尊"之一。道教认为,老子就是老君的化身,因其传下道家经典《道德经》,故称老君为太清道德天尊,也被道教奉为道祖。①

涡阳关于老子传说分为两个部分:第一部分刻画了老子从童年到暮年的成长过程;第二部分是有关老子和天静宫的传说。浓厚的神话色彩,亲切的地方口语叙述,描述了老子传奇的一生。这些优美的故事反映出了涡阳深厚的文化积淀,传承了老子思想,也从另一个方面佐证了老子出生地的历史本源。老子传说在涡阳代代相传,大多采用地方口语,语言通俗优美,有着较高的文学研究价值。收集、挖掘和保护这些民间故事,对于考证老子出生地,弘扬道家道教文化,传承老子思想有着非常重要的推动作用。

---

① 人民政协报.老子的传说[EB/OL].(2015-04-09)[2024-04-30].http://www.xinhuanet.com//politics/2015-04/09/c_127669450.htm.

(十)蒸馏酒传统酿造技艺(古井贡酒酿造技艺)

在2021年公布的第五批国家级项目中,亳州市申报了"蒸馏酒传统酿造技艺(古井贡酒酿造技艺)"项目(Ⅷ-144)并获得国务院批准。

蒸馏酒传统酿造技艺(古井贡酒酿造技艺)发轫于两汉,孕育于唐宋,成型于明清,鼎盛于当代。据说在东汉建安年间(196—220年),曹操将家乡亳州产的"九酝春酒"及其酿造方法"九酝酒法"进献于汉献帝刘协。"九酝酒法"是古井贡酒酿造技艺最早的工艺源头。唐宋时期,减店(今古井镇)所产"减酒"闻名一时,其时,民间流传"涡河鳜鱼黄河鲤,胡芹减酒宴佳宾"的民谚。以曹植、晏殊、欧阳修为代表的历史名人也在这里留下无数饮酒抒怀的诗篇。《宋会要辑稿》记载,该地区酿酒业发达,宋代酒课在10万贯以上。亳州古井镇在明朝时叫减店集,酿酒作坊林立。据《亳州市志》记载,明万历年间,"减店"有酒坊40余家。最出名的就是怀姓人家酿造的美酒"怀家一枝花",其作坊名为"公兴槽坊",以所酿造的"减酒"为代表。据说明代大臣、理学家沈鲤曾把减酒进献万历皇帝。

1958年,"公兴槽坊"改为减店公社酒厂。1959年初,国家拨款10万元扩建酒厂,并将减店公社酒厂改为省营亳县古井酒厂;同年10月16日,安徽省轻工业厅下发通知,将减酒命名为"古井贡酒"。

古井贡酒酿造技艺在明清时期已经成型。其技艺核心内容即"泥窖发酵、混蒸续楂、老五甑操作"。该项技艺依托明清窖池群,采用老五甑工艺,取"无极之水",配以五粮原料,用曲"两花一伏"多曲酿造,经过60~180天发酵,采用"三高一低""三清一控"的独特技术,择层取醅、择时摘酒、分级贮存,于陶坛恒温窖藏,经尝评、分析、勾调和包装后,形成古井贡酒"色清如水晶、香纯似幽兰、入口甘美醇和、回味经久不息"的独特风格。①

二、皖北省级非物质文化遗产项目简介

安徽是中华文明的重要发祥地之一,拥有众多珍贵的非物质文化遗产。这些非物质文化遗产具有深厚的群众基础,日益彰显安徽特有的文化魅力,是安徽人民宝贵的精神财富和智慧结晶,也是中华文明的瑰宝。为保护体现中华优秀传统文化且具有重大历史、文学、艺术、科学价值的非物质文化遗产项目,目前,由安徽省文化和旅游厅提出、安徽省人民政府批准并已公布了六批共606项省级非物质文化遗产名录(表6.2),其中,皖北六市有187项省级非物质文化遗产代表性项目(见附录)。

---

① 澎湃新闻.非遗词典.古井贡酒酿造技艺[EB/OL].(2023-11-16)[2024-04-30]. https://baijiahao.baidu.com/s?id=17826875599874248&wfr=spider&for=pc.

表6.2 六批省级非物质文化遗产项目入选情况

批　次	公布时间	新入选数	扩展数	小　计
第一批	2006年12月	83项		83项
第二批	2008年12月	90项	10项	100项
第三批	2010年7月	66项	5项	71项
第四批	2014年5月	65项	5项	70项
第五批	2017年11月	123项	12项	135项
第六批	2022年5月	131项	16项	147项
总　计				606项

（一）渔鼓

在2006年12月公布的安徽省第一批省级非物质文化遗产名录项目中，阜阳市界首市申报的"渔鼓"项目（Ⅴ-4）获得安徽省政府批准。

界首渔鼓，又称道筒子或坠子嗡，行话为"溜兰条儿"，源于明代叙事性道情。后由道士以道教为演说题材，教化人们遵守国法、孝道，到民间传道时流传至界首，已有四百多年历史。界首渔鼓兴盛于清朝道光年间，1920年左右，是界首渔鼓发展的全盛时期，其影响区域东至安徽省太和县、阜阳市、蒙城县，西至河南省的沈丘县、新蔡县、郸城县、太康县等。界首市渔鼓艺人主要分布于光武镇、芦村镇和顾集镇。

界首渔鼓源于民间，流行于民间，发展于民间，以演唱为主，夹白为辅，唱词和说白均加韵脚，分为"高音渔鼓"和"低音渔鼓"两类。所持乐器为打击器，即渔鼓筒子和简板，所演唱曲目多为传统曲（书）目，代表曲（书）目如《小红袍》《柳公案》《包公案》《隋唐演义》《岳家将》《杨家将》等，其唱腔高亢嘹亮，委婉动听；发展到后期也有不少打闹逗趣的轻喜说唱段子，如《于二姐拜寿》《李玉莲招婿》《打连科》《马囫囵换亲》等。

界首渔鼓被认为是河南坠子起源的曲种之一，同时又是中国地方稀有剧种道情戏的鼻祖，被誉为颍河流域的"活化石"，具有重要的文化艺术研究价值，是我国曲苑中的一朵奇葩。

（二）灵璧钟馗画

在2006年12月公布的安徽省第一批省级非物质文化遗产名录项目中，宿州市灵璧县申报的"灵璧钟馗画"项目（Ⅶ-2）获得安徽省政府批准。

钟馗的形象来自远古巫术活动的"傩舞"面具。自古楚人巫风炽盛，钟馗作为民俗传说中的捉鬼驱魔大神，被古人视为法力无边。以后虽然逐渐人格化，但仍旧保留面目狞厉、体态剽悍、神秘怪诞的原始图腾痕迹。

自唐代起,灵璧人始画钟馗。灵璧的传统钟馗画是工笔重彩,绘画风格与楚地古代帛画有着一脉相承的艺术联系。灵璧钟馗画在创作上仍然秉承"以狞制鬼,以猛驱邪"的理念,但在钟馗的面部刻画和形体动势以及行为气质的塑造方面,着重在突出钟馗的正气与神勇、嫉恶和慈爱上下功夫,使钟馗狞厉剽悍的外形与内美的心灵达到完美和谐的统一。

钟馗画扎根于安徽省民间,寄情于民俗,蕴雅于拙,寓美于丑,"土而不陋,俗不伤雅";灵璧钟馗画家笔下的钟馗,具有阳刚阴柔的气质,幽默诙谐的趣味,在威武中内敛慈祥,具有较高的艺术价值、文化价值和历史价值,在国内外都有很大影响。经过1000多年的历史浸润,至2003年,灵璧被文化部授予"中国民间艺术(钟馗画)之乡"称号。

(三) 涂山大禹传说

在2008年12月公布的安徽省第二批省级非物质文化遗产名录项目中,蚌埠市怀远县申报的"涂山大禹传说"项目(Ⅰ-8)获得安徽省政府批准。

早在四千年前,怀远已是涂山氏氏族聚居之地。怀远先民们以朴实精练的语言,通过民间故事、传说、歌谣、谚语等口碑记载,记录了当地的风土民情和历史上的重大事件,创造出大量丰富多彩的民间文学。相传大禹治水到此,取涂山氏女为妻,并在禹会村召会天下诸侯,留下了"三过家门而不入"等许多美好传说。

涂山大禹传说是从远古时代起就在怀远人民中间口头流传的一种叙事体民间故事,这些故事用富有地方特色的语言和象征的形式讲述人与人之间的种种关系。就像所有优秀的创作一样,涂山大禹传说从怀远人民生活本身出发,但又不局限于生活本身以及人们认为的真实合理范围之内,而加入了艺术创作的成分,因而有的地方往往包含着超自然的异想天开的成分。

涂山大禹传说是怀远广大劳动人民在漫长的历史时期中形成的最具传播力和影响力的口头传承艺术形式,它传颂着大禹为民谋利、战天斗地的开拓进取精神,在怀远劳动人民中产生了广泛影响。大禹的传说家喻户晓,流传深远,所传递的开拓进取精神,激励着人们不断奋勇向前。

(四) 淮河锣鼓

在2008年12月公布的安徽省第二批省级非物质文化遗产名录项目中,阜阳市颍上县申报的"淮河锣鼓"项目(Ⅱ-16)获得安徽省政府批准。

淮河锣鼓形式多样,各具特色。如流传于颍上县鲁口镇的威风锣鼓、新集镇的锣鼓棚子、慎城镇的花鼓灯和锣鼓等都是很具有代表性的锣鼓音乐。淮河锣鼓有"长流水""十八翻"等多种曲牌,近年来涌现了许多锣鼓作品,如《长流水》《十八翻》《小十点》《五锤锣》《小五翻》《兔子扒窝》《开场锣鼓》等。

淮河锣鼓的演奏方法是鼓指挥、锣主奏,铙和钹分成两个声部,交替对奏;时而委婉流畅,时而铿锵有力,锣鼓点变换多样。淮河锣鼓因其表现形式和演奏特点而成为安徽省优秀的民间音乐艺术,在淮河流域广为流传,是淮河文化典型的表现形态之一。

(五)灵璧皮影戏

在2008年12月公布的安徽省第二批省级非物质文化遗产名录项目中,宿州市灵璧县申报的"灵璧皮影戏"项目(Ⅳ-22)获得安徽省政府批准。

灵璧县位于安徽省东北部,是垓下古战场,汴河流域地,著名的民间艺术之乡,皮影戏是众多民间艺术之中一朵鲜活、靓丽的奇葩。灵璧皮影戏是用经过化学处理的牛皮或驴皮通过雕镂而成的剔透玲珑的皮影人物,并因类施彩,再缚以操作杆操纵影人活动,把影人照映在银幕上,随着说唱和音乐的节奏而表演,并以说唱内容传达完整的故事情节的民间戏剧。

灵璧皮影戏自清道光年间传入,至今已有两百多年的历史,风格独特。在影人的制作上,雕刻精细,着色鲜艳,造型生动逼真,轮廓挺拔,俊俏大方,栩栩如生。在表演上,一人操杆,技法娴熟,游刃有余。在唱腔上,灵璧皮影所用的唱腔除了吸取传统的唱腔,还在本地特色戏曲泗州戏基础上有所改进创新,如弦板腔、碗碗腔、秦腔,后又增加了呵腔,使得本来就丰富的唱腔变得更加优美动听。在题材上,主要取材于神话故事、历史传说,内容丰富多彩。

灵璧皮影戏影响深远,从清道光年间"来门风格"形成,灵璧皮影艺人足迹就踏遍苏、鲁、豫、皖等多个省份,门徒遍及全国。灵璧皮影戏产生于民间,根植于民间,演出的内容贴近民众,表演形式生动形象,加之优美动听的唱腔,深受人民群众喜爱,具有很高的历史价值、文化价值和艺术价值。

(六)大黄庙会

在2008年12月公布的安徽省第二批省级非物质文化遗产名录项目中,阜阳市界首市申报的"大黄庙会"项目(Ⅹ-15)获得安徽省政府批准。

界首大黄庙会始于唐朝,兴盛于明清时期。活动区域分为伏羲大殿、伏羲陵墓两大部分,庙会的主要活动也在这两个地方举行。据当地传说,太昊伏羲在原始后期统一各部落后,建政于陈丘(今河南省淮阳区)。后因黄河泛滥,政权迁至今属安徽省界首市的大黄镇黄龙坡一带。这一带地势较高,视野开阔,土地肥沃,民风淳厚,伏羲有意在此设陪都,待淮阳大水退去,一切恢复正常后,太昊伏羲却在黄龙坡归位。伏羲去世后,人们用上好的棺木盖好伏羲。起棺时,却怎么也起不动,五神点木道明原委,说是伏羲愿分首于此。于是将伏羲的龙颅留葬黄龙坡,尸身葬于淮阳。因淮阳是伏羲立政之地,后人为纪念伏羲便建庙祭祀;而今大黄镇同属伏羲设陪都之地,后人亦建庙祭祀。当地人为纪念伏羲,在此处建大黄庙并举办祭祀活动,后逐渐形成一年一度的古庙会。淮阳称淮阳庙会,黄龙坡称大黄庙会,两处庙会本是同根同源。淮阳庙会为农历二月初二,是伏羲归位之日;大黄庙会为农历三月二十六日,是伏羲分首入葬之日。大黄庙会时间最长可达10天。元朝时期,大黄庙重修,重修后的大小殿房百余间,占地百余亩。20世纪三四十年代,大黄庙尚有主持居住,至20世纪60年代,大黄庙被毁,仅存中殿三间、娃娃殿三间。1998年,大黄庙进行大规模维修扩建,修复了四座殿堂及东西廊房,又在庙宇之后重修伏羲陵墓。

相传伏羲曾制定嫁娶制度,教导人们播种耕田及繁衍之事,使中华姓氏绵延至今,因此民间又称伏羲为人祖。大黄庙会期间的祭祀活动也多以求子、祈福等内容为主。如庙堂前设有石窑孔,据说青年男女在此摸一摸,就能够爱情美满、婚姻幸福;庙内香炉中放有煮熟的鸡蛋,称为香蛋,香客来此请香祈福后,一般会带十几个香蛋回家,让家人亲朋食用,以求祛病消灾保平安;伏羲陵前有旗杆数个,香客常在此敬香后,请上两尺红线绳,将其拴在旗杆上求子,若来年顺利得子,要再来此处为旗杆系大红绸带、吹唢呐、放鞭炮、请大香,向人祖还愿答谢。庙会期间,会区摊贩在摊位上常摆满用黄胶泥捏制烧成的泥泥狗,又称灵儿狗,据说原是为人祖守灵的神物。泥泥狗烧制成型后,用颜料涂上黑色,再施上白、红、绿等色,配以纹饰符号,如带绳纹、马蹄纹、三角纹、太阳纹等。香客们在赶庙会之余,也会请上几尊泥泥狗,以期驱灾辟邪、人口兴旺。

经过不断发展,大黄庙会已成为皖北地区极具地方特色的民俗活动,集民间商品贸易、物资交流、文化娱乐于一体。①

(七) 泗县药物布鞋制作技艺

在2010年7月公布的安徽省第三批省级非物质文化遗产代表性项目名录中,宿州市泗县申报的"泗县药物布鞋制作技艺"项目(Ⅷ-46)获得安徽省政府批准。

泗县药物布鞋制作技艺主要传承发展于泗县境内。泗县位于安徽省东北部,世界文化遗产隋唐大运河穿境而过,地势低洼,河湖众多,广大劳动人民长期在水中及潮湿处劳作,饱受脚病困扰。泗县盛产棉花,民间一直有穿布鞋的传统与做布鞋的技艺基础。同时,泗县山地众多,适宜中草药生长。

清朝末期,泗县制鞋匠人孟宪荣,在总结前人"向鞋内撒药物治疗脚病"做法的基础上,请中医大夫配伍治疗脚病方子,结合制作布鞋的工艺,将中草药碾成粉末,缝制在布鞋底的夹层中,帮助脚病患者治疗脚臭、脚气等脚病,药效显著。泗县药物布鞋制作技艺,融合了布鞋制作技艺和传统中药制作技艺,把鞋与药融为一体,达到了穿鞋治病的目标。泗县药物布鞋制作工艺包含配伍药方、研磨或熬制药物、

---

① 中国大百科全书网.大黄庙会[EB/OL].(2022-12-02)[2024-04-30]. https://www.zg-bk.com/ecph/words?SiteID=1&ID=405847&Type=bkztb&SubID=1048.

包底、纳底、绱鞋、装楦、复底、压膜等60多道工序。

20世纪80年代,泗县鞋厂在继承药物布鞋制作技艺的基础上,邀请省内外多位权威皮肤科专家对配方进行研发改进,新产品经医院临床验证,治疗脚气的有效率在93.6%以上,除臭率达100%。目前,泗县药物布鞋年产量最多时达120万双,常年销往北京、江苏、浙江等20余个省、市及法国、比利时、俄罗斯等国家。①

(八)砀山王集王氏接骨膏药

在2014年5月公布的安徽省第四批省级非物质文化遗产代表性项目名录中,宿州市砀山县申报的"砀山王集王氏接骨膏药"项目(Ⅸ-4)获得安徽省政府批准。

清朝咸丰初年,王集村王世则先生在学识广博、兼通医理的私塾赵先生的影响下,潜心研读《黄帝内经》《本草纲目》《汤头歌诀》等中华医药宝典。经赵先生悉心传授及本县各家名医、时医指点,研制了中医接骨膏药。之后,他又增删方剂配伍,使骨伤科治疗手法日臻成熟,最终研制出具有活血化瘀、消炎止痛、舒筋健骨、促进骨痂快速形成的接骨黑膏药。治疗时,对闭合性骨折采用端、提、捋、捏、按、摩、推、拿等手法进行复位,然后在其复位后的受伤部位敷以特制膏药,疗效显著,能大幅缩短愈合时间。在此后的100余年,王世则家族后人经过不断发展传承,在祖传秘方的基础上,遵照"继承而不泥古、创新但不离宗"的家规,对祖传秘方配伍不断完善,研制出能够应用于临床且效果良好的接骨黑膏药,传承发展至今,已形成一套比较完善的骨伤治疗方法。

砀山王集王氏接骨膏药色黑质柔,明如镜、黑似漆,夏天不流汗、冬天不硬脱,穿透力强,吸收迅速且无任何毒副作用,疗效持久,对手术病人术后治疗效果更佳。熬制膏药讲究技巧和火候,如熬制膏药的小磨麻油要先熬成滴水成珠状,丹剂需按顺序下料,方剂药材要根据其性能渐次投入,收膏时要趁热洒水入锅。

砀山王集王氏接骨膏药是运用正骨手法使骨折复位后,内外兼顾、活血化瘀、修复体内气血,从根本上治疗骨伤的药贴,充分体现了中医骨伤科的传统优势,使中医治疗骨折有了系统的理论依据和先进经验。②

(九)将兵摔跤

在2017年11月公布的安徽省第五批省级非物质文化遗产代表性项目中,淮南市潘集区申报的"将兵摔跤"项目(Ⅲ-49)获得安徽省政府批准。

宋金战争时期,金兵犯宋,符离(宿州)大战,宋军溃败后被迫议和,宋孝宗隆兴

---

① 泗县政府网.省级非遗项目-泗县药物布鞋制作技艺[EB/OL].(2021-02-04)[2024-04-30]. https://www.sixian.gov.cn/grassroots/25552/152660041.html.

② 中国大百科全书网.砀山王集王氏接骨膏药[EB/OL].(2023-04-04)[2024-04-30]. https://www.zgbk.com/ecph/words?SiteID=1&ID=405847 1.

二年"隆兴和议"以后,金宋之间40多年没有发生大的战争。因此,淮河两岸也取得了几十年相对安定的和平时期。淮河作为物流运输中心,连通了南北之间的商贸活动和人员往来,促成了一个经济、文化相对繁荣的历史时期。

北方游牧民族在商贸、文化交流活动中,把他们最擅长的"摔跤"带给了沿淮人民;在与淮河地方文化的交融中,沿淮艺人历经加工打磨,把"摔跤"这项技艺逐步演化成了"道具独舞",诙谐幽默、嬉笑逗趣、妙趣横生。至此,将兵摔跤留在了淮河流域,融入了花鼓灯的系列表演作品之中,受到了沿淮人民的喜爱。

将兵摔跤在金寨、灵璧、亳州、涡阳等县称"二仙摔跤",在淮北市、濉溪县则称"二鬼摔跤",淮南市的有些农村亦称之为"二仙摔跤"。将兵摔跤是游牧文化在淮河流域的遗存,是民族交融、文化交流的见证,同时也是淮河文化兼容性特征的见证,对研究淮南的历史发展和人文历史都具有重大的现实意义。

(十)赛龙舟

在2022年5月公布的安徽省第六批省级非物质文化遗产代表性项目名录中,蚌埠市五河县申报的"赛龙舟"项目(Ⅵ-26)获得安徽省政府批准。

屈原是战国时期楚怀王的大臣,因倡导举贤授能、富国强兵、联齐抗秦遭到贵族子兰等人强烈反对与排挤,被赶出了都城,流放到汉北(今湖北省内)和沅湘(今湖南省内)流域。前278年,秦军攻破了楚国都城后,屈原抱石投汨罗江身死。传说屈原死后,楚国百姓哀痛异常,纷纷涌到汨罗江边凭吊屈原。渔夫们划起船只,在江上来回打捞他的尸体。他们争先恐后,追至洞庭湖时不见踪迹。之后便于每年农历五月初五划龙舟以纪念屈原,老百姓希望借划龙舟以驱散江中之鱼,以免鱼吃掉屈原的身体。此后,端午赛龙舟已成为我国传统习俗,虽历经数千年,但这一民族传统依然焕发新生机,民族文化魅力经久不衰。

遵从各地的传统,五河县也保留了在每年端午赛龙舟的习俗,不仅寄托五河人民对屈原的深深缅怀,也以赛龙舟形式寓意吉祥美满,期盼来年风调雨顺。

五河县自2013年举办首届龙舟赛开始,到2023年端午节已成功举办了六届龙舟赛。如今,五河龙舟赛已经成为安徽省体育十大品牌赛事之一,赛龙舟活动也已成为五河县群众体育活动的一个品牌、一张名片。

在端午节前举办具有历史民族文化体育特色的龙舟赛,既活跃了五河人民的文化生活,提升人民群众生活品质,又展示了五河人民顽强拼搏、敢为人先的奋斗精神;促进了体育与文化、旅游的深度融合,增强了五河的凝聚力、知名度和美誉度。

第二节　皖北非遗的传承及其保护

随着经济社会的快速发展,科学技术的日新月异,现代化进程的不断推进,我国的社会生活和文化形态发生了急剧变化,非物质文化遗产的保护与传承工作也受到越来越大的冲击。一些依靠口授和行为传承的文化遗产正在不断消失,许多传统技艺濒临消亡,大量有历史、文化价值的珍贵实物与资料遭到毁弃或流失境外,随意滥用、过度开发非物质文化遗产的现象时有发生。就皖北地区非物质文化遗产的调查及保护情况来看,大量存在的问题主要是有普查设备落后、技术力量薄弱、保护意识不强、传承人后继无人、专业人员匮乏、保护经费不足等。因此,加强非物质文化遗产的保护工作已刻不容缓。众所周知,非物质文化遗产既是历史发展的见证,又是珍贵的、具有重要价值的文化资源。我国各族人民在长期生产生活实践中创造的丰富多彩的非物质文化遗产,是中华民族智慧与文明的结晶,其中所蕴含的中华民族特有的精神价值、思维方式、创新能力和文化意识,是维护我国文化身份和文化主权的基本依据。保护并传承非物质文化遗产,不仅是国家和民族发展的需要,也是国际社会文明对话和人类社会可持续发展的必然要求。因为非物质文化遗产与物质文化遗产共同承载着人类社会的文明,是世界文化多样性的体现,保护并传承我国的非物质文化遗产,乃是为人类文化的多样性及其可持续发展作出中华民族应有的贡献。正因如此,2011年2月25日,第十一届全国人民代表大会常务委员会第十九次会议通过了《中华人民共和国非物质文化遗产法》,使我国非物质文化遗产的传播、传承以及非遗资源的保护与开发利用走上了法治化道路。

一、在传承传播中保护非遗

皖北地区的非物质文化遗产,反映着该区域内人民代代相传、岁岁积淀的生活与劳动的文化印迹,通过民俗、民间文学、传统戏剧、曲艺等形式既反映出当地人民敬天地、爱劳动、讲道德、求财富、追幸福的朴素本性,又反映出他们对真善美的追求以及对假恶丑的鞭挞;不仅在传统音乐、传统美术和传统舞蹈中表达出皖北人民的审美情趣以及对美好生活的憧憬,而且在传统医药、传统体育、传统技艺及游艺与杂技中体现出当地先民的聪明才智和文化创造力。可见,皖北地区的非物质文化遗产是皖北漫长而悠久历史发展的见证,是中华优秀传统文化的重要组成部分。保护皖北地区的非物质文化遗产,要以皖北地区非物质文化遗产的调查登记和分类整理为前提,建立起比较完备的、富有地方特色的非物质文化遗产保护制度,在传统节日、文化和自然遗产日期间组织非遗宣传展示活动,并举办春节、元宵节系列文化活动,使当地珍贵、濒危且具有历史、文化和科学价值的非物质文化遗产得到有效保护,存起来、传出去;同时,要采取多种措施把非遗资源用起来、使非遗"活"起来,让皖北非遗得到传承和发扬。

(一)把皖北地区的非遗存起来

开展非遗资源调查,对当地非物质文化遗产的起源、范围、影响、传承人等现状进行摸底登记,广泛收集,形成名录,这是非遗保护的基础性工作。2011年2月颁布的《中华人民共和国非物质文化遗产法》第十一条规定,"县级以上人民政府根据非物质文化遗产保护、保存工作需要,组织非物质文化遗产调查","县级以上人民政府其他有关部门可以对其工作领域内的非物质文化遗产进行调查"。早在2005年,阜阳市就曾在全市(5县3区)范围对非物质文化遗产情况进行了一次普查,由市文化局、市非遗保护中心组织在全市范围内对那些具有传播、教育和档案价值的实物及各类项目进行调查、收集与整理,基本摸清了当地的非物质文化遗产基础情况,并通过所属县(市、区)非物质文化遗产保护部门,形成相关名录,建立项目档案。这次普查取得了很大的成绩,于2009年编印了《非物质文化遗产田野调查阜阳卷(1、2册)》,建立了阜阳市非物质文化遗产普查项目清单208项,为阜阳市的非物质文化遗产保护奠定了坚实的工作基础。

1. 做好非遗档案管理

《中华人民共和国非物质文化遗产法》第十二条规定,"文化主管部门和其他有关部门进行非物质文化遗产调查,应当对非物质文化遗产予以认定、记录、建档,建立健全调查信息共享机制"。皖北各地的文化主管部门应在工作中对调查登记的地方非遗项目建立档案、分类保管,并对各类非物质文化遗产档案形式进行规范、统一档案格式,以保障并促进非遗资源的信息共享、后期开发和分类利用。非物质文化遗产保护部门则要与其他的与文化产业相关的部门保持联系或定期沟通,对已保存的非物质文化遗产档案资源的艺术价值、文化价值、教育价值、产业功能等进行开发和利用,从而使非物质文化遗产档案资源能真正发挥作用,赋能当地的经济社会发展,促进城乡精神文明建设深入推进。

2. 建立电子数据库

《中华人民共和国非物质文化遗产法》第十三条规定,"文化主管部门应当全面了解非物质文化遗产有关情况,建立非物质文化遗产档案及相关数据库"。除了建立与维护传统意义上非遗数据库,还应顺应互联网时代数字技术的发展,建立电子数据库。由计算机技术推动的信息电子化转化与存储功能,为各类非物质文化遗产的存储、保护提供便捷的渠道和无限扩容的可能。当前,随着数字化文化遗产的发展,数字化文化遗产的保护与传承已经成为评价一个国家信息技术水平的重要标志之一;电子化存储与保护还为非遗的传播与开发奠定了资源基础。2021年6

月,文化和旅游部发布的《"十四五"文化和旅游发展规划》提出,要"完善非物质文化遗产调查记录体系,加强档案数字化建设,推进非遗资源数据的共享利用"。适应数据资源电子化发展趋势,建设电子博物馆,促进非物质文化遗产的传承保护,是行之有效的做法。建立非遗电子博物馆,不仅能有效发挥实体博物馆的存储和展示功能,还可以放大其传承、教育效果。因为有信息化技术的加持,可以融合VR(虚拟现实)技术、动漫技术、音视频技术等,使得非物质文化遗产的展示更为生动形象、文化体验更为逼真;同时,配合各种影像资料的音频、视频解说,使得非物质文化遗产内容展示更加详细,有助于人们加深对非物质文化遗产的了解,从而在科技成果的日用而不觉中达到传承、保护非物质文化遗产的目的。

3. 保护非遗传承人

非物质文化遗产的最大的特点是不脱离民族或地区特殊的生活生产方式,是民族或区域个性、审美习惯的"活"的显现。它依托于人本身而存在,以声音、形象和技艺为表现手段,并以身口相传作为文化链而得以延续,是"活"的文化但也是文化传承中最脆弱的部分。对于非物质文化遗产的传承过程来说,人的传承尤为重要。《"十四五"文化和旅游发展规划》曾提出,要"强化非物质文化遗产系统性保护,培养好传承人,一代代接下来、传下去"。因而,首先要完善传承人保护制度。早在2011年我国就颁布实施了《中华人民共和国非物质文化遗产法》,对非遗代表性传承人的条件、义务、传承人的工作待遇以及政府各部门应给予的支持等作了规定。事实上,各级地方非遗主管部门都已依法落实相关规定,保障非遗传承人的各项权益,逐渐营造出尊崇传承人的良好社会环境。非物质文化遗产多数来源于民间,非遗传承人也多为民间艺人,主管部门应对这部分传承人给予更多的宣传、提供更多的平台或机会,让他们充分展示自身的精湛技艺,也可定期组织传承人技艺赛事,使其登上更高的舞台,在全社会扩大非遗的影响力。同时,保护老的传承人和培养新的传承人是一体两面的工作,非遗保护与传承同样需要培养非遗传承新人。近年来,皖北六市均采取了多项强化传承人培养的举措,包括落实由文化和旅游部、教育部联合发起的"中国非遗传承人群研修研习培训计划"安排,充分利用民间协会、研究会等社团组织进行非遗传承人培养等,着力建设热爱传统文化、拥有专业知识、具有奉献精神的非遗保护工作队伍。

(二)把皖北地区的非遗传出去

《中华人民共和国非物质文化遗产法》第二十八条规定,国家鼓励和支持开展非物质文化遗产代表性项目的传承、传播;根据规定,各地文化主管部门都以多种措施开展了本地非遗的传承、传播与保护工作。虽然传统的非遗传播形式如今已经非常成熟,但多在节日、展会等特定时期或场合,以宣传展示活动的方式向部分大众推广,还没有达到与当下时代生活相融合、让普通民众对非遗及地方传统文化产生深厚心理认同和情感共鸣的传播效果。因此,宣传普及非遗知识,让非遗的传播普及跟上时代潮流以焕发出全新的生命力,就成为非遗保护的一项重要基础工作;也只有让广大民众真正了解非遗的历史、认识非遗的价值,人民群众才会产生保护非遗的文化自觉,才会愿意参与到非遗保护的队伍中来。因而,要加大皖北非遗宣传普及力度,打造区域特色文化品牌,把非遗传出去、让非遗焕发出时代活力。

一是动员"五老"(老传承人、老艺人、老工匠、老教师、老干部)参与普查与宣传,发挥"五老"、非遗志愿者及基层老年协会等组织的积极作用,普及非遗知识。这支队伍可以发挥自身的专业优势,在社区、各类学校、老年大学甚至田间地头和街头巷尾,灵活地开展知识宣讲、非遗展演,在普通民众特别是非遗爱好者中普及非遗知识,宣传中华优秀传统文化。安徽省委省政府高度重视非遗的传承与保护工作,早在2005年6月就部署了全省范围的非遗普查工作。在这次普查工作中,阜阳市的相关部门就充分发挥了乡镇文化站和"三老"(老艺人、老干部、老教师)的积极作用,既收集到了第一手普查资料,又在走村串户访问调查中宣传了非遗知识。

二是通过非遗选修课程或知识讲座,结合校园文化建设在校园展示非遗项目,推动非遗进校园。开展非遗进校园活动,不仅有助于丰富校园文化建设,传播优秀传统文化,还有助于激发广大师生学习优秀地域文化的热情,培养青少年学生对了解和学习皖北地方传统文化的兴趣,从而更好地传承、弘扬皖北非物质文化遗产,不断深化青少年学生爱祖国爱家乡的教育。此外,要坚持不懈地推进非遗进社区、进网络,培养一批潜在的非遗传承人,这批潜在的非遗新人将是传播、传承和保护非物质文化遗产的新生力量。

三是通过开展文化交流活动、参观展览、特色展示、组织表演等方式,讲好皖北故事,争取"出圈"。皖北六市拥有众多的省级、国家级非遗项目,资源十分丰富,完全具备打造区域特色非遗品牌的条件,因而完全可能"出圈",走出中国,走向国际。依托国家级非遗项目,临泉县打造了一批杂技小镇及杂技专业村。据新华网报道,到2023年,临泉县已经拥有900多支杂技团队、2万多名杂技从业者,他们走出临泉、走向全国、走上国际舞台,临泉也因此被誉为"中国民间文化艺术之乡"。其中,韦寨镇韦小庄自然村35户、200余人,组建了30余支杂技队,被中国杂技家协会命名为"中国杂技专业村"。迎仙马戏团、飞燕杂技团、美猴王杂技团、飞天杂技团、临美杂技团等是临泉众多杂技团队中的代表。[①] 这些杂技团队演员个个身怀绝技,先后参加多部影视剧的拍摄,多次应邀赴美国、法国、韩国、日本、菲律宾、马来西亚和非洲一些国家开展文化交流活动,深受好评。从国内持续发展壮大,到国际文化交流舞台绽放,临泉民间杂技艺术在历代杂技人的不懈努力下,逐步成长为安徽省从业人数最多、全国具有较高知名度、国际具有一定影响力的文化现象。这些杂技

---

① 临泉县委宣传部.临泉杂技:扎根沃土香溢四方[EB/OL]. (2023-10-14)[2024-04-30]. http://www.ah.xinhuanet.com/20231014/f9db2da51ccd49c0bb7160c11e288f3e/c.html.

团组建者多为农民,农忙时耕种,农闲时外出,他们的足迹遍及大江南北,把临泉人民勤劳朴实、吃苦耐劳、不甘现状、勇于创新的精神带到全国各地,也把皖北非遗传播到世界各地。类似临泉杂技这类火爆"出圈"的非遗项目,已经成为一张张宣传皖北历史文化的名片,让全国看到皖北、让皖北走向世界。

四是建立非遗综合传播平台,通过传统媒体和新兴媒体的综合传播,把皖北非遗传播出去、传承下去。随着工业社会的发展及城市化进程的加快,少数非遗正在消失,一部分非遗融入城市并逐渐消退了特色。当"保护"一词用于非物质文化遗产时,已说明了非物质文化遗产的脆弱性;然而,传承也是最好的保护。在工业社会的互联网条件下,加强对非遗的保护,切实可行的一个策略是建立非遗的综合传播平台,立体化、全媒体传播皖北非遗。当前,由互联网技术催生的各类新兴媒体的出现,为网络传播提供了丰富多样的平台和渠道,既可以运用图片、动画、视频、VR 技术等传播,也可以组织非遗传承人和广大爱好者(网民)开展线上线下联动。新媒体传播既能实现非遗文字、图片、视频的多元化传播,又可以随时随地把非遗资源传播给受众,以满足非遗爱好者全面性、实时性、经常性地获得非遗信息的需要,从而突破了传统媒体单一化传播渠道的宣传模式,使广大网民可以根据自己的兴趣爱好选择非遗的学习或欣赏活动,这样的个性化宣传与传播提高了地方非遗的影响力,达到传承的目的。2018 年 5 月 7 日《安徽日报》报道,"2017 年,省非遗研究会开通'安徽非遗网',充分利用数字化技术和网络平台,展示我省丰富的非遗资源,传播非遗专业知识,交流非遗活动信息,该网上线 10 个月以来累计点击量超过 106 万次;利用安徽演艺集团'有戏安徽'非遗展示版块,上传 10 余部介绍我省非遗传承人艺术风采的纪录片,通过各种渠道收看的受众已达数万人;与光明网合作推出宣纸传统制作技艺、徽墨制作技艺、宣笔制作技艺、歙砚制作技艺、芜湖铁画制作技艺、万安罗盘制作技艺、中国珠算、阜阳剪纸共八场网络直播。线上推广丰富多彩,线下展示精彩纷呈。由省非遗研究会全程参与运作的'安徽非遗馆',在北京前门大街正式开馆,成为宣传安徽非遗文化、推广安徽非遗传承人、展示安徽非遗产品的重要窗口"①。鉴于各类新兴媒体平台所拥有的独特传播功能与优势,完全能够通过媒体综合传播实现皖北非遗的文化根脉相续、永葆文化活力。

二、在活态运用中保护非遗

非遗的保护与利用可以相互促进、相互转化,两者是辩证统一的关系。一方面,非物质文化遗产是历史的见证和延续,深嵌在中华文明演变进程之中,承载着中华民族的精神和情感,这一情感和精神必须得到传承和保护;另一方面,非遗又是珍贵的,是具有重要价值的文化资源,具有产业开发的价值功能,可以通过生产

---

① 张理想. 安徽:网络传承保护平台让非遗"活"起来[N]. 安徽日报,2018-05-07(2).

性方式及市场化开发加以保护和传承。通过对非遗资源的开发利用,不仅能够服务经济社会发展,而且有助于增进社会公众对非遗的了解和认识,实现传承与保护。《中华人民共和国非物质文化遗产法》第三十七条规定,"国家鼓励和支持发挥非物质文化遗产资源的特殊优势,在有效保护的基础上,合理利用非物质文化遗产代表性项目开发具有地方、民族特色和市场潜力的文化产品和文化服务"。这一规定为非遗的开发与利用提供了法律依据。2021年12月国务院印发的《"十四五"旅游业发展规划》提出,要加强文物和非物质文化遗产保护利用,突出地方文化特色,"依托非遗馆、非遗传承体验中心(所、点)、非遗工坊等场所培育一批非遗旅游体验基地,推动非遗有机融入旅游产品和线路,实现更好传承传播"。当然,要正确处理保护和利用的关系,要在坚持非遗得到有效保护的前提下合理利用,对于保存状况脆弱的非遗则应有限制地利用,以避免加速其损毁。

(一) 把皖北地区的非遗用起来

文化资源的开发利用与保护是相辅相成的。非遗资源可以在开发中得到保护,也可以在保护中得到适当开发、合理利用。为了保护和传承非遗,让其焕发新的时代光彩,许多地方包括皖北地区的一些文化主管部门都对非遗进行了市场化的开发利用,把非遗用起来,使非遗"活"起来。

1. 发展非遗旅游

对非遗的产业化利用,首选发展非遗旅游。非遗和旅游的有机融合,使"旅"成为文化活动、"游"成为文化体验,在"用"的过程中实现非遗文化保护。2021年6月印发的《"十四五"文化和旅游发展规划》提出,要"加大非物质文化遗产传播普及力度,开展宣传展示交流等活动。推出一批具有鲜明非物质文化遗产特色的主题旅游线路、研学旅游产品"。为贯彻党和国家关于非物质文化遗产保护工作的部署,落实2023年2月文化和旅游部印发的《关于推动非物质文化遗产与旅游深度融合发展的通知》要求,进一步推动《安徽省"十四五"非物质文化遗产保护传承行动计划》落地见效,更好地满足人民日益增长的精神文化需求,安徽省文化和旅游厅基于各市推荐、省级评审、综合评议的基础上,于2023年3月发布了"安徽非遗主题旅游十大精品线路"。其中含皖北六市四条线路。

第一条:"古韵亳州"非遗之旅。第一天:曹操地下运兵道(全国重点文物保护单位)→华祖庵(体验国家级非遗代表性项目华佗五禽戏)→午餐→北关历史街区→晚餐及夜游(南湖)→住宿;第二天:早餐→古井酒文化博览园(体验国家级非遗代表性项目古井贡酒酿造技艺)→午餐→涡阳天静宫→涡阳县博物馆(欣赏国家级非遗代表性项目老子传说)→结束行程。

第二条:"寻味宿州"非遗之旅。第一天:宿州市符离集刘老二烧鸡有限公司(品鉴省级非遗代表性项目符离集烧鸡制作技艺)→午餐→宿州美术馆→宿州博物馆→晚餐及夜游(南翔云集)→住宿;第二天:早餐→灵璧钟馗文化园(观赏省级非遗代表性项目灵璧钟馗画)→灵璧奇石文化园→午餐→泗县隋唐大运河通济渠活态遗址及运河博物馆→中国古鞋博物馆→泗县虹乡剧场(观赏国家级非遗代表性项目泗州戏)→晚餐及住宿;第三天:行程A:早餐→萧县皇藏峪国家森林公园→午餐→结束行程;行程B:早餐→萧县蔡洼淮海战役红色旅游景区→午餐→结束行程;行程C:早餐→砀山梨树王风景区(体验国家级非遗代表性项目砀山四平调)→午餐→结束行程。

第三条:"风情蚌埠"非遗之旅。第一天:固镇县垓下遗址公园(体验国家级非遗代表性项目泗州戏等)→午餐→禾泉农庄(参观非遗集市、体验亲子乐园等)→晚餐及住宿;第二天:早餐→冯嘴子花鼓灯传承基地(体验国家级非遗代表性项目花鼓灯)→午餐→蚌埠市博物馆(体验非遗展陈馆)→蚌埠市篾匠街→结束行程。

第四条:"姜尚故里"临泉非遗之旅。第一天:临潭笔庄(省级非遗传承基地)→姜尚工艺展览馆(观赏省级非遗代表性项目临泉葫芦烙画)→午餐→文王酒厂(体验省级非遗代表性项目文王贡酒酿造技艺)→豪杰杂技艺术学校(市级非遗传习基地)→晚餐及住宿;第二天:早餐→中环格林童话世界→世界魔幻动物园→午餐→临泉县博物馆→长官杂技小镇(观赏国家级非遗代表性项目临泉杂技)→晚餐及住宿;第三天:早餐→姜公冢(欣赏市级非遗代表性项目姜子牙的传说)→木一博览园→千里跃进大别山纪念馆→午餐→结束行程。

上述非遗主题旅游精品线路的开发,主要基于皖北地区的非遗项目展示与文化体验,旨在让广大游客在亲身体验中了解非遗、传播非遗,在观赏与体验中有效地保护并传承了非遗。

2. 开发非遗产品

我国对非遗保护高度重视,也向来重视文化创意产品的开发工作,尤其提倡依托非遗项目及旅游资源一体化开发文创产品。2022年8月,中共中央办公厅、国务院办公厅印发的《"十四五"文化发展规划》提出,要"依托文化资源培育旅游产品、提升旅游品位,让人们在领略自然之美中感悟文化之美、陶冶心灵之美",并要求国家有关部门完善文化文物单位从事文化创意产品开发经营的有关政策。针对旅游产品的开发与供给,2021年12月国务院印发的《"十四五"旅游业发展规划》提出,要"推进优质文化旅游资源一体化开发,科学规划、开发文化旅游产品和商品","实施文化和旅游创意产品开发提升工程,支持博物馆、文化馆、图书馆、美术馆、非遗馆、旅游景区开发文化和旅游创意产品"。党和国家的一系列政策性规定,不仅为非遗文创产品开发提供了良好的政策环境,而且有效保障了非遗文创产品的质量,从而使以非遗为代表的中华优秀传统文化成为文创产品与商品设计的不竭源泉。可见,文创产品开发作为文化创意产业发展中的重要环节,已经引起国家相关部门的高度重视。当然,国家相关部门也对非遗文创产品开发工作提出了高标准、严要求,目的是保证非遗文创产业健康发展。鉴于此,由知识化为技能,由技艺化为实物,开发非遗产品,经由一件件作品和产品,让人们受到非遗所蕴含价值观念的浸润、领略非遗的文化底蕴。

众所周知,非遗与所生长的地域生态和人文环境密不可分,因而具有提炼区域文化标识、促进地方文化消费的先导优势。近年来,在各类博览会、文博会、国际文化交流活动中,非遗频频"出圈",非遗产品闪亮登场,引发了非常大的社会关注;在其他各类文化产品以及旅游等不同领域的消费品中,非遗元素往往成为点睛之笔,引发消费热潮。究其根本,乃是非遗引发了人们对于地方传统文化或民族文化的向往与兴趣。在皖北非遗产品开发实践中,不仅要多维度地利用当地非遗元素,挖掘非遗衍生文创产品的产业化潜力、拓展其市场化发展空间,以此提升文化创意的质量;更要立足于非遗产品的内涵研发,提炼非遗的文化标识,凝练皖北非遗产品设计的风格与特色,把这种文化标识和风格特色融入传统手工技艺类非遗文创产品开发、传统美术类非遗文创产品开发、非物质文化遗产旅游产品开发以及非遗数字化体验产品之中,在打造适合现代应用场景产品的同时,保住非遗的原生态特色、保证其精髓不流失,让非遗资源在开发利用中得到更好的保护和传承,实现非遗产品开发的经济效益与社会效益协调增长;还可以把非遗中包含的地域文化知识、价值理念、审美情趣等融入非遗产品设计中,开发诸如酒具、茶具、办公文具、提包、筐篮等具有皖北非遗特色的日常用品,在日用而不觉中宣传、保护非遗。阜南县的柳编企业依托国家级非遗项目黄岗柳编,用柳枝编织出筐子、篮子、浅子等各种生活器具,开发出手工艺柳编花瓶、柳编凤凰等装饰品;有的地方还以"疯狂的兔子"等动画主题开发出柳编系列文创作品,一座座以"兔子"为主题的柳编元素雕塑,造型奇巧、形态生动,尽显非遗文化内涵和柳韵之美。

(二)让皖北地区的非遗活起来

党的二十大在总结新时代十年的伟大变革时指出,中华优秀传统文化得到创造性转化、创新性发展。党的二十大报告还强调,要"坚持创造性转化、创新性发展,以社会主义核心价值观为引领,发展社会主义先进文化,弘扬革命文化,传承中华优秀传统文化,满足人民日益增长的精神文化需求,巩固全党全国各族人民团结奋斗的共同思想基础,不断提升国家文化软实力和中华文化影响力"[①]。非遗作为中华优秀传统文化的重要组成部分,也要适应时代发展的需要进行创造性转化、创新性发展。开发非遗文创产业、对非遗进行活态运用,是推动非遗在新时代创造性转化和创新性发展的切实举措。毋庸置疑,非遗的生命力体现在民众的社会生活之中,在活态运用中保护非遗,是保护和传承非遗的内在要求。在活态运用中保护非遗,最根本的途径是探索非物质文化遗产资源与文创产业的有机融合。将非遗资源与现代生活结合,开发文创产业及产品,既能将其融入日常生活,又可对其进行市场化转化,从而助力非遗在市场经济中更好地"活"下去。

---

① 习近平.习近平著作选读:第1卷[M].北京:人民出版社,2023:35-36.

1. 将皖北非遗文创与地方馔食相结合

民以食为天,中国的饮食文化可谓色彩缤纷、历久弥新。随着回归自然原生态食品的兴起,传统美食越来越受到人们的青睐。皖北地区在传统食品制作技艺方面具有非常突出的优势,国家级非遗项目有淮南市、寿县的豆腐传统制作技艺,古井贡酒酿造技艺;省级非遗项目更多,如萧县伏羊宴、符离集烧鸡制作技艺、淮南牛肉汤制作技艺、阚疃大块板鸡制作技艺、亳州李记烧驴肉制作技艺、(宿州市)杆栏杆牛肉制作技艺、(界首市)李良成熏鸡制作技艺、(临泉县)水晶羊蹄制作技艺、临涣张家纯羊汤制作技艺、宿州膗汤制作技艺、(谯城区)绿能粉皮制作技艺、临涣酱培包瓜制作工艺、颍州枕头馍制作技艺、蒙城油酥烧饼制作技艺、(谯城区)王魁知麻花制作技艺、(亳州市)一闻香糕点制作技艺、(寿县)大救驾制作工艺、涡阳苔干制作技艺、太和贡椿制作技艺、砀山梨膏糖制作技艺、(淮北市)口子窖酒酿造技艺,等等。讲述皖北各地非遗美食背后的饮食故事,提炼食品特色,守正创新,打造区域饮食文化,对于丰富人们的食谱、普及地方非遗文化,具有重要的现实意义。

2. 将皖北非遗文创与特色服饰相结合

在现代社会,随着社会的发展变迁以及人们思想观念的变化,一些传统意义上的制作工艺逐渐消失了,少数如泗县药物布鞋制作、太和县虎头鞋制作等还具有一定的实用价值,而与传统舞蹈、传统戏剧、曲艺、传统体育、游艺与杂技、传统技艺表演相关的服饰,更多的则是具有文创价值,因不同类型的非遗表演需设计不同特点的演出服装,从而彰显非遗的服饰特色。如国家级非遗项目颍上花鼓灯,其表演服装中,男性穿灯笼裤、扎腿、腰系板带、扎头巾;女性穿包头、脑后扎长辫子、面部一般有勒子、脚下踩衬子、穿裙子、着油彩。这种衣着不仅具备一般舞蹈服饰的浪漫、夸张、象征等特点,还带有鲜明的地方戏曲艺术特点。把皖北非遗文创与特色服饰结合起来,可以在现代服装设计时烙上非遗文化特色,结合现代流行的服装款式,使服饰既具有实用价值,又具有区域特色,因而必然具有一定的商业价值,实质上也是通过市场化方式宣传皖北非遗。

3. 将皖北非遗文创与工艺制作相结合

皖北地区具有丰富的非遗资源,像阜阳民间剪纸、绘画(如萧县农民画)、雕刻(如萧县石刻、杨氏微雕)、黄岗柳编等民间美术和工艺制作,均富有非常强的文创价值和市场前景。把皖北非遗、文创设计和传统工艺制作结合起来,可以突显文创产品的原创性,赋予其生命力;非遗文创产品的生命力和时代性能够带来产品高附加值及市场效应,在创造商业价值的同时能够让非遗"活"起来、"火"下去。

4. 将皖北非遗文创与民俗仪式相结合

要把独特的非遗文创、展览、表演等与皖北地区的节俗仪式结合起来,在弘扬与传承皖北民俗文化的同时,推动了文化遗产潜移默化地融入普通大众的现代生活中,展现非遗的当代价值。以国家级非遗项目花鼓灯表演为例,花鼓灯融技艺性、表演性和艺人职业化于一身,具有很强的民俗性和群众自娱性,是淮河文化在舞蹈方面的集中体现。千百年来，花鼓灯的音乐、舞姿和韵律较为完整地保存了淮河人民日常生活、生产劳动、性格、情趣及风俗的记忆，承载了不同时期淮河流域的社会历史和经济文化，存储了皖北人民独特的文化观念、审美情趣、民风民俗变化的记忆，并以活态的形式传承至今。传统意义上的花鼓灯表演多在农村秋收完毕至来年春耕以前进行。随着社会经济的发展，近些年花鼓灯多数在元宵节或其他节假日组织表演。2023年、2024年的元宵节，蚌埠市、阜阳市颍上县举办了花鼓灯以及其他民间艺术表演活动，10多支演出队伍数百名花鼓灯艺人纷纷登台，他们以花鼓灯艺术表演的形式表达当地人满满的幸福感和获得感，歌颂盛世华年。

2022年12月，习近平总书记曾对非物质文化遗产保护工作作出重要指示，强调"要扎实做好非物质文化遗产的系统性保护，更好满足人民日益增长的精神文化需求，推进文化自信自强。要推动中华优秀传统文化创造性转化、创新性发展，不断增强中华民族凝聚力和中华文化影响力，深化文明交流互鉴，讲好中华优秀传统文化故事，推动中华文化更好走向世界"[①]。

作为各族人民世代相承、与群众生活密切相关的各种传统文化表现形式和文化空间，非物质文化遗产既是历史发展的见证，又是弥足珍贵的文化资源。当前，推动皖北地区非物质文化遗产创造性转化、创新性发展，要坚持以习近平文化思想为指导，加强对皖北地域文化及非遗资源的田野调查与整理挖掘，在发掘皖北非遗文化价值的基础上，提升旅游业的文化内涵，探索如何延伸文化旅游产业链、增加文化创意业的附加值及文化含量，打造面向市场的非遗文化产品品牌，促进皖北非遗文化与相关产业融合发展。并在此前提下，积极探讨如何将皖北非遗保护传承与乡村传统文化的保护利用有机结合起来，巩固皖北城乡思想文化阵地，践行社会主义核心价值观，在发展区域特色文化产业的同时重塑乡村文化生态，推动皖北乡村文化振兴。

第三节 非遗保护传承与乡村振兴

2018年，中共中央、国务院印发了《乡村振兴战略规划（2018—2022年）》，提出要科学有序推动乡村产业、人才、文化、生态和组织振兴。乡村经济振兴是实现乡村振兴的基础，乡村文化振兴则是实现乡村振兴的内在动力；只有繁荣乡村文化、培育乡村文化自信，才能为实现乡村振兴提供良好的精神动力与文化环境。鉴于乡村文化振兴与产业振兴的联动关系，被全面激活的文化自信具化为乡村内在驱

---

① 中国政府网.习近平对非物质文化遗产保护工作作出重要指示[EB/OL].（2022-12-12）[2024-04-30]. https://www.gov.cn/xinwen/2022-12/12/content_5731508.htm.

动力,能够激发非遗及传统文化资源的现代性创造与转化,促进非遗及传统文化资源的产业化与市场化,从而有助于推动乡村振兴。

非物质文化遗产是我国各族人民世代相承、与广大民众生活密切相关的各种传统文化表现形式和文化空间的综合体现,它既是历史发展的见证,又是珍贵的、具有重要价值的文化资源。

一方面,中华民族五千多年文明源远流长,已经积累了丰厚的非物质文化遗产,这是祖先们智慧的结晶,所以保护非物质文化遗产就是传承我国传统文化,这也是建设文化强国、实现民族复兴的需要。随着工业化及城市化进程的加快,一些非遗的生存发展境况正经受挑战。现代留存的非遗,大部分是在农耕时代形成并在相对封闭落后的地方保存下来,因而,它们还会在广大乡村存续并继续发挥文化功能。在我国,乡村作为一个缩微的经济、政治、文化和社会生活共同体,文化起到凝聚作用。数十年的非遗保护国家行动,在一定程度上增加了国内各民族的文化自信,而且带来了一定程度的传统文化复兴。非遗政策的实施亦激发了广大乡村的文化自觉,强化了乡村文化自信,这是乡村文化振兴的重要表现。

另一方面,我国非遗资源丰富,把人们喜爱又独具特色的"吃、穿、用、玩"等非遗项目的产业开发和日常消费结合起来,便是最鲜活的传承。尤其是为适应互联网技术发展的趋势,借助电商平台能够实现非遗资源与现代商业营销结合,能够把当代移动互联网技术与厚重悠久的非遗文化相融合,不仅联通了现实社会和虚拟空间,更由广大乡村延伸到城镇集市,拓展了非遗传播、传承新路径。

众所周知,文化产业具有资源消耗低、环境污染小、科技含量高以及饱含人文精神的特点,能够实现经济效益、生态效益和社会效益的有机统一。立足于皖北非遗及其他文化资源的经济价值和促进发展功能,应该充分挖掘并用活文化资源,助推皖北区域经济社会的高质量发展。鉴于文化产业和旅游产业密不可分的关系,皖北地区要坚持以文塑旅、以旅彰文,推动文化和旅游融合发展;特别是要依托皖北丰富的非遗项目以及红色文化资源发展非遗特色旅游和红色旅游,这将是皖北地区实现经济结构优化升级、提升经济发展质量的有效途径。要整合"非遗+文创+旅游"资源,增加艺术元素和文化底蕴,积极探索"非遗+旅游""非遗+科技""非遗+创意""非遗+互联网"等文创产业发展模式,协调推动其联动发展,以塑造地方文旅品牌及乡村凝聚力,促进当地经济、社会与精神文化的和谐发展。

总之,我国广袤的乡村是非遗植根的土壤,也是非遗施展力量的舞台。开发非遗产业、打造非遗品牌,将文化传承与产业发展融合起来,立足中华优秀传统文化的核心内涵,结合乡村振兴战略安排,构建富有皖北特色的乡村产业体系,用老传统讲述新故事、以小物件改变大生态,在引领乡村文明风尚的同时,激发乡村内生动力、拓展乡村发展思路,将成为描绘皖北乡村新面貌的重要载体。所以,非遗的传承与保护能够赋能皖北乡村建设,推动乡村文化振兴、催生发展动力,从而助推皖北乡村全面振兴。

思考题：

1. 皖北地区的非物质文化遗产呈现出哪些明显特征？
2. 怎样在传承传播中保护非遗？
3. 怎样在活态运用中保护非遗？
4. 如何理解皖北非遗保护传承与乡村振兴之间的关系？

附录　皖北六市省级非遗项目简况表

序号	名　　称	类　　别	公布批次	申报地区
1	鞭打芦花	民间文学	第一批	萧县
2	五河民歌	民间音乐	第一批	五河县
3	寿州锣鼓	民间音乐	第一批	寿县
4	卫调花鼓	民间舞蹈	第一批	龙子湖区
5	临北狮子舞	民间舞蹈	第一批	五河县
6	火老虎	民间舞蹈	第一批	凤台县
7	肘歌抬歌	民间舞蹈	第一批	寿县 临泉县
8	淮北花鼓戏	传统戏剧	第一批	埇桥区 淮北市
9	亳州二夹弦	传统戏剧	第一批	亳州市谯城区
10	坠子戏	传统戏剧	第一批	宿州市
11	嗨子戏	传统戏剧	第一批	阜阳市阜南县
12	推剧	传统戏剧	第一批	淮南市凤台县 阜阳市颍上县
13	淮北大鼓	曲艺	第一批	淮北市濉溪县
14	清音	曲艺	第一批	阜阳市太和县
15	渔鼓	曲艺	第一批	阜阳市界首市
16	华佗五禽戏	杂技与竞技	第一批	亳州市
17	民间杂技马戏	杂技与竞技	第一批	阜阳市临泉县 宿州市埇桥区
18	灵璧钟馗画	民间美术	第一批	宿州市灵璧县
19	萧县农民画	民间美术	第一批	宿州市萧县

续表

序号	名　　称	类　别	公布批次	申报地区
20	民间剪纸	民间美术	第一批	阜阳市
21	宿州乐石砚制作技艺	传统手工技艺	第一批	宿州市
22	紫金砚制作技艺	传统手工技艺	第一批	淮南市寿县
23	豆腐传统制作技艺	传统手工技艺	第一批	淮南市寿县
24	涂山禹王庙会	民俗	第一批	蚌埠市怀远县
25	界首苗湖书会	民俗	第一批	阜阳市界首市
26	淮北大鼓	曲艺	第一批扩展	亳州市利辛县
27	清音(清音戏)	曲艺	第一批扩展	亳州市利辛县
28	剪纸(亳州剪纸、萧县剪纸)	传统美术	第一批扩展	谯城区 萧县
29	抬阁(肘阁、湖村抬阁、隆阜抬阁)	民俗	第一批扩展	阜阳市颍州区 宣城市绩溪县 黄山市屯溪区
30	老子传说故事	民间文学	第二批	亳州市涡阳县
31	涂山大禹传说	民间文学	第二批	蚌埠市怀远县
32	砀山唢呐	传统音乐	第二批	宿州市砀山县
33	淮河锣鼓	传统音乐	第二批	阜阳市颍上县
34	谢郢锣鼓	传统音乐	第二批	淮南市凤台县
35	棒鼓舞	传统舞蹈	第二批	亳州市涡阳县
36	钱杆舞	传统舞蹈	第二批	蚌埠市五河县
37	旱船舞	传统舞蹈	第二批	蚌埠市五河县
38	太和狮子灯	传统舞蹈	第二批	阜阳市太和县
39	马戏灯	传统舞蹈	第二批	淮南市毛集区
40	淮北梆子戏	传统戏剧	第二批	宿州市 阜阳市
41	灵璧皮影戏	传统戏剧	第二批	宿州市灵璧县
42	余家皮影戏	传统戏剧	第二批	蚌埠市禹会区
43	花腔渔鼓	曲艺	第二批	宿州市萧县
44	萧县坠子	曲艺	第二批	宿州市萧县
45	灵璧琴书	曲艺	第二批	宿州市灵璧县

续表

序号	名称	类别	公布批次	申报地区
46	淮河琴书	曲艺	第二批	蚌埠市 阜阳市阜南县
47	端公腔	曲艺	第二批	蚌埠市怀远县
48	扁担戏	曲艺	第二批	阜阳市界首市
49	晰扬掌	传统体育、游艺与杂技	第二批	亳州市
50	六洲棋	传统体育、游艺与杂技	第二批	淮南市
51	萧县石刻	传统美术	第二批	宿州市萧县
52	杨氏微雕	传统美术	第二批	蚌埠市
53	临涣酱培包瓜制作工艺	传统技艺	第二批	淮北市
54	千年古井贡酒酿造工艺	传统技艺	第二批	亳州市
55	符离集烧鸡制作技艺	传统技艺	第二批	宿州市埇桥区
56	临泉毛笔制作技艺	传统技艺	第二批	阜阳市临泉县
57	大救驾制作工艺	传统技艺	第二批	寿县
58	淮河柳编工艺（黄岗柳编、霍邱柳编）	传统技艺	第二批	阜阳市阜南县 六安市霍邱县
59	九曲黄河阵	民俗	第二批	亳州市利辛县
60	大班会	民俗	第二批	亳州市谯城区
61	清明庙会	民俗	第二批	蚌埠市五河县
62	大黄庙会	民俗	第二批	阜阳市界首市
63	四顶山庙会	民俗	第二批	寿县
64	管仲的传说	民间文学	第三批	阜阳市颍上县
65	捻军歌谣	民间文学	第三批	亳州市涡阳县
66	皇藏峪的传说	民间文学	第三批	宿州市萧县
67	垓下民间传说	民间文学	第三批	蚌埠市固镇县 宿州市灵璧县
68	安丰塘的传说	民间文学	第三批	寿县
69	灵璧菠林喇叭	传统音乐	第三批	宿州市灵璧县
70	采莲灯	传统舞蹈	第三批	淮南市潘集区

续表

序号	名称	类别	公布批次	申报地区
71	藤牌对马	传统舞蹈	第三批	淮南市田家庵区
72	砀山四平调	传统戏剧	第三批	宿州市砀山县
73	寿州大鼓	曲艺	第三批	寿县
74	淮词	曲艺	第三批	寿县
75	永京拳	传统体育、游艺与杂技	第三批	淮南市
76	鲖城火叉、火鞭	传统体育、游艺与杂技	第三批	阜阳市临泉县
77	砀山年画	传统美术	第三批	宿州市砀山县
78	灵璧磬石雕刻	传统美术	第三批	宿州市灵璧县
79	阜阳刺绣（细阳刺绣、界首刺绣）	传统技艺	第三批	阜阳市太和县 阜阳市界首市
80	口子窖酒酿造技艺	传统技艺	第三批	淮北市
81	寿州窑陶瓷制作技艺	传统技艺	第三批	淮南市八公山区 大通区
82	泗县药物布鞋制作技艺	传统技艺	第三批	宿州市泗县
83	杜氏刻铜技艺	传统技艺	第三批	阜阳市
84	泗州戏（拉魂腔）	传统戏剧	第三批	亳州市利辛县
85	庄子传说	民间文学	第四批	亳州市蒙城县
86	蒙城歌谣	民间文学	第四批	亳州市蒙城县
87	独杆轿	传统舞蹈	第四批	蚌埠市固镇县
88	颍上大鼓书	曲艺	第四批	阜阳市颍上县
89	陈抟老祖心意六合八法拳	传统体育、游艺与杂技	第四批	亳州市
90	五音八卦拳	传统体育、游艺与杂技	第四批	阜阳市阜南县
91	吴翼翚华岳心意六合八法拳	传统体育、游艺与杂技	第四批	淮南市
92	淮北泥塑	传统美术	第四批	淮北市濉溪县
93	殷派面塑	传统美术	第四批	淮北市相山区

续表

序号	名　　称	类　别	公布批次	申报地区
94	高炉家传统酿造技艺	传统技艺	第四批	亳州市涡阳县
95	卢家笙制作技艺	传统技艺	第四批	亳州市蒙城县
96	砀山毛笔制作技艺	传统技艺	第四批	宿州市砀山县
97	埇桥唢呐制作技艺	传统技艺	第四批	宿州市埇桥区
98	醉三秋酒传统酿造技艺	传统技艺	第四批	阜阳市
99	文王贡酒酿造技艺	传统技艺	第四批	阜阳市临泉县
100	砀山王集王氏接骨膏药	传统医药	第四批	宿州市砀山县
101	张家祠祭祀活动	民俗	第四批	阜阳市临泉县
102	淮北梆子戏	扩展项目	第四批	亳州市谯城区
103	淮北大鼓	扩展项目	第四批	亳州市蒙城县
104	陈抟传说	民间文学	第五批	亳州市
105	柳下惠传说	民间文学	第五批	亳州市利辛县
106	临涣唢呐	传统音乐	第五批	淮北市濉溪县
107	夏派唢呐	传统音乐	第五批	淮北市濉溪县
108	坟台唢呐	传统音乐	第五批	阜阳市太和县
109	红灯舞	传统舞蹈	第五批	阜阳市阜南县
110	五河打铁舞	传统舞蹈	第五批	蚌埠市五河县
111	赶黑驴	传统舞蹈	第五批	亳州市利辛县
112	将兵摔跤	传统舞蹈	第五批	淮南市潘集区
113	皖北曲剧	传统戏剧	第五批	阜阳市
114	泗县瑶剧	传统戏剧	第五批	宿州市泗县
115	颍上琴书	曲艺	第五批	阜阳市颍上县
116	灵璧大鼓	曲艺	第五批	宿州市灵璧县
117	淮河大鼓	曲艺	第五批	淮南市凤台县
118	蚌山心意六合拳	曲艺	第五批	蚌埠市蚌山区
119	太和武当太极拳	曲艺	第五批	阜阳市太和县
120	浅绛彩瓷画	传统美术	第五批	蚌埠市
121	利辛面塑	传统美术	第五批	亳州市利辛县
122	商派面塑	传统美术	第五批	淮北市濉溪县

续表

序号	名　　称	类　别	公布批次	申报地区
123	石弓石雕	传统美术	第五批	亳州市涡阳县
124	淮南紫金印雕刻	传统美术	第五批	淮南市谢家集区
125	金不换酒酿造技艺	传统技艺	第五批	亳州市
126	金裕皖酒酿造技艺	传统技艺	第五批	阜阳市界首市
127	彩曲原酒酿造技艺	传统技艺	第五批	亳州市谯城区
128	陈氏锡包壶制作技艺	传统技艺	第五批	亳州市蒙城县
129	砀山兰花印染技艺	传统技艺	第五批	宿州市砀山县
130	涡阳苔干制作技艺	传统技艺	第五批	亳州市涡阳县
131	颍州枕头馍制作技艺	传统技艺	第五批	阜阳市颍州区
132	淮南牛肉汤制作技艺	传统技艺	第五批	淮南市
133	阚疃大块板鸡制作技艺	传统技艺	第五批	亳州市利辛县
134	蒙城油酥烧饼制作技艺	传统技艺	第五批	亳州市蒙城县
135	王魁知麻花制作技艺	传统技艺	第五批	亳州市谯城区
136	一闻香糕点制作技艺	传统技艺	第五批	亳州市
137	华佗夹脊穴灸法	传统医药	第五批	亳州市
138	庄子祭祀大典	民俗	第五批	亳州市蒙城县
139	临涣茶饮习俗	民俗	第五批	淮北市濉溪县
140	灵璧古庙会	民俗	第五批	宿州市灵璧县
141	马氏社火	民俗	第五批	亳州市利辛县
142	萧县伏羊宴习俗	民俗	第五批	宿州市萧县
143	泗州戏（淮北泗洲戏）	传统戏剧	第五批	淮北市濉溪县
144	扁担戏（利辛扁担戏）	曲艺	第五批	亳州市利辛县
145	六洲棋（六国棋）	传统体育、游艺与杂技	第五批	亳州市蒙城县
146	剪纸（徽州剪纸、张氏剪纸、庐阳剪纸、翁墩剪纸）	传统美术	第五批	黄山市歙县 淮北市相山区 合肥市庐阳区 六安市金安区
147	葫芦烙画（临泉葫芦烙画）	传统美术	第五批	阜阳市临泉县

续表

序号	名　　称	类　别	公布批次	申报地区
148	隋氏唢呐	传统音乐	第六批	亳州市
149	锣鼓棚	传统音乐	第六批	亳州市蒙城县
150	埇桥十番锣鼓	传统音乐	第六批	宿州市埇桥区
151	雄风狮子舞	传统舞蹈	第六批	亳州市涡阳县
152	五马琴书	曲艺	第六批	亳州市谯城区
153	涡河憨腔	曲艺	第六批	亳州市涡阳县
154	淮北六步架大洪拳	传统体育、游艺与杂技	第六批	淮北市杜集区
155	淮北李氏射艺	传统体育、游艺与杂技	第六批	淮北市相山区
156	陈氏太极拳	传统体育、游艺与杂技	第六批	蚌埠市蚌山区
157	胡门少林大洪拳	传统体育、游艺与杂技	第六批	蚌埠市禹会区
158	赛龙舟	传统体育、游艺与杂技	第六批	蚌埠市五河县
159	贺氏绫刻画	传统美术	第六批	淮北市相山区
160	亳州木雕	传统美术	第六批	亳州市
161	蝶翅画	传统美术	第六批	宿州市
162	砀山烙画	传统美术	第六批	宿州市砀山县
163	灵璧剪纸钟馗	传统美术	第六批	宿州市灵璧县
164	界首木板年画	传统美术	第六批	阜阳市界首市
165	张氏玉印篆刻	传统美术	第六批	阜阳市颍州区
166	临涣张家纯羊汤制作技艺	传统技艺	第六批	淮北市濉溪县
167	淮北周氏面皮制作技艺	传统技艺	第六批	淮北市相山区
168	菊花心曲制作技艺	传统技艺	第六批	亳州市
169	怀养堂药膳制作技艺	传统技艺	第六批	亳州市
170	绿能粉皮制作技艺	传统技艺	第六批	亳州市谯城区
171	亳州李记烧驴肉制作技艺	传统技艺	第六批	亳州市谯城区
172	杨氏勒木厨具制作技艺	传统技艺	第六批	亳州市蒙城县

续表

序号	名　　称	类　别	公布批次	申报地区
173	冷家笙制作技艺	传统技艺	第六批	亳州市谯城区
174	宿州sa汤制作技艺	传统技艺	第六批	宿州市
175	栏杆牛肉制作技艺	传统技艺	第六批	宿州市
176	砀山梨膏糖制作技艺	传统技艺	第六批	宿州市砀山县
177	蚌埠玉器加工技艺	传统技艺	第六批	蚌埠市
178	李良成熏鸡制作技艺	传统技艺	第六批	阜阳市界首市
179	水晶羊蹄制作技艺	传统技艺	第六批	阜阳市临泉县
180	太和贡椿制作技艺	传统技艺	第六批	阜阳市太和县
181	承庆堂传统中药制剂	传统医药	第六批	亳州市
182	华佗救心丸制作技艺	传统医药	第六批	亳州市谯城区
183	亳州药市	民俗	第六批	亳州市谯城区
184	保义二月二龙灯会	民俗	第六批	淮南市寿县
185	剪纸（宗氏剪纸）	传统美术	第六批	淮北市相山区
186	剪纸（涡阳剪纸）	传统美术	第六批	亳州市涡阳县
187	竹编（界首竹编）	传统美术	第六批	阜阳市界首市

注：安徽省人民政府六批次公布的时间分别为：第一批2006年12月14日；第二批2008年12月4日；第三批2010年7月19日；第四批2014年5月4日；第五批2017年11月5日；第六批2022年5月7日

参 考 文 献

[1] 《中国武术百科全书》编撰委员会.中国武术百科全书[M].北京:中国大百科全书出版社,1998.
[2] 安琪.景观文化学的理论与实践[M].长春:吉林人民出版社,2019.
[3] 蔡仲林,周之华.武术[M].北京:高等教育出版社,2015.
[4] 陈琳,陈丽丽.淮河文化的成因与特色[J].江苏地方志,2007(1):43-46.
[5] 陈威.皖北武术文化遗产现状研究[J].搏击·武术科学,2013(4):31.
[6] 中国共产党第二十次全国代表大会文件汇编[G].北京:人民出版社,2022:36.
[7] 房正宏,房子仪.论网络舆情信息的价值析出及其社会功用[J].齐齐哈尔大学学报(哲学社会科学版),2019(12):54-55.
[8] 房正宏.淮河文化内涵与特征探讨[J].阜阳师范学院学报(社会科学版),2015(4):12-16.
[9] 阜阳市地方志办公室.阜阳地区志[M].北京:方志出版社,1996.
[10] 阜阳市地方志编纂委员会.阜阳市志:上[M].合肥:黄山书社,2014.
[11] 阜阳市地方志编纂委员会.阜阳市志:下[M].合肥:黄山书社,2014.
[12] 顾永俊.淮海战役精神[N].安徽日报,2021-03-30(6).
[13] 管仲.管子[M].哈尔滨:北方文艺出版社,2013.
[14] 国家体委武术研究院.中国武术史[M].北京:人民体育出版社,1997.
[15] 何九盈,王宁,董琨.辞源[M].北京:商务印书馆,2015.
[16] 冀和.试论皖北地区新石器时代早期文化[J].中原文物,1997(2):22.
[17] 贾悦艺.砀山县武术之乡的武术发展状况研究[D].陕西:西安体育学院,2014.
[18] 李陈续.中国有座"王家坝"![N].光明日报,2010-07-28(1).
[19] 李昳华.景观文化[M].昆明:云南大学出版社,2011.
[20] 廖海业.小岗精神[N].安徽日报,2021-04-27(7).
[21] 刘安.淮南子[M].郑州:中州古籍出版社,2010.
[22] 刘宏,张文波.阜阳民俗文化研究[M].合肥:合肥工业大学出版社,2018.
[23] 刘鑫炎,刘阳.与时俱进 大力弘扬太行精神、吕梁精神[N].人民日报,2021-11-01(6).
[24] 刘奕云.中国酒文化[M].合肥:黄山书社,2018.
[25] 马文友.套子武术最早出现在宋代的社会学阐析[J].浙江体育科学,2008(5):3.
[26] 毛泽东.毛泽东选集:第2卷[M].2版.北京:人民出版社,1991.
[27] 孟义昭.明清时期皖北地域文化的历史变迁[J].蚌埠学院学报,2014,3(3):189.
[28] 陶弘景,丘处机.养性延命录:摄生消息论[M].王文宏,崔志光,评注.北京:中华书局,2011:107-108.
[29] 全国体育院校教材委员会.武术理论基础[M].北京:人民体育出版社,1997.
[30] 尚玉侠.阜阳荆芥[J].中国蔬菜,1984(1):37.
[31] 沈成飞,连文妹.论红色文化的内涵、特征及其当代价值[J].教学与研究,2018(1):

97-104.
- [32] 沈小勇.文化塑造视域下中华传统道德教化的当代重构[J].山东省社会主义学院学报,2020(4):72.
- [33] 水利部淮河水利委员会,《淮河志》编纂委员会.淮河志:第2卷 淮河综述志[M].北京:科学出版社,2000.
- [34] 水利部淮河水利委员会,《淮河志》编纂委员会.淮河志:第7卷 淮河人文志[M].北京:科学出版社,2007.
- [35] 司马迁.史记[M].长沙:岳麓书社,1988.
- [36] 王晨,章玳.文化资源学[M].南京:南京大学出版社,2014.
- [37] 王慧.民俗方言视域下的泗州戏艺术[J].中国戏剧,2013(12):54-55.
- [38] 王吉怀.大汶口文化考古的新突破:略谈皖北尉迟寺遗址发掘的收获及意义[J].文物季刊,1998(3):58,61,64.
- [39] 王文章.非物质文化遗产概论[M].北京:教育科学出版社,2008.
- [40] 王雯.全国武术之乡亳州市谯城区武术发展现状研究[D].湖北:武汉体育学院,2016.
- [41] 王智汪."被牺牲的局部":皖北文化的选择与传承[J].新余学院学报,2016(6):89,91.
- [42] 吴海涛.皖北文化研究集刊[M].合肥:黄山书社,2009.
- [43] 习近平.论党的宣传思想工作[M].北京:中央文献出版社,2020.
- [44] 习近平.习近平谈治国理政:第4卷[M].北京:外文出版社,2022.
- [45] 习近平.习近平谈治国理政[M].北京:外文出版社,2014.
- [46] 习近平.习近平著作选读:第1卷[M].北京:人民出版社,2023.
- [47] 习近平.习近平著作选读:第2卷[M].北京:人民出版社,2023.
- [48] 夏辉.以文化产业赋能实体经济发展 打造广东高质量发展重要支点[N].羊城晚报(理论版),2023-04-07(A8).
- [49] 谢克林.中国花鼓灯艺术[M].合肥:安徽人民出版社,1990.
- [50] 宿州市地方志编纂委员会.宿州市志(1988—2007):上[M].北京:方志出版社,2015.
- [51] 宿州市地方志编纂委员会.宿州市志(1988—2007):下[M].北京:方志出版社,2015.
- [52] 张岱年,方克立.中国文化概论[M].北京:北京师范大学出版社,2004.
- [53] 张晋藩,王超.中国政治制度史[M].北京:中国政法大学出版社,1987.
- [54] 张理想.安徽:网络传承保护平台让非遗"活"起来[N].安徽日报,2018-05-07(2).
- [55] 赵静轩,顾正瑞,刘勇.玄女剑[M].合肥:安徽科技出版社1987.
- [56] 马克思,恩格斯.马克思恩格斯全集:第23卷[M].北京:人民出版社,1972.
- [57] 马克思,恩格斯.马克思恩格斯文集:第4卷[M].北京:人民出版社,2009.
- [58] 马克思,恩格斯.马克思恩格斯选集:第3卷[M].3版.北京:人民出版社,2012.
- [59] Ikenberry G J,Nye J S.Soft Power:The Meems to Success in World Politics[J].Political Science Quarterly,2005,119(3):680-681.

后　　记

　　对复杂的文化问题进行研究探讨,试图构建一个地方文化认知的知识体系,确实是一件很困难的事,尤其是对于一个并非专业的文化研究者而言。我原本不是文化学者,只是近些年对文化现象和文化问题产生了研究兴趣,从而一直关注地方文化并经常有所思考,于是便不揣冒昧尝试写了这本书。

　　本人自上大学之始就栖居阜阳,在阜阳师范大学从事高等教育与管理工作已达卅载,这比我在原生故乡生活的时间已然多出十多年,阜阳也毫无疑问地成为我的"第二故乡"。在教学、管理之余,我遍历皖北各地,于情于理亦应写一本关于"皖北文化"方面的学术著作,更何况本人还兼为阜阳师范大学皖北文化研究中心研究员。鉴于其学科专业建设的理论价值以及中华优秀传统文化普及传播的实际需要,为服务相关学科及校本教材建设,我围绕"皖北文化"主题而申报的项目先后获得2022年度(安徽)省级质量工程项目"教材建设"立项以及2023年度安徽省社会科学创新发展研究课题"社科普及项目"立项。因而,本书既是一本辅助教材,也是一本科普读物。写作主旨是初步构建一个关于皖北文化的知识框架,为推动皖北文化的理论研究准备知识体系基础,并期望通过教育教学和科学普及,让广大青年学生以及地方文化爱好者了解、学习并传播皖北文化,在特定的区域范围着力赓续中华文脉,推动中华优秀传统文化创造性转化和创新性发展。

　　本人的学科背景是中共党史党建学和马克思主义理论,这与文化研究相隔较远。由于文化的概念内涵过于博大,其理论体系亦过于复杂,近两年的业余时间写作使我始料未及地感到,以己之浅陋学识实难驾驭地方文化研究特有的理论体系,且考证、统校工作量较大,包括历史名人和历史事件的考证以及相关归属、史料不足甚至无可查考等问题,工作难度更是超乎预料之外,所幸有课题组成员闫成俭教授、马琳丽正高级讲师、张薇薇博士、朱明山教授等人的深度参与和帮助,还有我的同学宿州市人民政府发展研究中心主任赵铭、山东省图书馆历史文献部主任杜云虹、寿县二中高级教师李涛等也提供了有益的资料帮助,在此一并表示感谢。历时一年多时间完成了拙作,难免存在不足之处。谨先付印,期待适时修正、修订。

房正宏

2024年4月6日

于阜阳师范大学清河校区卧牛岭小区